AQA
GCSE german
Students' Book

Corinna Schicker

Anke Neibig
Lynn Erler
Morag McCrorie
Clare Parker
Dagmar Sauer
Michael Spencer

OXFORD
UNIVERSITY PRESS

OXFORD
UNIVERSITY PRESS

Great Clarendon Street, Oxford OX2 6DP

Oxford University Press is a department of the University of Oxford.

It furthers the University's objective of excellence in research, scholarship, and education by publishing worldwide in

Oxford   New York

Auckland   Cape Town   Dar es Salaam   Hong Kong   Karachi
Kuala Lumpur   Madrid   Melbourne   Mexico City   Nairobi
New Delhi   Shanghai   Taipei   Toronto

With offices in

Argentina   Austria   Brazil   Chile   Czech Republic   France
Greece   Guatemala   Hungary   Italy   Japan   South Korea
Poland   Portugal   Singapore   Switzerland   Thailand
Turkey   Ukraine   Vietnam

Oxford is a registered trade mark of Oxford University Press in the UK and in certain other countries

British Library Cataloguing in Publication Data

Data available

ISBN 978 019 913890 6

10 9 8 7 6 5 4 3 2 1

Printed in Spain by Cayfosa-Impresia Ibérica

Paper used in the production of this book is a natural, recyclable product made from wood grown in sustainable forests. The manufacturing process conforms to the environmental regulations of the country of origin.

Acknowledgements

The publishers would like to thank the following for permission to reproduce photographs:

p6: OUP/Imageshop; p9tl: Dean Mitchell/Shutterstock; p9tr: Monkey Business Images/Shutterstock; p9ml: Yuri Arcurs/Shutterstock; p9m: Monkey Business Images/Shutterstock;p9mr: Felix Miozioznikov/Shutterstock; p9b: Galina Barskaya/Shutterstock; p12tl: Little Blue Wolf Productions/Corbis; p12bl: Kolvenbach/Alamy; p12tr: Bigstock; p12br: Sue Cunningham Photographic/Alamy; p14t: Gary Rothstein/Icon SMI/Corbis; p14b: Jean-Christophe Bott/epa/Corbis; p17t: Picture Partners/Alamy; p17b: Picture Partners/Alamy; p26l: Ulrich Willmünder/Shutterstock; p26r: OUP/Score by Aflo; p26b: OUP/Corbis; p30t: Stan Honda/AFP/Getty Images; p30m: Rainer Jensen/epa/Corbis; p30b: Prestige/Contributor/Getty Images; p33b: OUP/Zen Shui; p33t: Ramona Smiers/Dreamstime.com; p34l: Monkey Business Images/Shutterstock; p34r: OUP/Imageshop; p34b: OUP/Digital Vision; p38: Klaus Rose/dpa/Corbis; p44: Monkey Business Images/Shutterstock; p48l: Bigstock; p48r: OUP; p50mr: Colin Walton/Alamy; p50tr: Julia Catt Photography/Alamy; p50bl: Bigstock; p50br: OUP/Stockbyte; p52: OUP; p54t: Imagebroker/Alamy; p54m: Victor Zastolskiy/Dreamstime.com; p54b: Clear Vision Pix/Alamy; p56tl: OUP/Photodisc; p56tr: OUP/RubberBall; p56b: Adam Borkowski/Shutterstock; p60l: Bubbles Photolibrary/Alamy; p60r: Monkey Business Images/Dreamstime.com; p60b: Amy Myers/Shutterstock; p66tl: JTB/A1PIX Ltd; p66tr: Robert Harding Picture Library Ltd/Alamy; p66bl: Mark van Aardt/Getty Images; p66br: Bigstock; p68: Jon Arnold Images Ltd/Alamy;

p70l: mediablitzimages (uk) Limited/Alamy; p70r: Photographer's Choice/Getty Images; p72t: Adrian Sherratt/Alamy; p72b: vario images GmbH & Co.KG/Alamy; p75: Günay Mutlu/iStockphoto; p78: Swimming - OUP/Photodisc; Beach/Skiing - OUP/Photodisc; p80t: OUP/image100; p80r: Monkey Business Images/Shutterstock; p80l: OUP/Zen Shui p84l: Millann/Shutterstock; p84t: Werner Dieterich/Alamy; p84r: Ingolf Pompe 67/Alamy; p86(1): Klaus Hackenberg/Corbis; p86(2): INSADCO Photography/Alamy; p86(3): Eberhard Streichan/Corbis; p86(4): Linda Kennedy/Alamy; p86(5): Derek Croucher/Corbis; p86(6): Bigstock; p86tr: Chris Rose/PropertyStock/Alamy; p86rmt: Derek Croucher/Alamy; p86tl: Photolibrary.com; p86bl: Chris Rose/PropertyStock/Alamy; p86rmb: Andrew Twort/Getty Images; p86br: Chris Rose/PropertyStock/Alamy; p88a: Kevin Dodge/Corbis; p88b: Michael Paras/photolibrary.com; p88c: Charles Gullung/Corbis; p88d: eStock Photo/Alamy; p88e: Ian Murray/Alamy; p89: OUP/Corbis/Digital Stock; p90l: Imagestate/Tips Images; p90r: Knoll/Mauritius/photolibrary.com; p91: Svenja-Foto/Corbis; p92l: Werner Otto/Alamy; p92r: EIGHTFISH/Getty Images; p96: Creatas/photolibrary.com; p98: b_rich/Shutterstock; p107l: Rosemary Roberts/Alamy; p107m: OUP/Brand X Pictures; p107r: Anthony Kay/Flight/Alamy; p108tl: Nik Wheeler/Alamy; p108tr: FAN travelstock/Alamy; p108bl: Imagebroker/Alamy; p108br: Peter Widmann/Alamy; p108(insert): John Warburton-Lee Photography/Alamy; p109: John Warburton-Lee Photography/Alamy; p110t: Otmar Smit/Shutterstock; p110b: Markus Gann/Shutterstock; p112l: Rosemary Roberts/Alamy; p112m: OUP/Brand X Pictures; p112r: Anthony Kay/Flight/Alamy; p113: Otmar Smit/Shutterstock; p114: OUP/BananaStock; p116tr: Palmaria/Shutterstock; p116tl: Ttpfoto/Shutterstock; p116l: Joyfull/Shutterstock; p116br: Viktor1/Shutterstock; p120tl: Stefanie Grewel/Corbis; p120tm: Bigstock p120tr: David Deas/Getty Images; p120bl: Sally and Richard Greenhill/Alamy; p120bml: Keith morris/Alamy; p120br: Bigstock; p122: Ace Stock Limited/Alamy; p124tl: Christopher Halloran/Shutterstock; p124tr: Geoff du Feu/Alamy; p124bl: Monkey Business Images/Shutterstock; p124br: Monkey Business Images/Shutterstock; p128 & 130: Photofusion Picture Library/Alamy; p131l: Bigstock; p131r: Sally and Richard Greenhill/Alamy; p132: Sally and Richard Greenhill/Alamy; p138tl: Jacek Chabraszewski/iStockphoto; p138tr: OUP/Creatas; p138bl: OUP/Red Chopsticks; p138br: Sean Locke/iStockphoto; p138b: Ace Stock Limited/Alamy; p140l: OUP; p140r: Steve Cole/iStockphoto; p142: Marcel Pelletier/iStockphoto; p144t: Ricardo Azoury/iStockphoto; p144tm: Rob Walls/Alamy; p144m: Dennis Guyitt/iStockphoto; p144bm: Dmitriy Shironosov/iStockphoto; p144b: The Photolibrary Wales/Alamy; p146tl: Monkey Business Images/Shutterstock; p146tr: Kiselev Andrey Valerevich/Shutterstock; p146bl: jackhollingsworthcom: LLC/Shutterstock; p146br: jackhollingsworthcom: LLC/Shutterstock; p149r: Dennis Guyitt/iStockphoto; p149l: Rob Walls/Alamy; p150: OUP/Photdisc; p152: Peter Dench/Alamy; p155l: Tips Images; p155r: Bohemian Nomad Picturemakers/Corbis; p156: Kzenon/Shutterstock; p158: Bjorn Andren/Photolibrary.com; p159: Imagebroker/Alamy; p160: Gianni Muratore/Alamy; p161: Alibi Productions/Alamy; p162: Volunteer with Real Gap: Africa' is reproduced by kind permission of Real Gap; p163r: Michael N Paras/Photolibrary.com; p163l: Ian Murray/Alamy; p164tl: INTERFOTO/Alamy; p164tm: Bigstock; p164tr: Paul Thompson Images/Alamy; p164bl: OUP/Image Source; p164br: Jon Arnold Images Ltd/Alamy; p169r: Ricardo Azoury/iStockphoto; p168: D.Hurst/Alamy; p169tm: Rob Walls/Alamy; p169m: Dennis Guyitt/iStockphoto; p169bm: Dmitriy Shironosov/iStockphoto; p169b: The Photolibrary Wales/Alamy; p172l: OUP/Photodisc; p172m: OUP/Image Source; p172r: OUP/Stock Up Images; p175: Hein van den Heuvel/Corbis.

Illustrations by: Adrian Barclay, Kessia Beverly Smith, Phillip Burrows, Emmanuel Cerisier, Stefan Chabluk, Moreno Chiacchiera, Nigel Dobbyn, Mark Draisey, John Hallett, Mike Lacey, Lee Nicholls, Pulsar Studio, Andy Robb, Simon Tegg, Lazlo Veres.

Cover image: Erik Isakson/Getty Images.

The authors and publishers would like to thank the following people for their help and advice:

Editor: Marieke O'Connor; Language consultant: Angelika Libera; Audio recordings: Colette Thomson and Andrew Garrett (Footstep Productions); Course advisor: David Humphrey

Every effort has been made to contact copyright holders of material reproduced in this book. If notified, the publishers will be pleased to rectify any errors or omissions at the earliest opportunity.

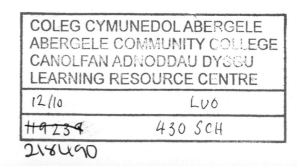

AQA GCSE German

Corinna Schicker

Lynn Erler
Morag McCrorie
Anke Neibig
Clare Parker
Dagmar Sauer
Michael Spencer

Welcome to *AQA GCSE German*!

The following symbols will help you to get the most out of this book:

listen to the audio CD with this activity

work with a partner

work in a group

B↔A swap roles with your partner

GRAMMATIK an explanation of an important aspect of grammar

TIPP a skill or strategy that will help you maximise your marks

WORTSCHATZ key expressions for a particular topic

Jetzt seid ihr dran!

a round-up activity that helps you to put the skills and grammar you have learnt into practice. Additional support for these activities is provided on the *Resources & Planning OxBox CD-ROM*.

Aktive Grammatik Grammar explanations and practice

Controlled Assessment Extended tasks which will help you to prepare for your speaking and writing controlled assessments. Additional support for these activities is provided in the *Exam Skills Workbooks*.

Vokabeln Unit vocabulary list

Hören und lesen Additional exam-style listening reading material to accompany each unit

Contents

Welcome to *AQA GCSE German*!

What will you be studying?

You will be studying topics from the following four areas:

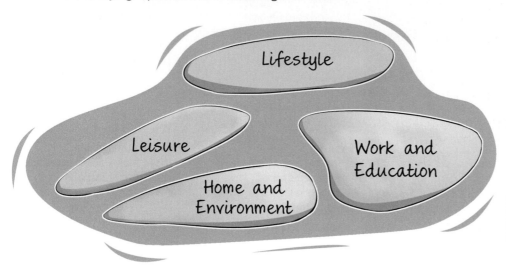

What are the aims of *AQA GCSE German*?

AQA GCSE German is all about making German work for you, and making it fun and relevant at the same time. You will be given all the tools you need to develop your German (grammar, skills and vocabulary) and plenty of interesting topics so that you can talk about the things that really matter to you.

Not only that, but we give you lots of support to help you succeed in the AQA GCSE exam, for both the Listening and Reading papers and the Speaking and Writing Controlled Assessments.

By the end of this course you will be able to feel confident about your GCSE exam and able to communicate in German in lots of different situations.

Write a blog about fitness
Imagine what your future life will be like
***
Talk about what you like to do in your free time
Write an account of a recent holiday
***
Make a proposal for a green project in your school
Write about your plans for after leaving school

What is in the exam?

For the AQA GCSE exam, you will be tested in four skills. Speaking and Writing count for 60% of your total mark (see pie-chart), so for 60% of the exam, what you will end up with in the assessment is up to you!

Listening and Reading are assessed in exams. The examiners are not trying to trick you or confuse you:
– all instructions will be in English
– questions are designed to find out how much you understand.

Speaking and Writing are tested by Controlled Assessment. That's designed to let you show off what you can do.

Overall GCSE grade: 100%

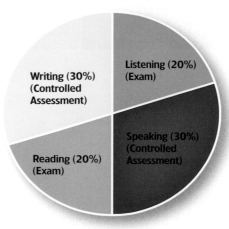

Writing (30%) (Controlled Assessment)

Listening (20%) (Exam)

Speaking (30%) (Controlled Assessment)

Reading (20%) (Exam)

What is Controlled Assessment?

There are two types of Controlled Assessment that you will need to do for your AQA German GCSE: one for Speaking and one for Writing.

For the Speaking Controlled Assessment you will have to complete two speaking assessment tasks: one task will be in the style of an interview and the other will be a conversation, and both tasks have to be on different themes. The great news is that you can choose what topics you want to talk on, so you can pick something that interests you!

For the Written Controlled Assessment you will have to complete two assessment tasks. Again, you can choose to write on topics that really appeal to you.

The Speaking and Writing Controlled Assessment sections at the end of each unit give you lots of helpful advice and practice, so that by the time you come to do your Controlled Assessments you will be more than ready!

How does *AQA GCSE German* equip me for the exam?

- It develops your Listening, Speaking, Reading and Writing skills, step by step, building your confidence in tackling material in German.

- It focuses on strategies for success in the exam so you can do your best on the day. There are skills boxes in each unit to set out the best way to learn, and a skills page which encourages you to focus on applying and evaluating these strategies yourself. Also, there are loads of useful tips and practice questions in the *Exam Practice* section on page 171.

- It tells you exactly what you need to approach the Speaking and Writing Controlled Assessments with confidence. At the end of each unit there is a Speaking and a Writing Controlled Assessment: these are similar to the AQA GCSE Controlled Assessment tasks and so you have the opportunity to get lots of practice. All the German and all the grammar and skills you have learnt so far will come into play, so you can use the task as a chance to show off and express yourself.

- You will also find lots of extra reading and listening practice in the *Hören und lesen* section on page 155. This section has two pages of further reading and listening activities for every unit in the style of the exam so that you can get lots of exam practice in those areas.

- The *Exam Practice* section on page 171 provides useful exam tips and sample exam papers for you to develop your exam skills. You will find lots of targeted exam strategies that really work!

What else will help me succeed?

Ü The *Exam Skills Workbooks* (Foundation and Higher) which bring together lots of useful advice and strategies, and provide you with activities to put them into practice.

Ü The *Resources and Planning OxBox CD-ROM*, which provides overviews of German grammar and pronunciation, plus flashcards to help you to master the AQA prescribed vocabulary list. Use the Record & Playback activities to record practice Speaking Controlled Assessment tasks and perfect your pronunciation and delivery.

Ü The *Assessment OxBox CD-ROM* is there to give you lots of interactive assessment practice, so that you are well prepared for your GCSE exam.

How to learn new words and use them

There are many strategies for learning German vocabulary. The most important thing is to try them, evaluate them, and stick to what works for you. Spending time learning words thoroughly is a simple thing that will make a big difference to your grade. It is something no one else can do for you!

Top Five Strategies for Learning Vocabulary

Focus on important words

Core vocabulary

Vocabulary that transfers to all topics

"Tricky" words

Words that make you stand out from the crowd

Word families

Crack the spelling/ pronunciation link

Learn the German spelling rules

Pronounce any German word correctly

Spell any German word correctly

Notice links between related words

Spend more time on learning the meaning of words

Fun techniques

Word association pictures

Flashcards/Memory games

Stories

Text your friends in German

Use your own system

Organise your vocabulary your way: alphabetically, by topic, or in some other way that is meaningful to you

Keep using the vocabulary you learned in previous units

Test yourself frequently to see if you can remember everything

Have your own Top Five Strategies

Eat, drink, read, write, speak, listen

When you are swimming, count your lengths in German

When you are jogging, listen to your words on your MP3 player

On the bus, have a look at your German verb list

Set the menus on your phone and games console to German

Label everything around your house in German

What works for you?

I read words over and over again and then repeat them in my head or out loud.

I record myself speaking and then listen to the recording.
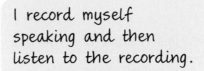

I write new words on a small card with the English translation on the back and use them to test myself.

I write each new word out ten times and then I write a sentence using it.

I spell new German words out for myself, silently or out loud.

I ask a friend or relative to test me.

Which of these ideas would work best for you? Try some and see!

Getting to grips with grammar

You will have already come across lots of useful grammar but remember that you need to pay special attention to the following for your GCSE studies:

- Tenses (present, past and future)
- Opinions and reasons
- Linking words
- Descriptions

Where will you find your grammar explanations and practice in *AQA GCSE German*?

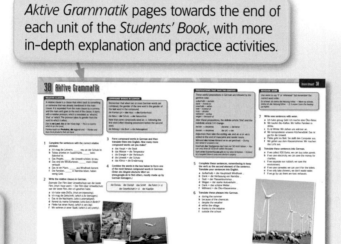

> *Aktive Grammatik* pages towards the end of each unit of the *Students' Book*, with more in-depth explanation and practice activities.

> Purple grammar panels on most pages of the *Students' Book*.

> A GCSE *Grammar Bank* at the end of the book, for reference and extra practice.

> One page of grammar activities for each unit in the *Exam Skills Workbooks*.

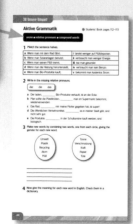

> Extensive practice of all of the grammar points covered at GCSE level.

> ICT presentations of the core grammar points you need for GCSE.

1A Gesund leben

Weißt du schon, wie man ...

- ☐ über Sport redet?
- ☐ gesund lebt?
- ☐ gesundes Essen beschreibt?
- ☐ Essprobleme überwindet?
- ☐ ungesunde Gewohnheiten vermeidet?

Controlled assessment

- **Have a conversation about healthy lifestyles**
- **Write about sports for a fitness blog**

Wie lebt man gesund?

Kompetenzen

Beim Lesen

How can you ...
- guess the meaning of a word, drawing on your knowledge of English and the context?

Beim Schreiben

How do you ...
- use qualifiers and time expressions to add detail to what you say?
- use capital letters and *um ... zu, ohne ... zu* correctly?

Aktive Grammatik

As part of your German language 'toolkit', can you ...
- use the present tense correctly?
- use the correct word order?
- use the perfect tense to talk about the past?
- use *weil*?

Wie man über Sport redet

G das Präsens   **W** Sport beschreiben   **K** Ausdrücke des Grades und der Häufigkeit

Jugendmagazin **hat vier junge Leute zum Thema Sport interviewt. Hier könnt ihr lesen, was sie gesagt haben.**

Mein Lieblingssport ist Fußball und ich sehe sehr gern Fußball im Fernsehen und im Stadion. Meine Lieblingsmannschaft ist Werder Bremen und ich schaue mir regelmäßig ihre Spiele an. Letztes Jahr habe ich das Endspiel gegen Bayern-München gesehen und es war sehr spannend, aber leider hat

meine Mannschaft 1:4 verloren. Das war ziemlich traurig. Mein Lieblingsspieler ist Michael Ballack. Ich finde ihn toll, aber auch ein bisschen launisch. Ich bin enttäuscht, dass er jetzt für die englische Mannschaft Chelsea spielt. Ich spiele auch gern Fußball in einem Fußballverein. Wir trainieren zweimal in der Woche, freitags und montags, und jeden Samstag haben wir ein Spiel. Wir sind leider nicht sehr erfolgreich. Letzte Woche habe ich als Torwart gespielt und ich habe zwei Tore durchgelassen! Also haben wir 1:2 verloren! So eine Schande!

Thorsten, 15, Bremen

Zurzeit mache ich Aikido – einen Kampfsport – in einem Verein. Wir treffen uns einmal in der Woche und wir trainieren miteinander. Letzten Monat habe ich den braunen Gürtel bekommen und das bedeutet, dass ich Fortschritte mache. Es ist eine Sportart, die man allein betreibt, und das finde ich gut, weil ich nicht gern in einer Mannschaft spiele.

Meike, 17, Hamburg

Ich bin totaler Tennisfan, aber leider kann ich überhaupt nicht spielen. Ich sehe aber sehr gern Tennis im Fernsehen und schaue mir auch jedes Match mit Roger Federer an. Er ist mein Held! Ich finde, dass er ein sehr guter Spieler mit Stil und Stärke ist. Er sieht auch sehr gut aus! Ich fand das Wimbledon-Endspiel mit Nadal sehr aufregend und es war schade, dass Federer das Spiel nicht gewonnen hat. Viele waren der Meinung, dass es zwei Pokale* geben sollte, weil beide einen Pokal verdienten*. Ich selbst treibe wenig Sport. Ich habe keinen Sinn für Regeln und ich finde es schwierig, in Mannschaften zu spielen. Ich schwimme ab und zu mit meiner Freundin Anna und ich gehe zweimal in der Woche mit meiner Schwester joggen. Das finde ich O.K., aber anstrengend.

Tania, 16, Berlin

Mein Lieblingssport ist Handball. Das ist nicht sehr bekannt in England, glaube ich, aber in Deutschland ist es sehr beliebt. Es gibt sogar Ligaspiele* und die beste Mannschaft in Deutschland ist zurzeit natürlich THW Kiel. Mein Lieblingsspieler ist Christian Zeitz, weil er gut spielen kann und weil er seit 2003 in der Mannschaft mitspielt. Letztes Jahr hat THW Kiel den Deutschen Handballpokal gewonnen. Handball ist ein großes Geschäft in Deutschland, fast so wichtig wie Fußball. Ich schaue gern Handball im Fernsehen und ich spiele auch selber Handball im Verein, aber ich bin nicht sehr gut.

Michael, 15, Kiel

> * der Pokal – *cup, trophy*
> verdienen – *to deserve*
> das Ligaspiel – *league game*

1   Wie findest du Sport?
2   Hast du einen Lieblingssport?
3   Siehst du gern Sport im Fernsehen?
4   Hast du einen Sporthelden/eine Sportheldin?
5   Treibst du auch gern Sport?

TIPP

To sound more authentic, use some of these qualifiers and time phrases:

sehr – *very*	ab und zu – *now and again*
ziemlich – *quite*	jeden … – *every …*
ein bisschen – *a little*	sonntags – *every Sunday, on Sundays*

1 Lies die Texte auf Seite 12 und füll die Tabelle aus.

	Watches which sport on TV?	Hero/ heroine?	Participates in which sport?
Thorsten			
Tania			
Meike			
Michael			

2a Wie beschreibt man Sport und Sportler? Finde die deutschen Wörter in den Texten auf Seite 12.

a great
b tiring
c successful
d exciting (2 words)
e moody
f a disgrace

2b Such in einem Wörterbuch weitere fünf positive und negative Adjektive, um Sport und Sportler zu beschreiben.

3 Jens stellt sich vor. Hör gut zu und beantworte die folgenden Fragen auf Englisch.

a How old is Jens and where does he live?
b What is his favourite sport?
c Where and with whom does he play?
d Who is his hero?
e Why does he admire him?
f What other sports does Jens do?

4 Hör gut zu. Wie finden sie Sport? Schreib die Tabelle in dein Heft ab und füll sie aus.

	Opinion on sport	Which sports?	How often?	When?
Thorsten				
Tania				

GRAMMATIK

The present tense

The present tense in German is used to say what you are doing now, or what you do on a regular basis, and to describe the current situation. It is formed by taking the infinitive of the verb (e.g. *spielen*), removing the final *-en* and adding the following endings:

ich spiel**e** – *I play*   wir gewinn**en** – *we win*
du mach**st** – *you do*   ihr sei**d**/ihr hab**t** – *you are/you have*
er ha**t** – *he has*   sie verlier**en** – *they lose*

NB The present tense (*ich spiele*) is used in German to translate both the simple present (I play) and the present continuous (I am playing) in English.

5a Schau dir die Beispiele in der Grammatik–Box an. Welche zwei Personen haben die gleiche Form im Präsens?

5b Füll diese Tabelle mit den richtigen Verbformen aus.

Verb in present tense	ich	du	er/sie/ es/man	wir	ihr	sie/Sie
sein					seid	
haben		hat				
spielen	spiel**e**					
machen		mach**st**				

6 Schau dir diese Verbformen an. Zu welcher Person (ich, du, er/sie/es, wir, ihr, sie/Sie) gehören sie? Schreib das Subjekt auf.

Beispiel: treibe – ich

a bekommt
b habt
c schwimme
d gehen
e fahrt

7 Schreib neue Sätze auf Deutsch.

a I watch sports on TV.
b We train twice a week.
c He finds football exhausting.
d Do you have a favourite sport?
e I go by bike to school.
f They are tennis players.

Jetzt seid ihr dran!

8 Work in groups. Imagine you are doing an interview for *Jugendmagazin*. Use the questions on page 12 to interview each other. Which is the favourite sport? Remember to use expressions from the *Tipp*-box.

9 You are writing an article about sport for *Jugendmagazin*. Answer the questions on page 12 about yourself and then write them up into a report. Try to use as many words and expressions from this spread as possible.

G Wortstellung **W** gesund leben **K** „gern"; großschreiben

Jugendmagazin fragt Roger Federer und Bill Kaulitz über ihr Leben. Wie gesund sind sie?

Roger Federer – Tennismeister

„Jeden Morgen stehe ich um sechs Uhr auf und gehe joggen. Dann frühstücke ich – ich esse Müsli und ich trinke Wasser oder Orangensaft. Wenn ich nicht auf Tournee* bin, trainiere ich morgens für zwei Stunden. In der Mittagspause esse ich viel Obst. Nachmittags gehe ich schwimmen und dann trainiere ich noch zwei Stunden. Um sieben Uhr esse ich zu Abend – Salat und Hähnchen – und dann besuche ich Freunde. Um zehn Uhr gehe ich ins Bett – ich brauche mindestens acht Stunden Schlaf, um gesund zu bleiben und viel Energie zu haben. Ich trinke nur wenig Kaffee und esse wenig Schokolade, weil das nicht gut für mich ist. Ich finde es sehr wichtig, gesund und fit zu sein, um besser Tennis zu spielen."

Fitnessstand: 10/10

> * auf Tournee – *on tour*

Bill Kaulitz – Sänger bei Tokio Hotel

„Jeden Tag bleibe ich bis elf Uhr im Bett. Dann stehe ich auf und esse Pizza vom Vorabend und trinke viel Kaffee, um wach zu werden. Auf Tournee und unterwegs esse ich Pommes, Schokolade und Kekse. Abends essen wir Fastfood – ich esse gern Hamburger und Pommes und ich trinke gern Bier. Dann geht's los mit dem Konzert. Wir sind manchmal bis Mitternacht auf der Bühne und dann habe ich wieder Hunger. Ich esse wieder Schokolade, weil ich mich ausruhen und entspannen will. Um zwei Uhr morgens gehe ich ins Bett. Ab und zu kann ich nicht schlafen und ich muss oft aufstehen und mehr Kekse essen und mehr Kaffee trinken. Ich bin nicht sehr fit, das weiß ich. Ich möchte gern viel fitter werden, aber das Leben auf Tournee ist sehr schwierig, weil man immer im Restaurant essen muss. Unterwegs ist es auch schwierig, weil es weder Zeit noch Platz für Training gibt. Ich bin immer müde, ich habe oft Kopfschmerzen und bald werde ich sehr dick sein!!"

Fitnessstand: 2/10

Jugendmagazin-Umfrage: Wie gesund bist du?

Beantworte die Fragen mit **A** – *immer,* **B** – *manchmal,* **C** – *nie.*

		Noten
1	Wie oft isst du Obst und Gemüse?	1. A 2 B 1 C 0
2	Wie oft isst du Schokolade?	2. A 0 B 1 C 2
3	Wie oft trinkst du Alkohol?	3. A 0 B 1 C 2
4	Wie oft trainierst du?	4. A 2 B 1 C 0
5	Wie oft gehst du spät ins Bett?	5. A 0 B 1 C 2

Gesundheitsstand

0–3 Du bist nicht sehr gesund. Du solltest gesünder essen und vielleicht etwas Sport treiben.

4–6 Es geht, aber du könntest noch etwas mehr für deine Gesundheit tun.

7–10 Super! Du bist sehr gesund und voll fit. Mach weiter so!

Was ist gesund? Was ist ungesund? Schreib die Tabelle ab und füll sie aus.

gesund	ungesund
Müsli	Kekse

1a 📖 ✏️ Lies die Texte über die tägliche Routine von Roger und Bill und beantworte die Fragen.

   a Wann steht Bill auf?
   b Wann steht Roger auf?
   c Was isst Roger zum Frühstück?
   d Was isst Bill zum Abendessen?
   e Was trinkt Bill gern?
   f Was trinkt Roger gern?
   g Was für Sport macht Roger?
   h Was für Sport macht Bill?

TIPP

Liking and preferring

Liking and preferring are useful when expressing your opinion:

gern ♥	indicates **liking** and goes after the verb
lieber ♥ ♥	indicates **preferring** and goes after the verb
am liebsten ♥ ♥ ♥	shows what you **like most** and also goes after the verb, but may also be used at the beginning of the sentence or clause for emphasis

NB On its own *gern* does not mean 'like'. It must always be used with a verb.

1b 👥 🗣️ Diskutiert mit einem Partner/einer Partnerin über gesundes Essen. Was esst ihr gern oder nicht gern? Was ist gesund und was nicht?

TIPP

Using capital letters

Remember that in German all nouns must begin with a capital letter.

If you can put **the** or **a** in front of a word, then it is a noun. Names of people and places are all nouns too.

das **W**asser   der **T**ag   die **S**chokolade

Always check your written work for capital letters.

---

2 🎧 Hör gut zu! Wer ist das? Schreib die Sätze ab und setz die Namen von Heinrich, Mario oder Brigitte ein.

   a _____ trinkt am liebsten Tee.
   b _____ isst gern Schokolade.
   c _____ isst lieber Gemüse.
   d _____ trinkt am liebsten Kaffee.
   e _____ trinkt gern Früchtetee.
   f _____ hasst Schokolade.

---

3 ✏️ Was isst und trinkst du gern? Füll die Lücken mit deinen eigenen Wörtern aus.

Ich esse gern _____, ich esse lieber_____, aber am liebsten esse ich _____. Ich trinke gern _____, ich trinke lieber _____ und am liebsten trinke ich _____.

4 ✏️ Übersetze die folgenden Sätze.

   a I like eating biscuits.
   b I prefer to drink coffee.
   c I like eating ice cream best of all.
   d I like drinking orange juice but I don't like drinking apple juice.
   e I prefer eating chips to (*als*) salad.

GRAMMATIK

Word order

Simple German sentences follow a standard word order.

When the sentence starts with the subject, the order is:
subject – verb – time – manner – place
Andy geht um sechs Uhr morgens müde in den Sportverein. –
Andy wearily goes to the sports club at 6 a.m.

When the sentence starts with an expression of time, the verb still comes second:
time – verb – subject – manner - place
Um sechs Uhr morgens geht Andy müde in den Sportverein. –
At 6 a.m., Andy wearily goes to the sports club.

NB Wherever the verb goes, the expressions of time, manner and place are still placed in the same order. (See *Aktive Grammatik*, pages 22–23.)

5a ✏️ Schreib diese Sätze in der richtigen Reihenfolge auf. Pass auf die korrekte Wortstellung auf – fang mit dem Subjekt an!

   a immer – stehe – auf – um sechs Uhr – ich
   b isst – viel Fastfood – Bill – abends
   c nachmittags – wir – Kekse – am liebsten – essen
   d Tennis – jeden Tag – Roger – spielt
   e Bier – selten – trinken – Sportler – viel

5b ✏️ Schreib die Sätze aus Übung 5a noch einmal auf, aber fange diesmal mit der Zeitangabe an.

Jetzt seid ihr dran!

6 👥 🗣️ What do you do to keep fit and what do you like eating? Discuss your lifestyle with a partner – is it healthy or unhealthy?

7 📖 Complete the survey on page 14 and find out if you are as healthy as you think you are!

1A Wie man gesundes Essen beschreibt

(G) „um … zu …, ohne … zu …" (W) über Ernährung und Allergien sprechen (K) die Bedeutung voraussagen

A Brot macht dick!

B Bio-Lebensmittel* sind gesund!

C Weißer Zucker ist nicht gesund!

D Vitamine geben uns Energie!

E Rotwein ist gut für den Kreislauf!

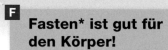

F Fasten* ist gut für den Körper!

1a Lies die Texte A–F und 1–6. Richtig oder falsch? Was passt zusammen?

1 Das stimmt nicht. Er ist genauso gut/schlecht wie Zucker in Honig oder Schokolade. Was zählt, ist Zucker in Maßen* zu essen. Wenn man zu viel davon isst, ist das nicht gut für den Körper.

2 Das stimmt nicht. Der einzige Vorteil ist, dass sie keine Pestizide und keinen Kunstdünger* enthalten*.

3 Das ist nicht wahr – es kann sehr gefährlich sein, wenn man nicht genug isst.

4 Das stimmt nicht. Es hat wenig Kalorien und Fett und es kann helfen, schlank zu werden.

5 Das stimmt. Ärzte sagen, dass ein Glas pro Tag gut für den Kreislauf sein kann.

6 Das stimmt nicht. Nur Kohlehydrate, Eiweiß und Fett liefern Energie.

> * die Bio-Lebensmittel – *organic foods*
> das Fasten – *fasting*
> in Maßen – *in moderation*
> der Kunstdünger – *artificial fertiliser*
> enthalten – *to contain*

TIPP

Making predictions

How many of the words in activity 1a are similar to their English translations?

You probably guessed the meanings of many of them when you were reading the texts. Many German words to do with technology and science are very like their English counterparts. Contextual clues, and parts of the word that you do recognise, can also help you to predict their meanings accurately.

1b Lies die Texte und finde die deutschen Wörter.

a doctors
b circulation
c honey
d dangerous
e carbohydrates
f fat
g calories
h pesticides
i protein
j energy

1c Welches Essen ist gesund? Welches Essen enthält viel Zucker? Welches Essen hat viel Eiweiß? Mach eine Liste. Wie viele Begriffe kannst du in fünf Minuten aufschreiben?

Gesund	Viel Zucker	Viel Eiweiß
Äpfel	Schokolade	Eier

Jugendmagazin *interviewt zwei junge Leute zum Thema Ernährung.*

Ich heiße Jürgen und ich bin siebzehn Jahre alt. Meine Ernährung ist ziemlich gesund, denke ich. Ich esse gern Obst und Gemüse, um gesund zu bleiben. Aber ich bin gegen Erdbeeren allergisch. Das heißt, Erbeeren sind für meinen Körper gefährlich – wenn ich sie esse, fühle ich mich sehr krank. Das ist aber kein großes Problem – ich esse einfach anderes Obst, zum Beispiel Äpfel und Bananen.

Ich heiße Birgit und ich bin sechzehn Jahre alt. Ich ernähre mich normal, aber ich habe eine Nussallergie: Ich kann keine Nüsse essen, ohne mich sehr krank zu fühlen. Ich bekomme dann keine Luft mehr – das ist sehr gefährlich. Ich brauche dann sofort medizinische Hilfe und war deshalb schon dreimal im Krankenhaus, um eine Spritze zu bekommen. Meine Allergie ist ziemlich problematisch, denn Nüsse sind in vielen Sachen zum Essen – aber das weiß man nicht immer.

2 🗣️📖 Lest die Texte. Ratet, was die folgenden Wörter bedeuten, ohne im Wörterbuch nachzuschauen.

1 allergisch
2 Luft
3 Spritze

3 📖 Lies die Texte noch einmal und beantworte die folgenden Fragen.

a How is Jürgen's diet?
b What does he like to eat?
c What can't he eat?
d What happens if he does eat them?
e How is Birgit's diet?
f What problem does she have?
g What happens when she eats nuts?
h What does she have to do then?

4 🎧 Hör gut zu und beantworte die Fragen auf Englisch.

a Where does Jasmine's family come from?
b What's her diet like?
c What problem does she have with her diet?
d Why does she have this problem?
e What happens when she eats it?
f What does she have to do?

TIPP

Useful expressions with *zu*

um ... zu (+ infinitive) – *in order to*

ohne ... zu (+ infinitive) – *without*

um gesund **zu** bleiben – *in order to stay healthy*

ohne sich krank **zu** fühlen – *without feeling ill*

Jetzt seid ihr dran!

5a 🗣️🗣️ Work in pairs. Take the roles of Jürgen and Birgit and ask and answer these questions.

• Wie ist deine Ernährung? Gesund? Ungesund?
• Hast du Probleme mit dem Essen?
• Kannst du das weiter erklären?
• Was bedeutet das für dein Leben?
• Wie hilft man dir dabei?

5b 🗣️🗣️ Now ask and answer the questions about yourselves.

6 🗣️✏️ With a partner, write an article about Jasmine for *Jugendmagazin*, following Jürgen and Birgit's articles as a model. Include details of:

• the causes of her condition
• the symptoms
• possible treatments.

Jugendmagazin: Essprobleme und -lösungen

Ich heiße Sarah und bin 15. Vor einem Jahr hatte ich Magersucht. Das hat so angefangen: Überall, im Fernsehen, in Zeitungen habe ich superdünne Models und Stars gesehen. Überall habe ich gelesen: „Nur wer dünn ist, ist schön – und perfekt!" Ich habe gedacht: „Ich bin viel zu dick – ich muss abnehmen! Erst dann bin ich schön!" Also habe ich gehungert: Ich habe fast gar nichts mehr gegessen – nur Salat und manchmal einen Apfel. Und ich habe nur Wasser getrunken. Ich habe in sechs Monaten insgesamt 15 Kilo abgenommen. Nachher habe ich nur noch 48 Kilo gewogen – bei einer Größe von 1,70 Meter. Aber ich habe gemerkt: Ich bin immer noch nicht glücklich. Und ich habe gesundheitliche Probleme bekommen: Ich war immer müde und hatte keine Energie. Ich habe keinen Sport mehr gemacht – das war zu anstrengend. Auch meine Eltern haben sich große Sorgen gemacht.

Ich heiße Martin und ich bin 16 Jahre alt. Bis vor neun Monaten war ich viel zu dick. Ich habe über 100 Kilo gewogen. Mein Problem: Ich habe immer und viel zu viel gegessen – ich war nie satt. Ich habe einfach nicht aufgehört, zu essen. Ich habe oft versucht, gesünder zu essen – ich habe dann nur Salat und Gemüse gegessen. Aber das hat nach nichts geschmeckt und ich habe dann sofort wieder Hunger bekommen. Ich habe auch gegessen, um mich besser zu fühlen. Wir sind vor zwei Jahren nach Hamburg gezogen und ich habe in meiner neuen Schule keine Freunde gefunden. Meine Klassenkameraden waren sehr gemein – sie haben immer gesagt: „Da kommt ja der Dicke ..." Nach der Schule habe ich immer in meinem Zimmer gesessen und ferngesehen – und Kekse und Schokolade gegessen. Sport habe ich auch nicht gemacht: Beim Schulsport haben alle über mich gelacht, wenn ich in die Turnhalle gegangen bin. Ich war total unglücklich.

1a 📖 Lies die Texte und finde die deutschen Ausdrücke für das Folgende.

  a to be very worried
  b the 'fatty'
  c anorexia
  d to be full
  e to lose weight
  f the gym
  g to stop

1b ✏️ Lies die Texte noch einmal und beantworte die Fragen auf Englisch.

  a What problem did Sarah have?
  b What did she think of her body?
  c What did she eat?
  d What problem did Martin have?
  e What were the reasons for his problem?
  f What did he do in his free time?

2a 🎧 Hör jetzt gut zu. Wie sagt man das Folgende auf Deutsch?

  a to overcome
  b role model
  c therapy
  d hospital
  e self-esteem
  f to manage something

2b 🎧 Hör noch einmal zu und beantworte die folgenden Fragen auf Englisch.

  a Who helped Sarah the most with her anorexia – and how?
  b What did they do together?
  c Why did her doctor say that she was lucky?
  d How did her parents help?
  e How did Martin's birthday present help him with his problem?
  f What changes did he notice?
  g How did his social life change?
  h How does he feel now?

GRAMMATIK

The perfect tense

The perfect tense is used to say what happened in the past. It is more common than the imperfect in spoken German for all but a handful of verbs which have familiar imperfect forms (*sein, haben, geben* and the modal verbs). It is formed by taking the correct part of the verb **haben** or **sein** (the 'auxiliary') and adding the **past participle**:

Ich **habe** nur Salat **gegessen**. – *I only ate salad.*

Meine Eltern **haben** sich Sorgen **gemacht**. – *My parents were worried.*

3a 📖 Finde alle Perfekt-Sätze in den Texten auf Seite 18.

3b ✏️ Schreib die Sätze von Übung 3a im Präsens auf.

Beispiel: Das fängt so an: Überall sehe ich …

4 ✏️ Bilde Sätze im Perfekt mit den Verben (in Klammern).

Beispiel: Ich finde im Internet Informationen. (haben, gefunden) → Ich habe im Internet Informationen gefunden.

  a Meine Mutter hilft mir. (haben, geholfen)
  b Ich gehe jeden Tag spazieren. (sein, gegangen)
  c Martin sieht viel fern. (haben, ferngesehen)
  d Sarah nimmt acht Kilo zu. (haben, zugenommen)
  e Wir treffen uns im Park. (haben, getroffen)
  f Du treibst keinen Sport. (haben, getrieben)

5 ✏️ Schreib diese Sätze im Perfekt auf.

  a Meine Freundin macht eine Therapie.
  b Er isst kein Fleisch.
  c Wir ernähren uns gesund.
  d Mein Bruder isst immer Chips.
  e Ich brauche Hilfe.
  f Ihr geht zum Arzt.

Jetzt seid ihr dran!

6 👥 Work with a partner. **A** is the interviewer and **B** plays the role of Sarah or Martin. Carry out an interview with Sarah or Martin, making up questions about her/his problem. Then act out the interview to the class.

7 ✏️ Imagine you have had a problem in the past with eating too little/too much. Write an article about it for *Jugendmagazin*, saying how you managed to overcome it. Use as many expressions as possible from these two pages.

Jugendmagazin – **Problemseiten**

Liebe Tante Klara...

1

Ich bin vierzehn Jahre alt und ich habe ein Problem: Ich bin neu in der Klasse, und alle meine Schulfreundinnen rauchen. Aber das finde ich nicht gut, weil das ungesund ist. Wie erkläre ich ihnen das? Sie sagen zum Beispiel: „Mit Zigaretten nimmst du super ab – du hast dann viel weniger Hunger!" Aber ich esse lieber normal und gesund, weil ich mit meinem Aussehen zufrieden bin. Oder sie sagen: „Rauchen – das ist cool!" Was soll ich machen?

Hannah

2

Meine Freundin Silvie ist fünfzehn Jahre alt und ich habe Angst, dass sie drogensüchtig* ist. Sie raucht jeden Nachmittag in ihrem Zimmer Marihuana. Sie sagt: „Ich rauche das, weil ich mich damit vom Schulstress entspanne – probier das doch auch mal!" Aber das ist doch gefährlich! Letzte Woche hat sie auf einer Party eine Ecstasy-Pille genommen. Sie hat zu mir gesagt: „Erzähl das nicht meinen Eltern, weil ich sonst Ärger bekomme!" Wie helfe ich ihr?

Maja

3

Mein Bruder Tobias ist siebzehn Jahre alt und trinkt am Wochenende Alkohol – zu viel, finde ich. Zu Hause trinken wir natürlich nicht, weil meine Eltern das nicht gut finden. Aber in der Disco betrinkt* er sich immer – sechs bis sieben Flaschen Bier und auch Wodka. Danach übergibt* er sich, weil er zuviel getrunken hat. Er sagt: „Ich mache, was ich will, weil ich ja fast 18 bin!" Aber ich wecke ihn dann am nächsten Morgen, weil er einen Kater* hat … Was mache ich nur?

Alex

Klaras Antworten

A Rede mit ihm. Sage: „Ich mache mir große Sorgen um dich, weil du ein Problem hast. Wenn du nicht aufhörst, dann helfe ich dir morgens nicht mehr."

B Rede mit ihnen. Sage: „Ich rauche nicht, weil das ungesund ist – aber ich will trotzdem eure Freundin sein." Sie akzeptieren deine Entscheidung dann bestimmt. Vielleicht kannst du auch mit ihnen eine Präsentation zum Thema „ungesunde Gewohnheiten" in eurer Klasse machen?

C Rede mit ihr. Erkläre: „Ich mache mir große Sorgen, weil das gefährlich für die Gesundheit ist." Such auch im Internet Informationen über ihr Problem und zeige sie ihr. Wenn sie nicht darüber sprechen will, rede bitte mit ihren Eltern.

* drogensüchtig – *addicted to drugs*
  sich betrinken – *to get drunk*
  sich übergeben – *to be sick*
  ein Kater – *a hangover*

1a Lies die Briefe und Antworten. Was gehört zusammen? Wer bekommt welchen Rat?

1b Lies die Texte noch einmal. Wer sagt das?

a Ich entspanne mich damit.
b Ich bin alt genug dafür.
c Das ist nicht gesund.
d Meine Eltern sind dagegen.
e Ich mag mich, so wie ich bin.
f Ich bekomme dann Probleme mit meinen Eltern.

1c Beantworte die Fragen auf Englisch.

a What problem does Hannah have?
b Why do her friends want her to smoke?
c What problem does Silvie have?
d Why does Maja want to help her?
e What problem does Tobias have?
f What does Alex do for him?

2 Diskutiere mit einem Partner/einer Partnerin. Welche ungesunden Gewohnheiten sind am gefährlichsten? Was findet ihr nicht so gefährlich?

3a Drei Jugendliche sprechen über Alkohol: wann sie trinken und was für eine Wirkung das Trinken hat. Hör gut zu und füll die Tabelle aus.

	Wann?	Was?	Wirkung?
Fred			
Jana			
Daniel			

3b Hör noch einmal zu und finde die deutschen Ausdrücke.

a foolish things
b to have effect
c to be in a good mood
d to hurt
e the evening before

Word order with *weil*

Words like *weil* are subordinating conjunctions: they connect two sentences or clauses, but they alter the word order of the second clause – the 'active' or conjugated verb goes to the end of the sentence:

Ich trinke Bier. Das ist billig. → Ich trinke Bier, **weil** das billig **ist**. – *I drink beer because it is cheap.*

Er isst zuviel. Er hat Probleme. → Er isst zuviel, **weil** er Probleme **hat**. – *He eats too much because he's got problems.*

Maja schwimmt samstags. Sie hat keine Schule. → Maja schwimmt samstags, **weil** sie keine Schule **hat**. – *Maja swims on Saturday because she doesn't go to school.*

(See *Aktive Grammatik*, pages 22–23.)

4 Verbinde diese Sätze mit *weil*.

a Ich spiele Tennis. Mein Arm tut nicht mehr weh.
b Roger isst viel Obst. Das ist gesund.
c Ich rauche. Es macht Spaß.
d Wir essen Süßigkeiten. Sie sind lecker.
e Ich trinke keine Milch. Ich bin allergisch.
f Meine Schwestern spielen Tennis und Basketball. Sie sind sportlich.

Jetzt seid ihr dran!

5 Make a poster with the theme 'Unhealthy habits'. What sort of unhealthy habits are there? Which are unhealthy or dangerous and why? Example:

besonders gefährlich: Rauchen

6 Write an article on the theme of 'Unhealthy habits'. Use the following points:
- What?
- When?
- How often?
- Effect?
- Most dangerous?

1A Aktive Grammatik

USING THE PRESENT TENSE

The present tense is used for:

- actions which are happening at the moment:

  Ich esse Schokolade. – *I'm eating chocolate.*

- actions which happen regularly or every day:

  Ich sehe jeden Abend fern. – *I watch TV every night.*

- actions which are going to happen in the near future:

  Heute abend gehe ich mit meinem Hund spazieren. – *Tonight I am taking my dog for a walk.*

THE FORMATION OF THE PRESENT TENSE

Most verbs have the following endings in the present tense:

ich geh**e**	wir geh**en**
du geh**st**	ihr geh**t**
er/sie/es/man geh**t**	sie/Sie geh**en**

Many irregular verbs have a vowel change in the *du* and *er/sie/es/man* forms:

fahren: ich f**a**hre, du f**ä**hrst, er/sie/es/man f**ä**hrt
lesen: ich l**e**se, du l**ie**st, er/sie/es/man l**ie**st
essen: ich ess**e**, du **i**sst, er/sie/es/man **i**sst

Sein and *haben* are called 'auxiliary verbs' and are completely irregular. They form the present tense as follows:

sein	**haben**
ich bin	ich habe
du bist	du hast
er/sie/es/man ist	er/sie/es/man hat
wir sind	wir haben
ihr seid	ihr habt
sie/Sie sind	sie/Sie haben

1 Fill in the correct form of the verb.

a sehen: meine Eltern _____
b hören: du _____
c sich kennen: Thomi und Steffi _____
d spazieren gehen: wir _____
e heißen: mein Fußballverein _____
f machen: ihr _____

2 Choose the correct form of the verbs in the box to fill in the gaps. Some of the words are left over!

Hallo, ich _____ Mark. Meine Eltern, meine Schwester und ich _____ in Hamburg. Zu Hause _____ wir uns gesund: meine Mutter _____ oft vegetarisch. Am Wochenende _____ ich gern in die Disco. Ich _____ auch ziemlich sportlich – ich _____ Tennis. Meine Schwester _____ gern Sport im Fernsehen.

> machen   haben   heißen   ernähren   gehen   spielen
> wohnen   sein   kochen   sehen   trinken

WORD ORDER: SIMPLE SENTENCES

Simple German sentences follow the same pattern as English sentences:

subject – verb – object
Mein Bruder spielt Fußball. – *My brother plays football.*
Ich treibe gern Sport. – *I like doing sport.*

3 Translate these sentences into German, watching out for the word order.

a I hate tennis.
b We like football.
c He loves rugby.

WORD ORDER: POSITION OF THE VERB

In German sentences, the verb must always be the second 'idea' or element, but this does not always mean it is the second word. Take a look at the following example:

1	**2**	**3**	**4**
Mein Bruder	spielt	jeden Tag	Fußball.
Jeden Tag	spielt	mein Bruder	Fußball.

In the first sentence, the subject is **mein Bruder**. So the first idea consists of two words, as does the third idea **jeden Tag**.

The two sentences have the same meaning, but the difference of word order causes a change of emphasis. In the second sentence, the fact that the brother plays football **every single day** is highlighted.

4 Rewrite these sentences, putting the phrase in brackets at the beginning of the sentence and altering the word order appropriately.

   a Sie geht jeden Tag schwimmen. (jeden Tag)

   b Nächste Woche spielt er gegen Bayern-München. (er spielt)

   c Ich spiele sonntags Federball. (sonntags)

   d Jede Woche treiben wir Sport. (wir treiben)

   e Ihr esst niemals gesund! (niemals)

   f Tagsüber trinken die Schüler nicht genug. (die Schüler)

THE TIME–MANNER–PLACE RULE

Expressions of time, manner and place must always come in this sequence in a German sentence, irrespective of the order of any other elements present:

		Time	Manner	Place
Mark	fährt	heute Abend	mit dem Bus	in die Stadt.

Time			Manner	Place
Heute Abend	fährt	Mark	mit dem Bus	in die Stadt.

If only two of the elements are mentioned, e.g. time and place, or manner and time, then the correct order must still be maintained:

Time			Manner	Place
Samstags	fährt	Ute	–	nach Berlin.

---

5 Rewrite these jumbled-up sentences in the right order.

   a in Athen – die Olympischen Spiele – waren – 2004

   b nach London – sie – 2012 – kommen

   c mit dem Zug – nach London – fahre ich – in vier Jahren

THE PERFECT TENSE

The perfect tense in German is used to say what happened in the past. It is used more frequently than other past tenses in spoken German.

The perfect tense is made up of two main parts: the 'auxiliary' verb (i.e. the correct part of *haben* or *sein*) and the past participle, much like in English:

Ich **habe** Tennis **ge**spielt. – *I have played tennis.*
Ich **bin** Kajak **ge**fahr**en**. – *I have been kayaking.*

The past participle is placed at the end of a simple sentence or clause.

Most verbs are regular and form the perfect tense with *haben*. Some verbs form the perfect tense with *sein* – they are usually verbs of movement.

---

6 Put these sentences into the perfect tense.

   a Maja isst kein Fastfood.

   b Ich spiele gern Tennis.

   c Mein Vater kocht ungesundes Essen.

   d Ich höre abends am liebsten Musik.

   e Bill macht eine Deutschland-Tournee.

   f Ich kaufe Bio-Gemüse.

SUBORDINATING CONJUNCTIONS: *WEIL*

Words like *weil* join two clauses together, but they send the main verb to the end of the second sentence or clause:

Ich gehe gern Bungee-Springen. Ich finde das aufregend.
→ Ich gehe gern Bungee-Springen, **weil** ich das aufregend **finde**.

---

7 Put these sentences together using *weil*.

   a Ich gehe nicht gern spazieren. Das ist langweilig.

   b Mia macht sich Sorgen. Ihr Freund trinkt.

   c Wir joggen heute nicht. Es regnet.

   d Meine Brüder essen kein Fleisch. Sie sind Vegetarier.

   e Ich finde Michael Ballack toll. Er ist ein toller Fußballspieler.

   f Ich trinke Wasser. Das ist gesund.

TASK: Interview about healthy lifestyles

You are going to have a conversation with your teacher about healthy lifestyles. Your teacher will ask you the following:

- What do you do to keep fit and how do you feel about it?
- What is your usual diet?
- Is your diet healthy or unhealthy – and why?
- What problems do you/does your friend have with diet (allergies, etc.)?
- What problems did you/your friend have in the past with eating too much/not eating enough?
- What do you do that is particularly good or bad for your health, and what do you plan to do in the future?
- !

(! Remember: at this point, you will have to respond to something you have not prepared.) The dialogue will last between 4 and 6 minutes.

1 THINK !

Read the phrases below. Write down any others you might find useful for the speaking task.

- [ ] **Keeping fit:** *Ich stehe um ... auf/gehe um ... ins Bett; jeden Tag, am Wochenende; Ich mache Sport, um gesund zu bleiben*
- [ ] **My diet:** *Ich esse/trinke gern/am liebsten/nicht/kein(e/n)/viel wenig ...*
- [ ] **Healthy/unhealthy diet:** *Das ist gesund/ungesund, gut für die Gesundheit.*
- [ ] **Problems with your diet:** *Ich bin allergisch gegen ...; Ich habe eine ...*
- [ ] **Eating too much/too little:** *Ich war zu dick; Ich habe zu viel ... gegessen; Ich war nie satt; Ich hatte Magersucht; Ich habe gehungert; Ich habe nichts gegessen*
- [ ] **Healthy or unhealthy habits:** *Ich esse zu viel ...; Ich rauche; Ich trinke ...; Ich betrinke mich; Ich nehme ...*

! *Can you predict what the unexpected question might be? For example:*

- [ ] Why is it important to keep fit and healthy as a teenager?
- [ ] Why do you think the current generation is less healthy than previous generations?

NB Add to your list any language you would need to answer these questions.

2 PLAN !

- **Listen to the model conversation.**
- **Listen again and note down any phrases you could use or adapt. Add these to your list from Step 1.**

3 ACTION!

Now prepare your answers. Use the bullet points below to help you and your list of useful words and phrases from Steps 1 and 2.

1 What do you do to keep fit?

- Use the <u>present tense</u> to say what you do to keep fit: *Ich mache Sport. Ich gehe jeden Tag um 20 Uhr ins Bett.*
- Use <u>time phrases</u> to say when/how often you do this: *Ich spiele jeden Nachmittag Fußball. Am Wochenende bleibe ich bis um 11 Uhr im Bett.*
- Use <u>um ... zu</u>: *Ich mache Sport, um gesund zu bleiben.*

2 What is your usual diet?

- Use the <u>present tense</u> to say what you usually do: *Ich esse ...; Ich trinke ...*
- Mention <u>different types</u> of food and drink: *Obst, Gemüse, Fleisch, Fastfood, Milch, Cola, Wasser, Kaffee.*
- Include what you <u>like/dislike</u> eating or drinking: *Ich esse gern Gemüse; Ich trinke keinen Kaffee.*

3 Is your diet healthy or unhealthy – and why?

- Try explaining in <u>different</u> ways: *Ich esse viel Obst, denn das ist gesund; Am Wochenende mache ich Sport; Das ist gut für die Gesundheit.*
- Use words to <u>link your ideas</u>: *Ich spiele Fußball, und ich esse kein Fastfood.*
- Use <u>um ... zu</u>: *Ich esse Obst und Gemüse, um gesund zu bleiben.*

4 What problems do you have with your diet (allergies, etc.)?

- Use <u>weil</u> to give reasons: *Ich esse keine Nüsse, weil sie gefährlich sind.*
- Use <u>ohne ... zu/um ... zu</u>: *Ich kann keine Nüsse essen, ohne mich krank zu fühlen; Ich esse Obst, um gesund zu bleiben.*
- Add a little <u>extra detail</u> to make it more interesting: *Meine Schwester hat auch eine Allergie. Sie ist gegen Eier allergisch.*

5 What problems did you have in the past with eating too much/not eating enough?

- This is your chance to use the <u>perfect tense</u>: *Ich habe zu viel gegessen. Ich habe gehungert.*
- Use the <u>imperfect tense</u> as well: *Ich hatte Magersucht. Ich war immer müde.*
- If you haven't had any problems, invent them!

6 What do you do that is particularly good or bad for your health?

- Give <u>as much detail</u> as possible: *Ich ernähre mich gesund, aber ich trinke jedes Wochenende Alkohol. Freitagabends in der Disco trinke ich ...*
- Give a <u>variety of reasons</u>: *Das ist gefährlich ...; ... finde ich nicht so schlimm. Ich will Spaß haben.*
- Show off your use of <u>reflexive verbs</u>: *Ich freue mich auf ...; Ich will mich amüsieren; Ich betrinke mich.*

GRADE TARGET

To reach Grade C, you need to:
- speak clearly with a good accent
- use the main tenses correctly (e.g. present tense for what you usually do, perfect tense for what you did in the past)
- use *weil* to justify your choices and give reasons
- use expressions of time and frequency (e.g. *oft, jeden Tag*).

To aim higher than a C, you need to:
- use a variety of tenses, e.g. use the imperfect to give an opinion about something in the past
- use link words to create longer, more complex sentences (*und, aber, denn*)
- use a wider range of time or frequency expressions (e.g. *normalerweise, oft, jeden zweiten Nachmittag*).

To aim for an A or A*, you need to:
- use a greater variety of vocabulary
- use subordinating conjunctions (e.g. *dass, wenn*) with the correct sentence order
- narrate and describe events where appropriate.

1A Controlled Assessment: Writing

TASK: A fitness blog about sports and your sporting activities

Write about sports and your sporting activities for a fitness blog.

You could include the following:
- Which sports you usually do
- How often/when you do sports and your opinion on them
- Whether you watch sports on TV and your opinion on them
- Whether you think you do enough sport
- What sports you did last week
- Who your favourite sportsperson is and why you like him/her
- What sports you plan to do in the future.

1 THINK!

Start by noting down a few key facts:
1 **Which sports:** *Fußball, Schwimmen, Skateboard*
2 **When/how often:** *morgens, jeden Abend, am Wochenende*
3 **Sport on TV:** *sehe ... im Fernsehen, schaue gern ...*
4 **Enough sports:** *mache (nicht) genug ... ; spiele sehr viel ...*
5 **Last week:** *am Montag – habe geschwommen; am Samstag – bin Rad gefahren*
6 **Favourite sportsperson:** *Roger Federer – erfolgreich, freundlich*

2 PLAN!

- **Read the model text.**

Ich bin sehr sportlich. Ich glaube, ich mache genug Sport. Ich spiele am liebsten Tennis und ich jogge auch. Ich spiele jeden Nachmittag Tennis, und ich jogge am Wochenende, wenn das Wetter gut ist. Ich fahre auch gern Skateboard – vor allem im Sommer. Das mache ich im Park. Und ich spiele Fußball – ich trainiere zweimal pro Woche im Verein. Manchmal schwimme ich auch.

Letzte Woche habe ich viel Sport gemacht: Ich habe jeden Morgen vor der Schule mit meinem Vater Tennis gespielt, und am Sonntag hat meine Mannschaft Fußball gespielt. Wir haben leider 2:3 verloren. Das war schade! Und am Montag nachmittag bin ich im Park Rad gefahren.

Meine Lieblingssportlerin ist die Tennisspielerin Kim Clijsters. Sie kommt aus Belgien und ist 30 Jahre alt. Sie hat letztes Jahr das American Open Turnier gegen die Nummer eins der Welt, Serena Williams, gewonnen. Sie gefällt mir, weil sie Mutter ist und trotzdem professionell Tennis spielt. Ich finde sie auch toll, weil sie immer nett ist und weil sie immer fair spielt.

Ich sehe auch gern Sport im Fernsehen – vor allem Sportarten, die ich selber nicht mache: Ich schaue gern Leichtathletik und Kunstturnen. Und ich sehe alle vier Jahre natürlich die Olympiade im Fernsehen – mein Lieblingssport ist dabei Beachvolleyball im Sommer und Skifahren im Winter.

Katrin

- **Read the text again and note down any opinions or adjectives that you could use. Add these to your list from Step 1.**
- **Look carefully at the verbs used and make a note of those you could use again:**
  - ☐ present tense for what you usually do: *Ich spiele ...; Ich jogge/schwimme/trainiere ...*
  - ☐ perfect tense for completed actions: *Ich habe ... gespielt; Ich bin ... Rad gefahren ...*

3 ACTION!

Now prepare what you will write. Use the points below to help you and use your list of useful words and phrases from Steps 1 and 2. Write about 200–300 words.

1 Which sports:

- Mention at least <u>two or three different sports</u>: *schwimmen, Basketball, joggen.*
- Use the <u>present tense</u>: *Ich spiele Tennis. Ich fahre Skateboard.*

2 When/how often:

- Use a variety of <u>expressions of time</u>: *sonntags, jede Woche, einmal pro Woche, am Dienstag.*

3 Sport on TV:

- Give as much <u>detail</u> as possible: *Ich sehe fast jeden Tag Sport im Fernsehen. Fußball schaue ich am liebsten mit meinem Vater, weil wir beide Werder Bremen-Fans sind.*

4 Enough sports:

- Use a variety of phrases to <u>express your opinion</u>: *Ich glaube/finde, ich mache genug Sport. Ich bin der Meinung, dass ...*

5 What sports you did last week:

- Use the <u>perfect tense</u>. Remember many verbs of movement form the perfect tense with *sein*: *Ich bin Rad gefahren.*

6 Who your favourite sportsperson is and why you like him/her:

- Mention at least two or three <u>different things</u> about him/her: *Er kommt aus ... . Er ist sehr erfolgreich.*
- Use <u>weil</u> to explain why you like him/her: *Ich mag sie, weil sie nicht arrogant ist.*

GRADE TARGET

To reach Grade C, you need to:

- include explanations and opinions, (e.g. using *weil* and *Ich finde, dass ...*)
- use the main tenses correctly (e.g. present tense for what you usually do, perfect tense for what you did in the past)
- check all spellings.

To aim higher than a C, you need to:

- use a greater variety of tenses (e.g. use the imperfect to give an opinion about something in the past)
- use link words to create longer, more complex sentences (*und, aber*)
- use a range of expressions of time or frequency.

To aim for an A or A*, you need to:

- use a variety of more unusual vocabulary (e.g. *faszinierend* for *interessant; liebenswürdig* for *nett*)
- use a greater variety of verbs: modal verbs (e.g. *sollen, können, müssen* and reflexive verbs (e.g. *sich für ... interessieren, sich freuen*)
- use adverbs to give more weight to your opinions (e.g. *wirklich, ehrlich*).

Wie man über Sport redet

das Endspiel -e *nn*	*final*
der Held en *nm*	*hero*
die Heldin -nen *nf*	*heroine*
die Liga *nf* Ligen	*the league*
die Mannschaft -en *nf*	*team*
der Pokal -e *nm*	*cup, trophy*
das Spiel -e *nn*	*game*
der Torwart -e *nm*	*goalkeeper*
die Vorgabe -n *nf*	*handicap*
loben *vb*	*to praise*
aufregend *adj*	*exciting*
bekannt *adj*	*well-known*
beliebt *adj*	*popular*
enttäuscht *adj*	*disappointed*
erfolgreich *adj*	*successful*
ab und zu	*now and again*
unter Par	*under par*

Wie man gesund lebt

die Bühne -n *nf*	*stage*
die Essgewohnheiten *npl*	*eating habits*
der Früchtetee -s *nm*	*fruit tea*
die Gesundheit *nf*	*health*
das Gemüse *nn*	*vegetables*
der Keks -e *nm*	*biscuits*
das Obst *nn*	*fruit*
der Schlaf *nm*	*sleep*
auf/stehen *vb*	*to get up*
(sich) aus/ruhen *vb*	*to rest*
(sich) entspannen *vb*	*to relax*
gesund *adj*	*healthy*
ungesund *adj*	*unhealthy*

Wie man gesundes Essen beschreibt

die Bio-Lebensmittel *npl*	*organic food*
der Blutdruck *nm*	*blood pressure*
das Eiweiß *nn*	*protein*
die Ernährung *nf*	*diet, food*
das Kohlenhydrat -e *nn*	*carbohydrate*
der Kreislauf -läufe *nm*	*circulation*
der Juckreiz *nm*	*itching*
der Luftweg -e *nm*	*airway*
der Pickel – *nm*	*spot*

auf/passen *vb*	*to pay attention*
riechen *vb*	*to smell*
meiden *vb*	*to avoid*
überempfindlich *adj*	*hypersensitive*
allergisch gegen	*allergic to*

Wie man Essprobleme überwindet

die Esskrankheit -en *nf*	*eating disorder*
die Magersucht *nf*	*anorexia*
das Selbstbewusstsein *nn*	*self-confidence*
ab/nehmen *vb*	*to lose weight*
auf/hören *vb*	*to stop*
bestrafen *vb*	*to punish*
anstrengend *adj*	*strenuous*
glücklich *adj*	*happy*
satt *adj*	*full, satisfied*
(sich) um etwas Sorgen machen	*to worry about something*

Wie man ungesunde Gewohnheiten vermeidet

das Aussehen *nn*	*appearance*
die Entscheidung -en *nf*	*decision*
die Gesundheit *nf*	*health*
der Kater *nm*	*hangover*
(sich) betrinken *vb*	*to get drunk*
(sich) ernähren *vb*	*to eat; nourish oneself*
(sich) übergeben *vb*	*to throw up*
losgehen *vb*	*to set off/to start*
probieren *vb*	*to try*
stimmen *vb*	*to be correct*
drogensüchtig *adj*	*addicted to drugs*
blöd *adj*	*stupid/silly*
gefährlich *adj*	*dangerous*
kaputt *adj*	*broken*
Ärger bekommen	*to get into trouble*
gut drauf sein	*to be in a good mood; in good form*

Weißt du schon, wie man ...

- ❑ seine Freunde und Familie beschreibt?
- ❑ mit der Familie klarkommt?
- ❑ seine Familie und Karriere plant?
- ❑ soziale Probleme beschreibt?
- ❑ Chancengleichheit an deutschen Schulen beschreibt?

Wie sieht deine Zukunft aus?

Controlled assessment

- Talk about your family and friends
- Write a short article about your future plans

Kompetenzen

Beim Sprechen

How can you ...
- ask questions to keep a conversation going?
- make excuses?
- use filler words to sound more natural?

Beim Lesen

How do you ...
- use the case a noun is in to work out its gender?
- work out the meaning of words?

Aktive Grammatik

As part of your German language 'toolkit', can you ...
- use endings in the accusative?
- use possessive pronouns?
- use negatives?
- use subordinating conjunctions?
- use reflexive verbs?
- use prepositions with the dative and the accusative?

G Geschlechter; „Ich habe" + Akkusativ; Possessivpronomen   **W** Freunde und Familie beschreiben

K Fragen in einem Gespräch stellen

Michael und Ralf Schumacher: Brüder oder Rivalen?

a Ich bin ein sehr erfolgreicher Rennfahrer und bin in der ganzen Welt bekannt.

b Ich bin als Tennisspieler und als Fernsehmoderator bekannt.

c Ich bin 1m90 groß und kräftig.

d Ich bin 1m74 groß und ziemlich dünn.

e Ich habe einen jüngeren Bruder*. Er ist auch Rennfahrer.

f Ich bin verheiratet und ich habe eine Tochter und einen Sohn.

g Meine Frau und ich haben uns getrennt. Ich bin jetzt geschieden, aber ich habe eine Freundin, zwei Söhne und eine Tochter.

h Ich wohne in der Schweiz mit meiner Frau und meinen Kindern, aber ich komme aus Deutschland.

i Mein Bruder geht mir manchmal auf die Nerven*, weil er mein Rivale ist.

j Ich habe eine ältere Schwester*, Sabine. Sie ist auch sportlich. Wir spielen manchmal Tennis zusammen.

k Meine Kinder sind Teenager. Sie verstehen sich nicht* immer. Sie wohnen bei ihrer Mutter.

l Ich bin viel unterwegs. Meine Frau passt zu Hause auf die Kinder auf*. Sie ist sehr nett und hat viel Geduld.

Boris Becker und seine Ex-Frau Barbara: die perfekte Familie?

WORTSCHATZ

*mein jüngerer Bruder/meine jüngere Schwester
– *my younger brother/sister*

mein älterer Bruder/meine ältere Schwester
– *my older brother/sister*

... geht mir auf die Nerven – ... *gets on my nerves*
sie verstehen sich (nicht) – *they (don't) get on well*
... passt auf die Kinder auf – ... *looks after the children*

1 Welche Sätze passen zu wem? Mach eine Liste für **Michael Schumacher** und eine für **Boris Becker**.

GRAMMATIK

Every German noun has a gender:

masculine:	der Bruder/ein Bruder
feminine:	die Stadt/eine Stadt
neuter:	das Kaninchen/ein Kaninchen

2a  Lara stellt sich und ihre Familie vor. Hör gut zu und beantworte die Fragen auf Englisch.

a What does Lara say about her family?
b How many brothers and sisters does she have?
c What three things does she say about her sisters?
d What does she say about her brother?
e She says three things about her best friend: what are they?
f What does Lara think of her family?

TIPP

Asking questions can be a great way of getting to know people and of keeping a conversation going. Can you remember what the following question words mean? Make up a question to ask with each one: *wie, wo, was, wie viele, wer.*

2b Du willst Lara einige Fragen stellen. Hör noch einmal gut zu und schreib Fragen zu den Antworten.

a Ich bin 14 Jahre alt.
b Es gibt fünf Mitglieder in meiner Familie.
c Meine Schwestern sind wirklich nett und wir verstehen uns gut.
d Er heißt Jens.
e Sie ist so groß wie ich.
f Ich mag meine Familie.

GRAMMATIK

Ich habe + accusative

When you say which people there are in your family (using *haben*), you need to use the accusative case. This changes the article ending of the masculine noun you use:

	Wen gibt es in deiner Familie?
der Bruder	Ich habe einen Bruder.
die Schwester	Ich habe eine Schwester.
das Kaninchen	Wir haben ein Kaninchen.
die Geschwister	Wir haben drei Geschwister.

3 Was für Haustiere hast du? Schreib Sätze: **Ich habe einen/eine/ein ...**

a Hund
b Katze
c Hamster
d Goldfisch
e Kaninchen
f Maus

4 Schreib einen Artikel über dich und deine Familie für die *Hallo!*-Webseite. (Wenn du nicht über deine eigene Familie schreiben möchtest, kannst du dir vorstellen, du bist eine berühmte Person!) Benutze die Ausdrücke aus der Wortschatz-Box auf Seite 30.

Beispiel: Ich komme aus England und bin Schüler. Meine Familie ist groß. Ich habe eine nette Mutter.

GRAMMATIK

Possessive pronouns: *mein/dein/sein/ihr/euer/Ihr*

These are words for 'my', 'your', 'his', 'her', etc. Their endings also depend on the case and gender of the noun they precede.

Ich finde **meinen** Bruder doof.
Sie mag **ihre** Freundin.

(See *Aktive Grammatik*, page 40.)

Jetzt seid ihr dran!

Ich bin immer hungrig. Wo ist meine Pizza?

Hansi geht mir auf die Nerven.

Franzi hat überhaupt kein Talent!

CHRISTIAN
FRANZI
PATRICIA
HÄNSI
KATHRIN
OMER

Ich bin sehr ordentlich.

Ich finde Kathrin so nett.

Oh, warum bin ich so unbeholfen?

5a Work in groups of six. Each person chooses a character from the TV series *Beste Freunde* and writes sentences about his/her imaginary family and friends.

Example: Ich habe fünf gute Freunde. Meine beste Freundin ist Franzi. Sie ist sehr nett und freundlich. Wir wohnen in Bremen. In meiner Familie gibt es ...

5b In your groups, act out a scene from *Beste Freunde* in which each character talks about themselves and their family. Find out as much as you can about the others by asking questions. Act out your scene in front of the class. Record it using the OxBox software.

G Negation: „kein" **W** Hausarbeit; mit der Familie klarkommen **K** Ausreden

Mach mit beim *Jugendmagazin*-Wettbewerb: „Wer hat die besten Ausreden?"

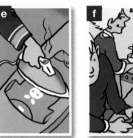

1 den Tisch decken		**7** abtrocknen	
2 beim Kochen helfen		**8** abstauben	
3 bügeln		**9** das Auto waschen	
4 die Spülmaschine füllen		**10** staubsaugen	
5 aufräumen		**11** die Betten machen	
6 die Wäsche aufhängen		**12** den Boden putzen	

1a Welcher Text oben passt zu welchem Bild?

1b Wer macht was in deiner Familie? Schreib Sätze. Überprüfe deine Antworten mit deinem Partner/deiner Partnerin.

Beispiel: Ich trockne ab. Mein Vater deckt den Tisch.

2a Was für Hausarbeit ist das? Du hast nur eine Minute Zeit, um die Wörter zu entziffern.

a genlbü
b ztupne
c sugetasunba
d rumneufaä
e ntkbcornea
f ochnek

2b Überleg dir noch andere Arten von Hausarbeit. Schau die Wörter im Wörterbuch nach, bring die Buchstaben durcheinander und lass dann deine Klasse die Wörter entziffern.

3 Hör gut zu und sieh dir die Bilder an. Welche Hausarbeiten sollen diese jungen Leute machen und was sind ihre Ausreden? Füll die Tabelle unten auf Englisch aus.

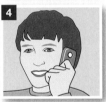

Name	Which chores?	Excuse
Florian		
Anna		
Jan		
Gülçin		
Thomas		
Sandra		

TIPP

Making excuses

Use the following expressions to make excuses:

Ich habe (jetzt) keine Zeit. – *I don't have time (right now).*
Ich habe keine Lust. – *I'm not in the mood.*
Ich habe keinen Bock. – *I can't be bothered.*
Ich mag jetzt nicht. – *I don't want to right now.*

4 Schreib deine eigenen Ausreden zu den folgenden Bitten. Benutze die Ausdrücke aus der Tipp-Box.

a Kannst du bitte staubsaugen?
b Bitte, putz die Fenster.
c Kannst du jetzt dein Zimmer aufräumen?
d Bitte, deck den Tisch.
e Ich muss in die Stadt gehen. Kannst du bitte die Wäsche aufhängen und das Mittagessen kochen?

GRAMMATIK

Negative sentences

In German, there are two ways of forming negatives:

1 By adding *nicht* (not) or *nie* (never) to a positive sentence.

Ich spiele auf der Playstation. → Ich spiele **nicht** auf der Playstation. – *I'm not playing on the Playstation.*

Ich spiele **nie** auf der Playstation. – *I never play on the Playstation.*

2 By turning an indefinite article into *kein(e/en/es)*.

Ich habe einen Bruder. → Ich habe **keinen** Bruder. – *I don't have a brother.*

Kein takes the same endings as the indefinite article *ein*:

Nominative (subject case)	Accusative (direct object)
kein (m)	Sie hat keinen Freund.
keine (f)	Ich habe keine Lust.
kein (n)	Wir haben kein Kaninchen.
keine (pl)	Ihr habt keine Pläne, zusammenzuziehen?

5 Setz die richtige Form von *kein* ein.

a Ich habe _____ Hund.
b Du kaufst _____ Bananen.
c Sie hat _____ Telefon.
d Er hat _____ Freundin.

6 Lies die Texte und beantworte die Fragen auf Englisch.

Ich heiße Klara und ich bin 14 Jahre alt. Ich wohne mit meiner Mutter und mit meinem Bruder zusammen – er ist 16. Unser Vater und unsere Schwester wohnen nicht mehr bei uns. Meine Mutter ist nett, aber sie ist oft müde. Sie ist Ärztin – der Job ist sehr anstrengend, sagt  sie! Wir verstehen uns ganz gut zu Hause, aber es gibt ein Problem: die Hausarbeit. Ich muss meiner Mutter immer helfen – aber mein Bruder muss nie helfen! Das finde ich total ungerecht. Meine Mutter sagt: „Jungen können das nicht so gut. Hausarbeit ist eben Mädchensache." Das ist doch dumm! Ich möchte, dass wir die Hausarbeit abwechselnd machen – das ist doch viel besser!"

Ich heiße Johann und ich bin 15. Ich wohne während der Woche mit meiner Mutter, meinem Stiefvater und meiner Stiefschwester zusammen. Am Wochenende wohne ich bei meinem Vater. Also, mein Stiefvater ist sehr autoritär. Es gibt viele Regeln zu Hause – ich finde, zu viele! Meine Stiefschwester und ich müssen zum Beispiel viel im Haushalt  helfen. Die Gartenarbeit finde ich zum Beispiel total langweilig – und Bügeln finde ich furchtbar! Ich darf auch nur eine Stunde pro Tag auf der Playstation spielen – das ist total blöd, finde ich. Aber wir verstehen uns eigentlich alle ganz gut. Susi – meine Stiefschwester – ist sehr lustig. Wir haben nie Streit.

a Whom does Klara live with?
b Why is her mother often tired?
c What is the worst problem at home?
d What would Klara like to change?
e What are Johann's living arrangements?
f What does he say about his stepfather?
g What does he say about household chores?
h What else does he say about his family?

Jetzt seid ihr dran!

7 Work with a partner. **A** is the parent and **B** is the son/daughter. **B** should be helping **A** with the housework, but **B** keeps coming up with excuses to get out of helping!

Example:
A: Stefan, staubsaugst du bitte?
B: Nein, Mutti, ich treffe mich mit Freunden.
A: OK, aber du hast Zeit abzutrocknen.

8 Write a scene in a play entitled *Krise im Haushalt der Meiers* (Crisis in the Meier household). It should include the following characters: grandmother, mother, a baby, a three-year-old and a 15-year-old.

(G) Konjunktionen (W) Zukunftspläne (K) Füllworter

Mario fragt: „Was sind eure Zukunftspläne?"

Ich heiße Carina und ich bin 15 Jahre alt. Meine Zukunftspläne? Also, ich glaube, dass ich später heirate. Aber nicht zu früh, weil ich zuerst auf jeden Fall eine Ausbildung mache – am liebsten eine Lehre als Bankkauffrau. Wenn ich einen Job bekomme, verdiene ich natürlich selber Geld. Das ist wichtig, damit ich nicht finanziell abhängig bin. Und Kinder? Ja, Kinder gehören für mich zur Zukunftsplanung dazu. Und ich hoffe, dass ich auf dem Land wohne. Ja, in einem Haus mit Garten, damit meine Kinder Platz zum Spielen haben.

Mein Name ist Kai und ich bin 15 Jahre alt. Ich bin sicher Single, wenn ich erwachsen bin – Heiraten ist für Spießer! Eine Partnerin oder eine feste Freundin ist auch nichts für mich, weil das totaler Stress ist. Mein älterer Bruder hat seit drei Jahren eine feste Freundin und sie haben fast jeden Tag Streit. Und sie klammert total. Das findet mein Bruder natürlich nicht gut, weil er dann keine Zeit für Freunde oder Hobbys hat. Also, ich möchte lieber Spaß haben – mit meinen anderen Single-Freunden! Ich glaube, dass das Single-Leben auch sicher nicht einsam ist – ich bin auch jetzt schon am liebsten allein.

Ich heiße Lola. Ich bin 16 und ich habe seit zwei Jahren einen festen Freund – Thomas. Ich weiß, dass wir zusammenbleiben! Wir haben schon feste Pläne für unsere Zukunft: Nach dem Abitur nächstes Jahr ziehen wir zusammen nach Hamburg und studieren dort Medizin. Kinder sind aber nichts für uns, weil wir beide nicht sehr kinderfreundlich sind. Aber ich hoffe, dass wir viele Tiere haben – wir sind beide sehr tierlieb. Ich freue mich schon sehr auf unser Leben zu zweit, weil ein Leben als Single sicher furchtbar ist.

1a Lies die Texte und finde die folgenden Wörter.
a financially dependent
b to be included
c bourgeois
d steady girlfriend
e to be clingy
f to look forward to
g firm plans
h to hope

1b Lies die Texte noch einmal. Wer hofft, ...
a ... dass er/sie mit seinem Freund zusammenbleibt?
b ... dass er/sie später eine Familie hat?
c ... dass er/sie nicht heiratet?
d ... dass er/sie später Tiere hat?
e ... dass er/sie vorher arbeitet?
f ... dass er/sie nie Partner-Stress hat?

GRAMMATIK

Subordinating conjunctions

You can use conjunctions to create longer and more complex sentences. Here are some other useful ones which, like *weil*, require the verb to go at the end of the second clause:

Ich verdiene eigenes Geld, **wenn** ich einen Job habe. – *I'll earn my own money when/if I have a job.*

Ich hoffe, **dass** ich später heirate. – *I hope that I'll marry later.*

Wir machen Sport, **damit** wir fit bleiben. – *We do sports so that we stay fit.*

TIPP

Filler words

To sound more authentic, use some of these filler words when answering questions:

also – *so*
nun – *well*
eigentlich – *actually*
wirklich – *really*
Mann, das ist ... – *hey, that's ...*
ja, gut – *yes, fine*
sicher – *certainly*
nämlich – *you see/namely*
bestimmt – *certainly*

2 Finde alle Konjunktionen in den Texten links.

3a Finde die passenden Konjunktionen (*weil, wenn, dass, damit*) für die Sätze.

a Ich wohne gern in Berlin, _____ hier viel los ist.
b Ich glaube, _____ wir zusammenziehen.
c Wir ziehen aufs Land, _____ wir mehr Platz haben.
d Ich arbeite im Garten, _____ es nicht regnet.
e Ich esse viel Obst, _____ ich gesund bleibe.
f Maria hofft, _____ sie einen Hund bekommt.
g Ich studiere Informatik, _____ ich mich für Computer interessiere.
h Ich möchte Kinder, _____ ich verheiratet bin.

3b Schreib die Sätze aus Übung 3a auf Englisch auf.

4 Schreib neue Sätze mit den Konjunktionen.

a Ich bleibe in Berlin. Ich bin erwachsen. (wenn)
b Ich möchte einen Garten. Meine Tiere haben viel Platz. (damit)
c Ich glaube. Maja heiratet später. (dass)
d Ich habe keine Tiere. Ich bin nicht tierlieb. (weil)
e Mein Freund arbeitet abends. Ich bin allein zu Hause. (wenn)
f Ich bin Single. Ich bin gern allein. (weil)
g Ich hoffe. Ich finde einen interessanten Job. (dass)
h Meine Eltern arbeiten. Wir haben Geld. (damit)

5a Hör gut zu. Michael spricht über seine Zukunftspläne. Beantworte die Fragen auf Englisch.

a What does Michael say about his boyfriend?
b What will they do in the future?
c What does he say about their wedding?
d What will they do before they get married?
e Where will they live?
f What does he say about their future education?
g What does he say about children?

5b Schau dir die Ausdrücke in der Tipp-Box an und hör dann noch einmal gut zu. Welche Ausdrücke benutzt Michael?

6 Partnerarbeit. Wählt eine Person (Carina, Kai, Lola oder Michael) und sprecht über eure Zukunftspläne. Erfindet neue Details! Besprecht die folgenden Punkte.

- Heirat
- fester Freund/feste Freundin
- Single
- Ausbildung
- wohnen
- Kinder

Jetzt seid ihr dran!

7 Work in groups. Imagine you work for an online dating service and are interviewing candidates about their hopes for the future. Interview each other using the bullet points from activity 6.

8 Write an article about your future plans for a time capsule that's going to be opened up in 25 years time. Try to use as many words and expressions from this spread as possible.

G Reflexivverben · **W** soziale Probleme · **K** Wortbedeutung

Jugendmagazin fragt: Welche sozialen Probleme gibt es heute in Deutschland?

Cynthia (14) kümmert sich seit acht Jahren um ihren Vater. „Papa hat MS (multiple Sklerose) und sitzt im Rollstuhl. Er kann sich nicht bewegen und braucht rund um die Uhr Hilfe." Aber Hilfe für Cynthia gibt es nicht: „Wir sind allein, weil meine Mutter seit zehn Jahren nicht mehr bei uns wohnt." Morgens, vor der Schule, wäscht sie sich schnell und zieht sich an: „Ich habe sehr wenig Zeit, weil ich danach meinem Vater beim Aufstehen und Waschen helfe." Sie putzt ihm auch die Zähne und bürstet ihm die Haare: „Papa ist allein völlig hilflos." Dann macht sie Frühstück. Sie kommt deshalb oft zu spät zur Schule. Mittags wartet ihr Vater schon auf sie: „Dann mache ich Mittagessen. Danach räume ich auf und mache den Haushalt. Und dann ist es schon Zeit für das Abendessen." Um 21 Uhr bringt sie ihren Vater ins Bett und versucht dann noch, Hausaufgaben zu machen: „Aber dann bin ich meistens schon zu müde." Cynthia hat nie Zeit für sich: „Sport oder Spielen – das geht einfach nicht. Ich treffe mich auch schon lange nicht mehr mit meinen Freundinnen …" Cynthia sorgt sich ständig um ihren Vater. Sie ist oft unkonzentriert und kommt mit schlechten Noten aus der Schule. Gibt es denn niemanden, der ihr hilft? „Nein. Aber das Schlimmste ist: Da ist nie jemand, mit dem ich über meine Situation reden kann – ich fühle mich oft so allein und isoliert."

Familie Drescher ist eine Familie, die unter Armut leidet. Sie leben unter dem staatlichen Existenzminimum: Sie haben gerade mal das Notwendigste zum Leben. Heiko Drescher ist seit drei Jahren arbeitslos und seine Frau Vivian hat im letzten Jahr ihre Arbeit verloren. Die Familie aus Dresden hat pro Monat nur 1200 Euro. „Wir sparen überall", sagt Heiko Drescher. Familie Drescher kauft nur im billigsten Discount-Markt ein. „Wir ernähren uns nicht gesund, weil es frisches Obst und Gemüse nur am Monatsanfang gibt. Am Ende des Monats ist der Kühlschrank oft leer. Dann essen mein Mann und ich nichts – Hauptsache, die Kinder sind satt." Doch von der Armut sind natürlich auch die Brüder Kevin (10) und Lars (13) betroffen. „Neue Kleidung gibt es für uns nicht – wir tragen Klamotten vom Second-Hand-Laden" sagt Kevin. „Aber ich schäme mich oft, weil die anderen Kinder in meiner Klasse dann lachen." Und auch viele andere Dinge, die für viele Kinder selbstverständlich sind, gibt es für sie nicht: „Ich interessiere mich sehr für Computerspiele und möchte so gerne einen Nintendo Gameboy. Und Kevins Klasse geht nächsten Monat auf Klassenfahrt – aber ohne Kevin", sagt Lars. „Dafür haben wir einfach kein Geld. Wir verstehen das schon, aber traurig sind wir trotzdem …"

1a 📖 Lies die Texte. Rate, was die folgenden Wörter bedeuten, ohne im Wörterbuch nachzuschauen.

a Rollstuhl
b völlig hilflos
c unter Armut leiden
d das Notwendigste
e Hauptsache
f betroffen sein
g selbstverständlich

If you don't know the meaning of a word:

1 Check if the word looks or sounds similar to an English word, e.g. *Situation*.

2 In the case of a longer word, look at its parts, e.g. *Hauptthema* (main theme).

3 Look at the word's context, e.g. *alleinerziehend*:

Frau Roth kümmert sich allein um ihre kranke Tochter, denn sie ist alleinerziehend. – *Frau Roth looks after her sick daughter by herself because she's a single parent.*

1b Lies die Texte noch einmal. Wer ...

a ... kann nicht laufen?
b ... ist seit einem Jahr arbeitslos?
c ... macht die Hausarbeit allein?
d ... wünscht sich einen Gameboy?
e ... spielt nicht mehr mit Freunden?
f ... fährt nicht mit der Klasse weg?

2 Beantworte die Fragen auf Englisch.

a Why does Cynthia have to look after her father?
b Why is she so rushed before school?
c Why is she often so tired?
d What is the worst problem for her?
e What problem do the Dreschers have?
f What do the Dreschers say about money?
g What do they say about their diet?
h What does Lars say about their clothes?

GRAMMATIK

Reflexive verbs

Reflexive verbs have two parts: a verb and a pronoun.

Ich wasche mich. – *I have a wash. (literally: I wash myself)*
Du setzt dich. – *You sit down.*
Sie zieht sich an. – *She gets dressed.*
Wir waschen uns. – *We have a wash.*
Ihr setzt euch. – *You (pl.) sit down.*
Sie ziehen sich an. – *They get dressed.*

3 Finde alle reflexiven Verben in den Texten links.

4a Ergänze die Sätze mit den passenden Reflexivpronomen.

a Ich ernähre ____ ziemlich gesund.
b Lukas wäscht ____ um 7 Uhr.
c Wir treffen ____ in der Stadt.
d Ich ziehe ____ in meinem Zimmer an.
e Susi bürstet ____ die Haare.
f Interessierst du ____ für Musik?
g Ute und Jan putzen ____ die Zähne.

4b Schreib die reflexiven Verben aus Übung 4a auf Englisch auf.

5a Hör jetzt gut zu. Wie sagt man das Folgende auf Deutsch?

a below the level of poverty
b at their disposal
c to look after
d emotionally burdened
e to take over (the role of)
f help provided by the state

5b Hör noch einmal zu und finde die passenden Zahlen unten für diese Sätze.

a deutsche Familien in Armut
b arme Familien in Ostdeutschland
c Geld pro Monat
d Geld pro Tag
e deutsche Kinder in Armut
f Kinder, die ihre Eltern pflegen
g Hilfe vom Pflegedienst

1 1,6 Millionen
2 33%
3 240 000
4 8 Euro
5 1,5 Stunden
6 ¼
7 1650 Euro

Jetzt seid ihr dran!

6 Work with a partner. **A** is the interviewer and **B** plays the role of Cynthia or Lars. Carry out an interview, inventing questions about her/his problem. Then act out the interview in front of the class.

7 *Jugendmagazin* wants to know: Are there other, similar issues that affect children and teenagers in your country? Research the topic and write an article. Add some relevant figures to provide more detail.

G Präpositionen mit dem Dativ und Akkusativ **W** Chancengleichheit an deutschen Schulen

K eine Meinung sagen

*Chancengleichheit – *equal opportunities*

Hier sprechen alle Deutsch!

Morgens auf dem Weg zur Schule unterhalten sich die Schüler der Herbert-Hoover-Realschule noch so, wie sie wollen – auf Deutsch, Türkisch, Spanisch oder Italienisch. Sobald sie aber auf dem Schulhof sind, sprechen alle Deutsch.

An dieser Realschule und ein paar anderen Berliner Schulen haben sich Schüler, Eltern und Lehrer darauf geeinigt, dass alle Schüler in der Schule – egal ob im Unterricht oder in den Pausen – nur noch Deutsch sprechen. Diese Regel haben sie sich ausgedacht, weil Schüler aus den verschiedensten Ländern gemeinsam zur Schule gehen. In manchen Klassen sprechen die Schüler bis zu zehn verschiedene Sprachen. Damit sich alle Schüler untereinander besser verstehen, verpflichten sich die Schüler dazu, selbst auf dem Pausenhof nur noch die deutsche Sprache zu sprechen. Der türkische Schüler muss also beispielsweise einen Witz so erzählen, dass auch seine Kumpels aus Italien oder Spanien ihn verstehen.

Die Sprachregel hat noch einen anderen Grund: Viele Schüler, die beispielsweise noch nicht lange in Deutschland leben, können nicht so gut Deutsch. Aus diesem Grund bekommen diese Schüler oft schlechtere Noten als ihre deutschen Mitschüler. Damit sie ihr Deutsch verbessern, üben sie nun auch in den Gesprächen mit ihren Freunden auf dem Schulhof die deutsche Sprache.

Warum das wichtig ist, erklärt Schülersprecher Assad: „Meiner Meinung nach brauchen wir die deutsche Sprache – keine Frage. Ich glaube deshalb, dass diese Regel sehr gut ist. Wir wollen unseren Realschulabschluss und wenn wir eine Lehrstelle finden oder das Abitur machen wollen, dann müssen wir gut Deutsch sprechen."

Jetzt reden viele Politiker über die Idee der Berliner Schulen. Dazu gibt es sehr unterschiedliche Meinungen. Ein paar Politiker finden die Idee sehr gut und fordern, eine solche Sprachregel auch an anderen Schulen einzuführen. Andere sind dagegen und sagen, dass man eine Sprache nicht vorschreiben darf. Stattdessen kann man ausländischen Schülern anders helfen – zum Beispiel mit extra Deutschstunden im Unterricht.

1a 📖 Lies den Text links und finde die passenden Ausdrücke auf Deutsch. Benutze die Strategien von der Tipp-Box auf Seite 37.

a buddies
b to demand
c to talk with someone
d joke
e to introduce
f to agree
g to obligate someone
h to practice

1b 📖 Beantworte die Fragen auf Englisch.

a What did pupils, teachers and parents agree on?
b Why did they agree on this?
c Where does the rule apply?
d Why is this positive for foreign pupils?
e What does Assad say about the rule?
f What do the politicians think of the rule?

2 👥 Diskutiert den Unterschied zwischen den Sätzen in der Grammatik-Box. Wann benutzt man den Dativ und wann benutzt man den Akkusativ?

GRAMMATIK

Prepositions with the dative and the accusative

A number of prepositions can be followed by the accusative or the dative depending on their meaning:

Ich bin **in der** Schule. (dative)
Ich gehe **in die** Schule. (accusative)

Sie sind **auf dem** Schulhof. (dative)
Sie gehen **auf den** Schulhof. (accusative)

Many other prepositions follow this pattern: *an, hinter, neben, über, unter, vor, zwischen.*

3 📖 Finde alle Präpositionen im Text links. Sind sie im Dativ oder im Akkusativ?

4a 🎧 Hör jetzt das Interview mit einem Lehrer der Sophie-Scholl-Grundschule in Bremen und finde die passenden Zahlen.

a	13	**1** so viele gehen bald aufs Gymnasium
b	25	**2** Herr Ellmers Klasse
c	7	**3** so viele gehen bald auf die Realschule
d	4	**4** Nationalitäten in der Klasse
e	1	**5** Kinder in der Klasse
f	15	**6** so viele gehen bald auf die Hauptschule

4b 🎧 Hör noch einmal zu und ergänze die Sätze.

a Die meisten Kinder sprechen nicht genug ____ für die Realschule oder das ____.
b Man kann solchen Kindern mit extra ____ helfen.
c Aber an dieser Schule gibt es dafür kein ____.
d Auch Kinder aus ____ Familien haben schlechtere Chancen.
e Sie haben kein Geld für ____ oder ____.
f Oder die ____ können nicht bei den ____ helfen.

TIPP

How to express opinions

Ich finde ... – *I find ...*

Ich glaube ... – *I believe ...*

Ich meine ... – *I think ...*

Meiner Meinung nach ... – *In my opinion ...*

Ich bin dafür/dagegen ... – *I'm for/against ...*

Jetzt seid ihr dran!

5 👥🌐 Imagine you are students at the Herbert-Hoover-Realschule. Are you for or against 'Deutschpflicht in der Schule'? First make lists in German of your reasons. Then discuss your lists in German with a partner. Will you make any changes?

Deutsch in der Schule

Pro	Kontra

6 ✍️ Write up your list of reasons for or against 'Deutschpflicht in der Schule' in a letter to the Herbert-Hoover-Realschule, using the expressions of opinion in the *Tipp* box above – and also use as many conjugations as possible to explain your reasons!

1B Aktive Grammatik

GENDER OF NOUNS

Every German noun has a gender: masculine, feminine or neuter. It is best to learn the gender of a new noun as if it were part of the noun. There are some patterns, however, which can help you to learn the correct gender:

Endings which are usually masculine:	Endings which are usually feminine:	Endings which are usually neuter:
-er, -ich, -ig, -or	-e, -in, -ung, -heit	-chen, -um

1 Look at these words and decide whether they are masculine, feminine or neuter, and which are plural.

- a eine Mutter
- b die Tanten
- c ein Meerschweinchen
- d der Cousin
- e ein Pferd
- f die Omas

2 Make a list of all the new nouns that you have encountered in this unit and learn them by heart, including the gender and how the plural is formed.

THE ACCUSATIVE

When using the accusative case, the noun becomes the object of the sentence and it adds a new ending for masculine nouns:

		Was hast du? Was habt ihr?
	Nominative	**Accusative**
masculine	der/ein Computer	Ich habe einen Computer.
feminine	die/eine Küche	Ich habe eine Küche.
neuter	das/ein Kaninchen	Wir haben ein Kaninchen.
plural	die Hunde	Wir haben zwei Hunde.

3 Complete the sentences.

- a Mein Bruder hat _____ (ein)_____ .
- b Gülçin hat _____ (ein) _____ .
- c Elke hat _____ (ein) _____ .
- d Wir haben drei _____ .
- e Thomi hat _____ (ein) _____ .
- f Mein bester Freund hat _____ (ein) _____ .

POSSESSIVE PRONOUNS

Meine Schwester hat ein kleines Zimmer - *My sister has a small room.*

The word *meine* in this sentence is called a possessive pronoun and means 'my'. Other possessive pronouns are:

mein – *my*	unser – *our*
dein – *your*	euer – *your*
sein – *his/its*	ihr – *their*
ihr – *her/its*	Ihr – *your* (polite form)

Possessive pronouns take the same endings as *kein* (no, not a):

	Nominative	Accusative	Nominative	Accusative
masculine	mein	mein**en**	unser	unser**en**
feminine	mein**e**	mein**e**	unser**e**	unser**e**
neuter	mein	mein	unser	unser
plural	mein**e**	mein**e**	unser**e**	unser**e**

4 Read the sentences and choose the correct form of the possessive pronoun for each one.

- a Mein/Meinen Bruder hat viele CDs.
- b Ich sehe deine/dein Schwester im Garten.
- c Wo ist ihre/ihr Zimmer?
- d Unser/Unsere Eltern haben ein großes Schlafzimmer.
- e Thomas liest sein/seinen neues Buch.
- f Warum machst du deine/dein Hausaufgaben nicht?

5 Complete the sentence with the correct possessive pronoun (*mein, dein, sein*, etc.).

  a _____ Opa wohnt in Berlin. (*my*)
  b Ich mag _____ Opa sehr. (*my*)
  c _____ Freundin hat drei Schwestern und einen Bruder. Sie mag _____ Geschwister. (*my, her*)
  d _____ Schwester ist älter als ich. (*his*)

SUBORDINATING CONJUNCTIONS

Subordinating conjunctions like *wenn*, *dass* and *damit* introduce a clause that adds more information to the main sentence. They send the verb to the end of the second clause and there is always a comma to separate each clause:

Ich gehe nicht zur Schule, wenn ich krank bin. – *I don't go to school if I'm ill.*

Ich glaube, dass ich gut Deutsch spreche. – *I think that I speak German well.*

Wir lernen viel, damit wir gute Noten bekommen. – *We revise a lot so that we get good grades.*

6 You learned a lot about relationships, future plans and social problems in this unit. Rewrite the sentences starting with: *Ich weiß, dass ....*

  a Ralf Schumacher ist Rennfahrer.
  b Familie Drescher ist arm.
  c Cynthia hat nie Zeit für sich.
  d Lola hat einen festen Freund.
  e Herr Ellmers hat 25 Schüler.
  f Seine Schule ist eine Grundschule.

REFLEXIVE VERBS

Reflexive verbs need a pronoun to complete their meaning.

Ich ernähre **mich** gesund. – *I eat healthily.*
Ich interessiere **mich** für Computer. – *I'm interested in computers.*

Here are all their forms in the accusative:

ich	mich
du	dich
er/sie	sich
wir	uns
ihr	euch
sie/Sie	sich

7 Match up the reflexive pronoun with the correct subject. One reflexive pronoun matches more than one subject: which one?

  a uns
  b mich
  c euch
  d sich
  e dich

  1 er
  2 ich
  3 meine Geschwister
  4 wir
  5 meine Oma
  6 du
  7 ihr
  8 mein Kaninchen

8 Your little brother is not very cooperative. Fill in the correct reflexive pronouns in each sentence.

  a Nein, ich wasche _____ heute nicht. Mein Freund wäscht _____ auch nicht! Ich möchte _____ duschen.
  b Nein, mein Freund und ich ziehen _____ erst nach dem Frühstück an.
  c Warum ziehst du _____ nicht an?
  d Meine Eltern putzen _____ die Zähne nach dem Frühstück, aber ich putze _____ die Zähne vor dem Frühstück.
  e Nein, ich gehe heute nicht in die Schule. Mein Freund möchte _____ verkleiden, und ich _____ auch.

PREPOSITIONS WITH THE DATIVE AND THE ACCUSATIVE

These prepositions can be followed by the accusative or the dative depending on their meaning: They take the accusative if they express movement.

an	*at, on(to)*	über	*over*
auf	*on(to)*	unter	*under*
hinter	*behind*	vor	*before, in front of*
in	*in(to)*	zwischen	*between*
neben	*next to, near*		

9 Choose the correct words in brackets.

  a Ich gehe hinter (den/dem) Bahnhof.
  b Wir spielen gern in (dem/den) Park.
  c Wir fahren über (die/der) Brücke.
  d Ich wohne neben (den/dem) Supermarkt.
  e Katja läuft vor (das/dem) Auto.
  f Ich lege mein Buch auf (den/dem) Tisch.

Controlled Assessment: Speaking

TASK: A conversation about your family and friends

You are having a conversation with your future exchange partner about your family and friends. Your teacher will play the part of your exchange partner and ask you the following:

- How would you describe yourself?
- Who is there in your family? What are they like?
- How would you describe your friends?
- What can you tell me about your relationship with your family? Has it changed over time?
- What can you tell me about the rules at home?
- How do you find living together at home? Do you expect things to change in the future?
- !

(! Remember: at this point, you will have to respond to something you have not prepared.)

The dialogue will last between 4 and 6 minutes.

1 THINK !

Read the phrases below. Write down any others that you might find useful for the speaking task.

☐ **Personal information:** *Ich habe einen älteren Bruder/... ältere Brüder, ... eine jüngere Schwester/... ältere Schwestern, ... bin Einzelkind; Ich habe ein Kaninchen/einen Hund/eine Katze; Ich wohne bei meiner Mutter/meinem Vater.*

☐ **Your family:** *Es gibt ... in meiner Familie ...; ... ist geschieden/getrennt/verheiratet.*

☐ **Your friends:** *... ist ... cm groß ... ist dünn/lustig.*

☐ **Relationship with your family:** *Mein jüngerer/älterer Bruder/meine jüngere/ältere Schwester geht mir auf die Nerven; ... verstehen sich nicht; ... ist streng/autoritär/modern/lieb.*

☐ **Rules at home:** *Ich muss ... machen, beim Kochen helfen; Ich darf nicht/nie ... .*

☐ **Opinion on living together:** *Das ist ungerecht/nicht fair/doof; Ich finde ... nicht gut/schlecht.*

! *Can you predict what the unexpected question might be? For example:*

☐ What is the best thing about living together in your family?
☐ Do you think it is better to have more or fewer brothers and sisters?

NB Add to your list any language you would need to answer these questions.

2 PLAN !

- **Listen to the model conversation.**
- **Listen again and note down any phrases you could use or adapt. Add these to your list from Step 1.**

3 ACTION!

Now prepare your answers. Use the bullet points below to help you and your list of useful words and phrases from Steps 1 and 2.

1 How would you describe yourself?

- There are many things you could say here so give as much <u>information</u> as possible: *Ich heiße ..., bin ...Jahre alt, habe am ... Geburtstag, komme aus ..., wohne in ... .*
- Use <u>adjectives</u> and <u>qualifiers</u> to describe yourself: *Ich bin ziemlich klein und manchmal laut.*
- You will mostly be using the present tense to say what you are like, but earn extra marks by using a past tense to say what you <u>were like before</u>: *Als Kind hatte ich kurze Haare, aber jetzt sind sie lang; Ich bin immer klein gewesen.*

2 Who is there in your family? What are they like?

- Try to add as much <u>detail</u> as possible to your answers here. Name your family members, but also try to say a bit about each of them: *Ich habe einen Bruder, der Max heißt; Tom ist älter als ich und redet nicht sehr oft mit mir; Ich habe zwei Schwestern; Wir verstehen uns gut.*
- Use <u>adjectives</u> in the accusative: *einen jüngeren Bruder/eine kleine Katze.*
- Add a little <u>extra detail</u> to add extra interest: *Meine Schwestern und ich sind uns sehr ähnlich; Wir sind Zwillinge.*

3 How would you describe your friends?

- Choose a couple of your friends to describe and say at least <u>three things</u> about them: *Anna ist ziemlich klein und hat rote Haare. Sie trägt eine Brille.*
- Use <u>link words</u> to join your sentences: *Michael ist ziemlich frech, aber er kann auch sehr verständnisvoll sein. Wir verbringen viel Zeit zusammen, weil wir dieselben Interessen haben.*

4 What can you tell me about your relationship with your family?

- Mention <u>several</u> family members.
- Use <u>possessive pronouns</u>: *Ich finde meinen Bruder doof. Meine Schwester ist ... .*
- Talk about <u>how you get on</u>: *Wir verstehen uns (nicht) gut; Wir streiten uns oft/nie; ... geht mir auf die Nerven.*

5 What can you tell me about the rules at home?

- Mention <u>a few things</u> that relate to the topic. If there aren't any rules, invent some! Say what you think of them.
- Use <u>negative sentences</u>: *Ich darf kein Handy haben; Ich finde das sehr ärgerlich; Ich spiele nie auf der Playstation, obwohl es allen meinen Freunden erlaubt ist.*
- Use <u>modal verbs</u>: *Ich muss im Haushalt helfen; Ich darf nur ... .*

6 What do you think about living together at home?

- Give your <u>opinion</u> about home life in general: *Das finde ich gut/schlecht.*
- Mention some <u>specifics</u>: *Ich darf kein eigenes Zimmer haben – das finde ich ungerecht; Am Wochenende unternehme ich gern etwas mit meiner ganzen Familie.*
- Say how you would like things to be <u>in the future</u>, using *möchten*: *Ich möchte später eine große Familie haben; An der Uni möchte ich allein wohnen.*
- Talk about your <u>wishes</u> for how things could be different: *Ich möchte mehr Zeit mit meinem Bruder verbringen; Ich sollte netter zu meiner Schwester sein; Ich möchte ein Haustier haben.*

GRADE TARGET

To reach Grade C, you need to:
- speak clearly with a good accent
- use the present tense correctly
- use adjectives to describe your family and friends.

To aim higher than a C, you need to:
- use negative sentences (*Ich habe keine Geschwister; Ich spiele nie mit dem Computer.*)
- use the past tenses to talk about what things used to be like (*Er war klein; Mein Vater hat in Berlin gewohnt.*)
- use modal verbs to say what you have to/can't do at home.

To aim for an A or A*, you need to:
- use a greater variety of vocabulary
- use subordinating conjunctions (e.g. *dass, wenn*) with the correct word order
- use *möchten* to talk about your future plans.

TASK: Your future life

Write a short article about what you want your future life to be like.

You could include the following:
- Your future plans
- What your ideal partner would be like
- What personality traits are important to you
- What he/she should look like
- Your views on marriage
- What you think of having children.

1 THINK!

Start by noting down a few key facts and phrases:
1 **Future plans:** *Karriere; heiraten; Kinder*
2 **Ideal partner:** characteristics; personal appearance; other qualities
3 **Marriage:** *Ich möchte später (nicht) heiraten, weil ...*
4 **Children:** *Ich möchte später (keine) Kinder haben, weil ...*

2 PLAN!

- **Read the model text.**

Ich heiße Veronika. Meine Zukunftspläne? Ich möchte Karriere machen – das ist für mich wichtig. Ich werde nach dem Abitur auf jeden Fall studieren – ich möchte am liebsten Ärztin werden. Ich möchte hier in Hamburg studieren, weil ich dann zu Hause bei meinen Eltern wohnen kann. Ich werde sicher kein Single sein – das ist zu langweilig, glaube ich.

Wie soll mein idealer Partner sein? Also, er soll nett und lustig sein. Und er soll sportlich sein, weil ich selber viel Sport mache. Das ist wichtig für mich. Und er soll sich für Politik interessieren. Ja, und er muss Tiere mögen – ich habe zwei Hunde und eine Katze! Er soll auch groß sein, weil ich auch ziemlich groß bin – 1,75 Meter. Das Aussehen ist nicht wichtig, finde ich. Ich werde später bestimmt heiraten. Und wir werden Kinder haben, denn Kinder gehören zur Zukunftsplanung dazu. Ich werde aber auch weiter als Ärztin arbeiten, wenn ich Kinder habe.

Und wo werden wir wohnen? Wir werden auf dem Land leben, hoffe ich: auf einem alten Bauernhof mit einem großen Garten.

- **Read the text again and note down any words or phrases that you could use. Add these to your list from Step 1.**
- **Look carefully at the verbs used and make a note of any you could reuse:**
  - verbs in the future tense: *Ich werde studieren.*
  - modal verbs: *Ich möchte Karriere machen; Er soll groß sein; Er muss Tiere mögen.*

3 ACTION!

Now prepare what you will write. Use the bullet points below to help you and use your list of useful words and phrases from Steps 1 and 2. Aim to write about 200 words.

1 Future plans
- Use _ich möchte_ to describe your plans for the future.
- Give as much information as possible.

2 Ideal partner
- Talk in general terms, using <u>modal verbs</u>, about the kind of person who would be a good match: _Er muss Löwe sein, weil mein Sternzeichen Krebs ist; Sie muss reiselustig sein, weil ich gerne reisen will._

3 Personality traits
- Mention <u>different aspects</u> that you find important – characteristics: _nett, geduldig, nicht arrogant,_ but also likes and dislikes: _Er muss Tennis mögen; Sie muss viele Hobbys haben._
- To be more impressive, you could <u>make comparisons</u> between your ideal partner and yourself: _Er muss geduldiger sein als ich, weil ich manchmal ein bisschen ärgerlich bin; Sie muss mehr Organisationsgeschick haben als ich, weil ich oft ein bisschen vergesslich bin._

4 Personal appearance
- Say <u>whether</u> you think this is important and <u>why</u>: _Ich finde das Aussehen unwichtig, weil ...; Das Aussehen hat viel/keine Bedeutung._
- <u>Describe</u> the features that you are looking for: _Sie muss groß sein; Ich mag schwarze Haare; Er soll keinen Bart tragen._

5 Marriage
- Say what you <u>plan</u> to do and <u>why</u>: _Ich möchte später (nicht) heiraten, weil ..._
- <u>Express your opinions</u> strongly to be convincing: _Das ist sehr wichtig für mich. Ich finde/glaube ... ist am wichtigsten._

6 Children
- Use the <u>future</u> or <u>conditional</u> to say what you will do: _Ich möchte später (keine) Kinder haben, weil/denn ..._

NB Remember to use a variety of <u>conjunctions</u> to explain your choices.

GRADE TARGET

To reach Grade C, you need to:
- check all your spellings carefully
- use the present tense correctly
- use _weil_ to justify your choices and give reasons.

To aim higher than a C, you need to:
- use _möchten_ to say what you want to do in the future
- use link words to create longer, more complex sentences.

To aim for an A or A*, you need to:
- use a wide range of adjectives
- use a greater variety of more unusual vocabulary (_eingebildet_ instead of _arrogant_)
- use adverbs to emphasise what you say and to sound more convincing (_bestimmt, sicher_)
- use comparatives to talk about your ideal partner.

Wie man seine Freunde und Familie beschreibt

die Geduld *nf*	patience
auf die Kinder auf/passen *vb*	to look after the children
bekannt *adj*	well-known
dünn *adj*	thin
erfolgreich *adj*	successful
geschieden *adj*	divorced
getrennt *adj*	separated
kräftig *adj*	strong, powerful

Wie man mit der Familie klarkommt

die Ausrede -en *nf*	excuse
ab/stauben *vb*	to dust
ab/trocknen *vb*	to dry up
auf/räumen *vb*	to tidy up
bügeln *vb*	to iron
staub/saugen *vb*	to vacuum
den Boden putzen	to clean the floor
die Spülmaschine füllen	to fill the dishwasher
die Wäsche auf/hängen	to hang out the washing

Wie man seine Familie und Karriere plant

das Abitur *nn*	school exams equivalent to A-levels
die Ausbildung *nf*	training, education
der/die Bankkaufmann/frau *nm/f*	bank clerk
die Hochzeit -en *nf*	wedding
der Spießer *nm*	bourgeois
das Studium *nn* Studien	course of study
heiraten *vb*	to marry
klammern *vb*	to cling/ to be clingy
unter/schreiben *vb*	to sign
zusammen/bleiben *vb*	to stay together
zusammen/ziehen *vb*	to move in together
erwachsen *adj*	grown-up
kinderfreundlich *adj*	child-friendly
tierlieb *adj*	animal-loving
auf dem Land	in the countryside
auf jeden Fall	in any case
dazu gehören	included
feste Pläne	firm plans
finanziell abhängig	financially dependent

Wie man soziale Probleme beschreibt

die Armutsgrenze *nf*	poverty threshold
die Hauptsache -n *nf*	main thing, most important
der Haushalt *nm*	housework
das Heizmaterial *nn* -ien	fuel
die Klassenfahrt *nf*	class trip
der Monatsanfang *nm*	beginning of the month
die Noten *npl*	marks

das Notwendigste *nn*	bare essentials
die Pflegearbeit *nf*	care work, nursing
der Pflegedienst -e *nm*	nursing service
das Schlimmste *nn*	worst
die Verantwortung -en *nf*	responsibility
betreffen *vb*	to affect
(sich) bewegen *vb*	to move
(sich) schämen *vb*	to be ashamed
(sich) sorgen um *vb*	to worry about
sparen *vb*	to save
über/nehmen *vb*	to take over
behindert *adj*	disabled
erschöpft *adj*	exhausted
frisch *adj*	fresh
körperlich *adj*	physical
unkonzentriert *adj*	can't concentrate, unfocused
deshalb *adv*	for that reason
genau *adv*	exactly
selbstverständlich *adv*	naturally
ständig *adv*	constantly
trotzdem *adv*	despite that
unter Armut leiden	suffer from poverty
zur Verfügung haben	to have available, at your disposal

Chancengleichheit an deutschen Schulen beschreibt

der Einwanderer *nm*	immigrant
die Grundschule -n *nf*	primary school
das Gymnasium - *nn*	grammar school
der/die Mitschüler/in *nm/f*	fellow pupil
die Pause -n *nf*	break(time)
der Pausenhof/Schulhof *nm*	school playground
die Realschule *nf*	econdary modern school
die Regel -n *nf*	rule
der/die Schülersprecher/in *nm/f*	spokesperson for pupils
die Sprachregel -n *nf*	language rule
der Unterricht *nm*	instruction, class
der Witz -e *nm*	joke
benachteiligen *vb*	to put at a disadvantage
ein/führen *vb*	to bring in, to introduce/agree
(sich) einigen *vb*	to unite
(sich) unterhalten *vb*	to discuss
(sich) verpflichten *vb*	oblige
verbessern *vb*	to improve
vor/schreiben *vb*	to stipulate
wechseln *vb*	to change over
ausländisch *adj*	foreign
unterschiedlich *adj*	various
verschieden *adj*	different, various
untereinander *adv*	amongst themselves
aus diesem Grund	for this reason

2A Freizeit

Weißt du schon, wie man ...

- ❑ sich mit Freunden verabredet?
- ❑ Musik vergleicht, die man früher gehört hat und heute mag?
- ❑ einkaufen geht?
- ❑ sich günstig schick anzieht?
- ❑ über das Internet diskutiert?

Controlled assessment

- Have a conversation about free time and media
- Write an email about what you did last weekend

Was machst du in deiner Freizeit?

Kompetenzen

Beim Sprechen

In German, how do you ...
- use tone to vary your speech?
- give examples to illustrate your point?

Beim Hören

What can you do to ...
- use tone to help your understanding?
- predict what the correct answer will be?
- make sure you understand linking words?

Aktive Grammatik

As part of your German language 'toolkit', can you ...
- use the present tense to talk about the future?
- use the perfect tense correctly?
- use comparatives?
- use the correct adjective endings?
- use demonstrative pronouns?
- use impersonal verbs?

G Über die Zukunft reden im Präsens **W** Verabredungen **K** den Tonfall variieren; Vorschläge machen

1a  Hör zu und lies mit.

1b Finde die deutschen Ausdrücke im Text.

a Do you feel like ...? **f** When shall we meet?
b What about ...? **g** Let's say ...
c I have nothing planned. **h** Unfortunately.
d What's on ...? **i** Would you like to come too?
e I have no idea. **j** What a pity!

1c Beantworte die Fragen auf Deutsch.

a Wohin will Thomas gehen?
b Warum kann Katja nicht mitgehen?
c Welches Problem hat Thomas am Samstag?
d Was für einen Film schauen sie sich an?
e Warum schlägt Katja ein Treffen um 18.30 vor?
f Wohin geht Katja nächsten Samstag?

Thomas:	Hallo, Katja. Hier Thomas. Wie geht's?
Katja:	Hi, Thomas. Was gibt's Neues?
Thomas:	Hast du Lust, morgen Abend ins Kino zu gehen?
Katja:	Es tut mir leid, Thomas. Meine Großeltern kommen morgen zu Besuch und ich kann nicht. Wie wäre es mit Samstag?
Thomas:	Ach nein, am Samstag muss ich leider arbeiten. Aber am Sonntag habe ich Zeit.
Katja:	Ja, am Sonntag habe ich auch nichts vor. Also, gehen wir am Sonntag. Was läuft? Ich habe keine Ahnung!
Thomas:	Es gibt einen Actionfilm, „Hitman 3", und einen Horrorfilm, „Der Schatten der Bestie".
Katja:	Ich sehe lieber Actionfilme – sehen wir „Hitman 3"? Wann treffen wir uns?
Thomas:	Der Film beginnt um 19.30 Uhr. Also treffen wir uns um 19.15 Uhr vor dem Kino.
Katja:	Wie wäre es mit ein bisschen früher? Sagen wir mal, um 18.30 Uhr? Dann können wir vorher noch ins Eiscafé gehen.
Thomas:	Tolle Idee!
Katja:	Und nächsten Samstag gehe ich auf Tanjas Party. Möchtest du mitkommen?
Thomas:	Nein, leider muss ich dann wieder arbeiten.
Katja:	Wie schade. Also, bis Sonntag. Tschüs!

2 Finde die passenden Bilder für die Sätze.

a Ich habe keine Zeit.
b Ich muss meine Hausaufgaben machen.
c Ich bin schon mit meiner Freundin verabredet.
d Ich habe kein Geld.
e Meine Eltern erlauben das nicht.
f Ich muss arbeiten.

3 🎧 Hör gut zu und notiere Einzelheiten.

	Suggestion	Yes/no? Excuse?	When?	Where?
1				
2				

TIPP

Listening for tone

Listening to the tone of a speaker's voice can help you work out the meaning of what he/she is saying. Listen to the dialogues in activity 3 again – can you tell when someone is asking a question? How? Can you tell when someone is enthusiastic about a suggestion?

Listen out also for *nicht wahr* and *oder* – they are used in German to ask for confirmation.

Du magst Fußball, **nicht wahr**? – *You like football, don't you?*

Try to vary your own intonation and use *nicht wahr* and *oder* when making suggestions in German.

4 🎧 Hör dir diese beiden Gespräche an und finde die Satzhälften, die zusammenpassen.

Verena und Ingo

1	Verena hat vor,	**a**	am Marktplatz.
2	Ingo muss zuerst	**b**	ins Schwimmbad zu gehen.
3	Sie verabreden einen Treffpunkt	**c**	seinen Vetter mitbringen.
4	Ingo will	**d**	für die Schule arbeiten.

Karsten und Susi

1	Karsten schlägt vor,	**a**	weil ihre Eltern das verbieten.
2	Susi kann nicht,	**b**	ein Fußballspiel anzusehen.
3	Susi hat auch	**c**	Schlittschuh laufen.
4	Susi hat die Idee,	**d**	weil er gern spielt.
5	Karsten kann nicht	**e**	weil es nichts kostet.
6	Karsten schlägt Tennis vor,	**f**	kein Geld.
7	Susi findet Tennis eine gute Idee,	**g**	auf die Eisbahn zu gehen.

GRAMMATIK

Talking about the future using the present tense

In German, the present tense is often used to say what is going to happen in the future:

Meine Großeltern kommen morgen zu Besuch. – *My grandparents are coming to visit tomorrow.*

Nächsten Samstag gehe ich auf Tanjas Party. – *Next Saturday I'm going to Tanja's party.*

Try to use this in activity 5.

5 👥 Partnerarbeit. Kommst du mit? **A** möchte **B** einladen, aber **B** kann nicht. **B**↔**A**. Benutzt die Vokabeln aus Übung 1b.

Beispiel:

A: Möchtest du am Samstag in die Disco gehen?

B: Nein, ich habe leider keine Zeit...

Jetzt seid ihr dran!

6 📖 ✏️ Read the email and write a reply. Use the ideas given in either **A** or **B** below.

> Hallo!
>
> Was machst du am Wochenende? Es gibt ein tolles Konzert im Stadion. Möchtest du mitkommen? Oder hast du vielleicht Lust, am Sonntag ins Kino zu gehen? Es läuft ein toller Actionfilm.
>
> Schreib bald!
>
> Dein Daniel

A
- You can't go to the concert – say why not.
- You would, however, like to go to the cinema.
- Organise a meeting point and time.

B
- You can't go to the concert – say why not.
- Make two other suggestions – explain why these ideas are better.
- Organise a meeting point and time.

7 👥 Role-play. Work in pairs to create dialogues between two friends discussing party invitations.

A: You are inviting a friend to a party, but he/she is a bit reluctant. Prepare in advance a list of reasons why he/she should come with you and act out the dialogue.

B: Your friend is inviting you to a party, but you really don't want to go. Prepare a list of reasons why you should not go and try to persuade your friend to do something else.

Record your dialogues on OxBox.

G das Perfekt; Komparative **W** Musik vergleichen **K** eine Meinung sagen

Das Jugendmagazin fragt:

Welche Musik gefällt euch heute? Und früher?

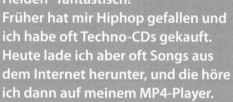

Ich höre wenig deutsche Musik, weil ich sie schlechter als englische Musik finde. Aber meiner Meinung nach sind „Wir sind Helden" fantastisch! Früher hat mir Hiphop gefallen und ich habe oft Techno-CDs gekauft. Heute lade ich aber oft Songs aus dem Internet herunter, und die höre ich dann auf meinem MP4-Player.

Anna

Früher habe ich Reggae-Musik gehört und mit 16 Jahren bin ich zu einem großen Reggae-Konzert gefahren. Ich habe vor allem Bob und Ziggy Marley gut gefunden – ich habe damals alle ihre CDs gekauft. Heutzutage höre ich viel Rap; „Sido" zum Beispiel. Und „Bushido" finde ich sogar cooler als "Sido".

Ole

Mir gefällt Metal-Musik, und meine Lieblingsband ist „Def Leppard" – der Bassist Vivian Campbell ist super! Früher habe ich viel Electro gehört, und ich habe viele Electro-CDs zum Geburtstag bekommen, aber heute mag ich diese Musik nicht mehr so gern – Metal ist aggressiver und lauter.

Lukas

Vor zwei Jahren habe ich die „Fantastischen Vier" und auch viele andere deutsche Gruppen gehört – zum Beispiel „Rammstein". Besonders der Bassist, Ollie Riedel, hat mir gut gefallen. Jetzt stehe ich mehr auf „Silbermond", weil ich die Musik kreativer finde. Ich denke, „Silbermond" ist besser als „Rammstein".

Saskia

Wie gefällt euch „2raumwohnung"? Momentan ist das meine Lieblingsband – total talentiert! Davor hat mir „Culcha Candela" gut gefallen. Letztes Jahr bin ich zu ihrem Konzert gegangen – super! Heute höre ich „Die Ärzte" – sie sind lustiger.

Hufi

1 Welche Musik mögen sie? Füll die Tabelle aus.

Name	Heute	Früher
Ole	Rap (Sido)	Reggae
Anna		
Saskia		
Lukas		
Hufi		

2 Finde das Perfekt dieser Verben im Text.

Präsens	Perfekt
ich höre	
ich kaufe	
ich finde	
mir gefällt	
ich gehe	
ich fahre	
ich bekomme	

GRAMMATIK

The perfect tense

Remember that not all verbs form their past participle with *ge* and *-t*:

Techno hat mir gut ge**fallen**. – *I liked Techno.*
Ich habe viele CDs **bekommen**. – *I got a lot of CDs.*

Some verbs form the perfect tense with the auxiliary verb *sein*. These are mainly verbs expressing movement or change:

Wir **sind** zum Konzert **gefahren**. – *We drove to the concert.*
Ich **bin** in die Techno-Disco **gegangen**. – *I went to the techno-disco.*

3 Schreib folgende Sätze im Perfekt auf.

Beispiel: Wir hören Bushido-CDs. → Wir haben Bushido-CDs gehört.

a Der DJ spielt viel Indie-Musik.
b Simon fährt zum Silbermond-Konzert.
c Wir trinken in der Disco Cola.
d Ich sehe viele Musiksendungen.
e Steffen und Natalie gehen zum Konzert.
f Uns gefällt Heavy Metal-Musik.
g Ich esse beim Gig einen Hamburger.
h Bobo macht ein Techno-Video.

4 Vier junge Leute sprechen über Musik. Hör gut zu und notiere:
- was den jungen Leuten **heute** gefällt
- was sie **früher** gehört haben.

	heute	früher
1		
2		
3		
4		

GRAMMATIK

The comparative

Add *-er* to an adjective in German, e.g. *cool**er*** or *kreativ**er***, to say that something is cool**er** or **more** creative. You compare two things by saying:

*X ist (nicht) cool**er als** Y* (or *X ist (nicht) so cool wie Y.*)

NB Some one-syllable adjectives add an umlaut (*alt – älter, groß – größer*) and others are irregular (*gut – besser*). Check in the dictionary if you are unsure.

5 Lies die Texte auf Seite 50 noch einmal. Wie sagt man auf Deutsch ...?

a better than   b worse than   c louder
d funnier   e more creative

6 Partnerarbeit. Was denkt ihr? Vergleicht und schreibt Sätze. Benutzt unterschiedliche Meinungsausdrücke.

Beispiel: Hiphop und Rap: Ich finde, Hiphop ist toller als Rap.

a Techno und Metal
b MP3-Player und CD-Player
c deutsche Gruppen und englische Bands
d Indie und Rap
e Rock und Popmusik
f schöne Sänger und gute Sänger

Jetzt seid ihr dran!

7 You are a journalist for *Jugendmagazin*. Carry out a survey in German in your class and note down the results. Ask the following questions.
- Welche Musik magst du heute? Warum?
- Welche Musik mochtest du vor zwei Jahren? Warum?

8 Use your notes from activity 7 to write your own article for *Jugendmagazin*. Use a computer and design a magazine layout for your article.

(G) „diese/dieser/dieses" (W) Kleidung und Geschenke kaufen (K) die Antworten vorhersagen

1a 🔊 🗣 Hör gut zu und lies mit.

Katja:	Tanja macht am Wochenende eine Party und ich brauche etwas Neues.
Anke:	Ich weiß. Sie lädt die ganze Klasse ein und ich gehe auch hin.
Katja:	Prima. Was trägst du?
Anke:	Ich trage diese Jeans, aber ich möchte ein neues T-Shirt.
Katja:	Wie gefällt dir dieses T-Shirt dort drüben? Es ist echt toll.
Anke:	Dieses T-Shirt in rot? Stimmt! Ich probiere es an. Und du? Siehst du etwas für dich?
Katja:	Ja, dieser Rock ist schön, aber die Farbe gefällt mir nicht. Entschuldigen Sie, haben Sie noch andere Farben?
Verkäuferin:	Dieser Rock hier? Moment ... in welcher Größe?
Katja:	Größe 40.
Verkäuferin:	Hier, bitte. Die Umkleidekabine ist um die Ecke.
	***
Anke:	Und – wie gefällt dir dieser Rock?
Katja:	Ja, dieser Rock sieht super aus! Ich nehme ihn. Und du? Gefällt dir dieses T-Shirt?
Anke:	Nein, es passt mir leider nicht. Es ist zu eng.
Katja:	Schade. Aber schau mal, Anke – diese Bluse sieht toll aus!
	***
Verkäuferin:	Gefällt Ihnen der Rock?
Katja:	Ja, was kostet er?
Verkäuferin:	25 Euro. Bitte zahlen Sie an der Kasse.
	***
Anke:	Katja, ich muss auch ein Geburtstagsgeschenk für Tanja kaufen, aber ich habe keine Ahnung, was. Hast du eine Idee?
Katja:	Tanja trägt gern Schmuck. Ich weiß – Ohrringe! Diese Ohrringe hier sind schön.
Anke:	Gute Idee! Diese Ohrringe gefallen mir sehr.

1b 📖 Finde die deutschen Ausdrücke im Text.

a I'll try it on.
b I don't like the colour.
c The changing room is in the corner.
d It suits me.
e I'll take it.
f It doesn't fit.
g It's too tight.

1c 💬 Beantworte die Fragen auf Deutsch.

a Warum braucht Katja neue Kleidung?
b Was trägt Anke auf der Party?
c Was möchte Anke kaufen?
d Warum nimmt Katja nicht den ersten Rock?
e Welche Farbe möchte sie?
f Warum kauft Anke das T-Shirt nicht?
g Was kauft Anke für Tanja?
h Warum kauft sie dieses Geschenk?

1d 👩 👨 Partnerarbeit. Macht Dialoge beim Einkaufen. **A** ist der Kunde/die Kundin. **B** ist der Verkäufer/die Verkäuferin. Spielt die Dialoge unten.
B⟷A

a Geschenk für einen Freund – bis zu 20 Euro
b Kleidung für eine Party
c Kleidung für einen Campingurlaub
d Geschenk für eine Freundin – bis zu 15 Euro

GRAMMATIK

'This' or 'these'

To say 'this' or 'these', use *dieser/diese/dieses*:

der Rock	→	dieser Rock
die Jeans	→	diese Jeans
das Hemd	→	dieses Hemd
die Ohrringe	→	diese Ohrringe

Dieser, *diese* and *dieses* take similar endings to *der*, *die* and *das* in the different cases.

(See *Aktive Grammatik*, page 59.)

2 Schreib neue Sätze mit *dieser*, *diese* oder *dieses*.

a Der Pullover gefällt mir.
b Die Bluse ist zu groß.
c Die Schuhe gefallen mir.
d Das Hemd ist sehr teuer.
e Die Jeans sind zu eng.
f Die Bücher gefallen mir.

3 Nichts im Kaufhaus ist richtig ... Schreib die Sätze richtig auf.

Beispiel: Kleid − zu teuer → Dieses Kleid ist zu teuer.

a Bluse − zu klein
b Ohrringe − zu bunt
c Rock − zu eng
d T-Shirt − zu groß
e Jacke − zu lang
f Pullover − zu kurz

4 Warum kaufst du diese Sachen? Schreib Sätze für diese Bilder.

Beispiel: Diese Halskette ist super, weil sie so schön ist.

5 Katja und Anke gehen weiter einkaufen. Hör zu und entscheide, welche Satzhälften zusammenpassen.

1 Katja muss noch
2 Katja weiß nicht,
3 Tanja hat schon
4 Katja entscheidet sich,
5 Katjas Vater hat
6 Katjas Vater interessiert sich für
7 Der Preis des Buches über Formel Eins
8 Katja findet den Preis der DVD

a ein Buch über „Die Prinzen" zu kaufen.
b ein Geschenk für Tanja kaufen.
c bald Geburtstag.
d Formel Eins.
e die neueste CD von ihrer Lieblingsgruppe.
f welche Bücher Tanja hat.
g viel besser.
h ist zu hoch.

6 Katja und Anke entdecken ein Problem! Hör gut zu. Was ist es?

7 Welche Probleme haben diese Kunden? Füll die Tabelle aus.

	What?	Problem?	Solution?
1			
2			
3			

Jetzt seid ihr dran!

8 Create a shopping dialogue with a partner. Mention the following points:

- what you want to buy for yourself and why
- a present that you want to buy for someone else
- why you don't want to buy particular items
- the price
- a problem.

9 Write an email to a friend suggesting a shopping trip. Include the following points:

- what you want to buy and why
- which shops you want to visit and why
- arrangements for where and when to meet
- questions about what your friend would like to do.

TIPP

Predicting the answers

Before listening to a recording, look at the questions to see if you can already guess what some of the answers might be. You can do this by trying to work out which halves make a grammatical sentence when put together.

Write down the possible endings for the different sentences in activity 5 and then listen to the recording − see how many you were able to identify.

G Adjektivendungen; unpersönliche Verben   **W** Mode und Kleidung   **K** Dialoge machen

1a Hör gut zu und lies mit.

Die neueste Mode ist für mich nicht wichtig. Ich trage am liebsten bequeme **Klamotten**, zum Beispiel meine alte Jeans und meinen großen grauen Pullover. Wie viel Geld gebe ich pro Monat für neue Kleidung aus? Vielleicht 20 oder 25 Euro. Ich kaufe meistens in Discountläden oder in Sportkaufhäusern. Es freut mich, beim Kleiderkauf ein **Schnäppchen** zu machen. Dann habe ich mehr Geld für mein Hobby – Spiele für meine Playstation.

Thomas

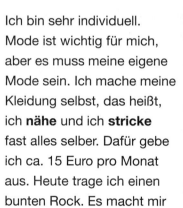

Ich bin sehr individuell. Mode ist wichtig für mich, aber es muss meine eigene Mode sein. Ich mache meine Kleidung selbst, das heißt, ich **nähe** und ich **stricke** fast alles selber. Dafür gebe ich ca. 15 Euro pro Monat aus. Heute trage ich einen bunten Rock. Es macht mir Spaß, meine eigenen Sachen zu tragen – ich weiß, dass jedes Kleidungsstück ein **Unikum** ist. Ja, und es gefällt mir auch, anders als die anderen Jugendlichen auszusehen.

Miriam

Ich habe meinen eigenen Mode-Stil. Mode muss für mich nicht teuer sein! Ich kaufe fast alle meine Kleidung auf dem **Flohmarkt** oder in Second-Hand-Läden. Es lohnt sich, dort einzukaufen, denn die Sachen sind billig und sauber. Es gelingt mir so, pro Monat nur 30 Euro für Kleidung auszugeben. Ich trage heute ein weißes Minikleid vom Flohmarkt und schwarze **sechziger-Jahre**-Schuhe aus dem Second-Hand-Laden. Ich liebe meine Schuhe – sie passen super zu meinem neuen Minikleid.

Susi

1b Was bedeuten die fettgedruckten Wörter? Diskutiert zu zweit.

1c Finde die passenden Namen. Wer ...
   a ... trägt selbstgemachte Klamotten?
   b ... interessiert sich nicht für die aktuelle Mode?
   c ... kauft alte Kleidung?
   d ... trägt viel sportliche Kleidung?
   e ... gibt am wenigsten für Kleidung aus?
   f ... mag individuelle Klamotten?

GRAMMATIK

Revision: adjectives + indefinite articles

When you use an adjective after the indefinite article (*ein, eine, ein*) you need to change the ending for masculine nouns:

	Nominative	Accusative
masculine	Das ist ein blau**er** Rock.	Ich trage ein**en** blau**en** Rock.
feminine	Das ist eine weiß**e** Hose.	Ich kaufe ein**e** weiß**e** Hose.
neuter	Das ist ein rot**es** Hemd.	Ich nähe ein rot**es** Hemd.
plural	Das sind neu**e** Schuhe.	Ich trage neu**e** Schuhe.

(See *Aktive Grammatik*, page 59.)

2 Finde alle Akkusativ-Adjektive im Text auf Seite 54.

3a Was ist das? Schreib Sätze.

Beispiel: Pullover → Das ist ein blauer Pullover.

a Turnschuhe
b Jacke
c Bluse
d T-Shirt
e Ohrringe
f Rock
g Hemd

3b Jetzt schreib neue Sätze mit „Ich trage …".

Beispiel: Ich trage einen blauen Pullover.

4a Partnerarbeit. Was trägst du heute? Macht Dialoge.

Beispiel:

A: Ich trage einen grauen Rock.

B: Ich trage mein neues Kleid.

4b Was trägt dein Partner/deine Partnerin heute? Schreib Sätze.

Beispiel: Er trägt …

GRAMMATIK

Impersonal verbs

Here are some useful phrases to express opinions. Their verbs are called impersonal verbs and they can only be used in the *es*-form. You cannot use them with the *ich*- or *du*-form, etc.

There are five impersonal verbs in the texts on page 54:

es freut mich – *I'm pleased*
es geht mir gut – *I feel good*
es gefällt mir – *I like (it)*
es lohnt sich – *it's worth it*
es gelingt mir – *I succeed*

Some of the phrases are followed by a clause with *dass, wenn* or *zu*:

Es freut mich, **dass** ich nähen kann.
Es geht mir gut, **wenn** ich Kleidung kaufe.
Es gelingt mir, 20 Euro **zu** sparen.

5 Finde die passenden Satzhälften.

a Es lohnt sich, …
b Es geht mir gut, …
c Es gelingt mir, …
d Es freut mich, …
e Es gefällt mir, …

1 … dass ich Geld spare.
2 … in Discountläden einzukaufen.
3 … ein tolles Kleid zu nähen.
4 … neue Schuhe zu kaufen.
5 … wenn ich meinen eigenen Stil habe.

6 Vier Jugendliche sprechen über günstige Mode. Hör gut zu und mach Notizen.

	Likes wearing? Why?	Doesn't like wearing? Why not?
Verena	expensive clothes	cheap clothes
Jens		
Cara		
Ines		

Jetzt seid ihr dran!

7 Talk about fashion with your partner. Discuss the following:

* What clothes do you like to wear?
* Why?
* Where do you buy your clothes/get your clothes from?
* What clothes don't you like to wear?
* Why not?
* How do you feel when you wear your clothes?

8 Write an article for a blog on affordable fashion for teenagers, using your answers from activity 7.

W das Internet **K** Bindewörter; Beispiele geben

1a 📖 Wozu benutzen Jugendliche das Internet? Lies die Texte.

Bernd

– Wie viel Zeit verbringst du jeden Tag im Internet?

– Wir haben Internet zu Hause und ich habe meinen eigenen Laptop. Ich verbringe ziemlich viel Zeit im Internet – mindestens zwei Stunden am Tag.

– Was machst du im Internet?

– Ich mache viel! Ich mache zum Beispiel Recherchen für meine Hausaufgaben, ich lese meine E-Mails und ich schreibe auf meiner Facebookseite. Ich lade auch oft Lieder herunter.

– Hast du schon einmal etwas im Internet gekauft?

– Ja, ich habe Bücher und DVDs im Internet gekauft – sie sind viel billiger.

– Wie findest du das Internet?

– Das Internet ist toll für Hausaufgaben. Es ist einfacher als in die Bibliothek zu gehen. Trotzdem gibt es Probleme – manche Schüler laden Hausaufgaben herunter, und das ist ungerecht.

Carola

– Wie viel Zeit verbringst du jeden Tag im Internet?

– Höchstens eine Stunde – wir haben einen Computer für die Familie – also wollen wir ihn alle benutzen.

– Was machst du im Internet?

– Nicht so viel, aber unter anderem lese ich ein paar Chatseiten, und ich benutze auch Webseiten für meine Schulaufgaben.

– Hast du schon einmal etwas im Internet gekauft?

– Nein – ich darf mir nichts im Internet kaufen. Aber mein Vater hat letztes Jahr unseren Urlaub im Internet gebucht.

– Wie findest du das Internet?

– Das Internet ist eine gute Sache, aber manche Kinder verbringen zu viel Zeit vor dem Computer, und das finde ich nicht so gut. Es gibt auch Webseiten, die für Kinder gefährlich sind. Aber trotzdem finde ich das Internet sehr positiv.

Stefan

– Wie viel Zeit verbringst du jeden Tag im Internet?

– Am Wochenende verbringe ich ungefähr vier Stunden am Tag vor dem Computer, unter der Woche viel weniger.

– Was machst du im Internet?

– Ich spiele Computerspiele, und ich arbeite auch an meiner Webseite. Und ich schaue mir Musikvideos und lustige Videos auf Youtube an.

– Hast du schon einmal etwas im Internet gekauft?

– Ja, ich habe Computersachen gekauft.

– Wie findest du das Internet?

– Es gibt sicher Probleme mit dem Internet. Manche Computerspiele zum Beispiel zeigen zu viel Gewalt*. Aber ich finde es prima – es macht das Leben viel einfacher.

*die Gewalt – *violence*

1b 📖 Wer hat das im Internet gemacht – Bernd, Carola oder Stefan?

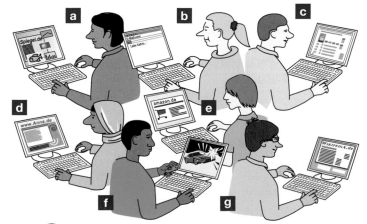

1c 📖 Wer findet, dass es diese Probleme mit dem Internet gibt?

TIPP

Linking words

Some linking words and phrases show you when speakers are about to change their mind or give a different point of view. Can you find four of these in the texts on page 56? What do they mean? Now listen out for these words in activity 2a.

2a Hör zu. Was ist positiv und was ist negativ im Internet? Füll die Tabelle aus.

	Positive	Negative	Key words, e.g. *aber*
1			
2			
3			
4			

2b Findest du das Internet positiv oder negativ? Mit wem bist du einer Meinung – mit Dirk, Sonia, Max oder Sara? Warum? Diskutiert zu zweit.

Beispiel: Ich finde das Internet positiv, weil …
Ich bin mit Dirk einer Meinung, dass …

3a Lies den Text.

Fernsehen, Radio, Internet, Handy: überall kann man Informationen bekommen oder austauschen. Einige Informationsquellen werden mittlerweile auch kombiniert – zum Beispiel Internet und Handy. Diese technische Neuheit gibt es seit 2006 und heißt „Twitter".

Auf der Webseite twitter.com können Menschen aus aller Welt per Kurznachricht auf dem Handy über ihr Leben berichten. Die einzigen Voraussetzungen: Man muss registriert sein und die Nachricht darf nicht länger als 140 Zeichen sein. In Deutschland gibt es schon ca. 40 000 Twitter-Mitglieder. Darunter sind auch die Bundeskanzlerin Angela Merkel und der Fußballer Lukas Podolski. Die meisten deutschen „Twits" sind zwischen 18 und 34 Jahren alt – und in Berlin und Hamburg wird am meisten getwittert.

Aber wie bei allen anderen Internetseiten sollen vor allem Kinder und Jugendliche bei „Twitter" vorsichtig sein. Fotos und persönliche Daten wie zum Beispiel Telefonnummer und Adresse sollten sie nicht einfach an Unbekannte senden. Auch persönliche Infos, zum Beispiel wo er/sie gerade ist oder was bzw. wen er/sie gut oder schlecht findet, gehören nicht ins Internet.

3b Finde die deutschen Wörter im Text.

a mobile phone   **d** to be careful
b requirement   **e** stranger
c German Chancellor

3c Beantworte die Fragen auf Deutsch.

a Was ist „Twitter"?
b Wie funktioniert „Twitter"?
c Wie viele Deutsche sind Twitter-Fans?
d Was soll man bei „Twitter" nicht machen – und warum nicht?

TIPP

Giving examples

Giving examples of what you do is a good way to extend your answers. You can use the following vocabulary to introduce your examples.

- **zum Beispiel:** Ich kaufe viele Sachen im Internet, zum Beispiel Bücher, Kleidung und Computerspiele.
- **beispielsweise:** Man kann gefährliche Leute im Internet kennenlernen, beispielsweise in Chatrooms.
- **unter anderem:** Das Internet ist unter anderem nützlich für die Hausaufgaben.

Look at the examples above. How do these phrases affect the sentence order? Practise using them in your answers to activity 4a.

Jetzt seid ihr dran!

4a Work in groups. You're taking part in a debate that's going to be recorded for a documentary about how young people use the internet. One person plays the presenter, and the others answer his/her questions. Here are some questions to get you started.

- Hast du zu Hause Internet?
- Wozu benutzt du das Internet?
- Was machst du normalerweise im Internet?
- Hast du schon im Internet eingekauft? Was?
- Wie findest du das Internet?

4b At the end of the debate, the group has to decide whether they are collectively in favour of the internet or against it. Present your conclusion to the rest of the class and explain why.

4c Write up your conclusions in an article for the leaflet that is going to accompany the documentary. In general, do you think that the internet is a good thing or is it dangerous?

2A Aktive Grammatik

THE PERFECT TENSE

Most verbs are regular and use **haben** + **ge-** + **-t** in the perfect tense:

Ich spiele. → Ich **habe ge**spielt.

Verbs which are irregular in the present tense tend to have irregular past participles which you need to learn individually. Many of these end in **-en** instead of **-t**:

fahren → **ge**fahr**en**

fallen → **ge**fall**en**

Verbs of motion

Verbs of motion (e.g. *kommen, gehen, fahren*) use the auxiliary *sein* in the perfect tense, not *haben*:

Wir **sind** nach Deutschland gefahren. – *We went to Germany.*

COMPARATIVES

If you want to say that something is 'cooler' or 'more creative', you add **-er** to an adjective in German:

Ihre Songs sind cool**er**.

Seine Musik ist kreativ**er**.

If you want to compare two things, you need to add **-er als** to the adjective:

Heavy Metal ist laut. → Heavy Metal ist laut**er als** Techno.

Some short adjectives also add an umlaut:

alt → **ä**lt**er**

dumm → d**ü**mm**er**

There are a few common irregular comparatives:

gut → besser

gern → lieber

viel → mehr

1 Put these sentences into the perfect tense using the auxiliary and the past participle provided.

   a Ich gehe in die Disco. (sein, gegangen)
   b Meine Mannschaft gewinnt den Pokal. (haben, gewonnen)
   c Ich trinke keinen Alkohol. (haben, getrunken)
   d Wir fahren Rad. (sein, gefahren)
   e Ich sehe zu Hause gern fern. (haben, gesehen)
   f Er findet Fußball toll. (haben, gefunden)

2 Put these sentences into the past tense.

   a Ich bekomme neue CDs zum Geburtstag.
   b Wir essen am Wochenende Pizza.
   c Ich fahre zum Open-Air-Konzert.
   d Techno-Musik gefällt mir gut.
   e Meike geht am Samstag in die Disco.
   f Ich trinke sehr viel Cola.

3 Translate these sentences into German.

   a I bought apples.
   b We went to school on foot.
   c We danced in the disco.
   d Tom played football.
   e I read a book.
   f I listened to heavy-metal music.

4 Which words are comparatives?

   a kleiner
   b schnell
   c lauter
   d mehr
   e interessant
   f lieber

5 Write comparative sentences.

   Beispiel: Milch – Cola (gesund) → Milch ist gesünder als Cola.

   a Heavy Metal – Techno (aggressiv)
   b Monika – Claudia (alt)
   c deutsche Lieder – englische Songs (gut)
   d Jazz – klassische Musik (langweilig)
   e mein Bruder – meine Schwester (groß)

6 Translate these sentences into German.

   a I listen to more reggae music nowadays.
   b Heavy metal is faster than pop music.
   c This music is more creative.
   d I think rap music is better.
   e My CD player is more expensive than yours.
   f This band plays louder music.

DEMONSTRATIVE PRONOUNS

Use *dieser/diese/dieses* instead of definite or indefinite articles if you want to say 'this' or 'that':

der Rock → Dieser Rock ist schön.

die Bluse → Diese Bluse gefällt mir.

das Kleid → Dieses Kleid ist zu groß.

die Schuhe → Diese Schuhe sind schmutzig.

Demonstrative pronouns follow a similar pattern to *der/die/das* for the different cases:

	masculine	feminine	neuter	plural
nominative	der/dieser	die/diese	das/dieses	die/diese
accusative	den/diesen	die/diese	das/dieses	die/diese
genitive	des/dieses	der/dieser	des/dieses	der/dieser
dative	dem/diesem	der/dieser	dem/diesem	den/diesen

7 Choose the correct demonstrative pronouns for the sentences.

a (Diese/dieser) CD ist besser als (dieses/dieser) Lied.

b (Dieses/diese) Kleid ist schöner als (dieses/dieser) Rock.

c (Dieser/dieses) T–Shirt ist billiger als (diese/dieser) Pullover.

d (Dieses/diese) Sängerin ist besser als (diese/dieser) Sänger.

e (Dieses/diese) Gruppe ist cooler als (dieser/dieses) Bassist.

f (Dieser/dieses) Computerspiel ist lustiger als (diese/dieses) Video.

8 Complete the sentences with the correct demonstrative pronouns.

a _____ Musikvideo ist super!

b _____ Computer ist ziemlich alt.

c _____ Gruppe kommt aus Deutschland.

d _____ Sänger sehen toll aus.

e _____ Hemd habe ich selber gemacht.

f _____ Laptop hat 400 Euro gekostet.

9 Add the correct accusative adjective endings.

a Susi trägt eine neu__ Jacke.

b Ich kaufe einen gelb__ Rucksack.

c Wir haben nur bunt__ T-Shirts.

d Tom trägt heute ein weiß__ Hemd.

e Ich habe eine schön__ Bluse.

f Kaufst du auch einen neu__ Rock?

10 Translate the sentences into English.

a Mila is wearing big earrings.

b I'm buying a new jumper.

c You're wearing a lovely dress!

d I also have a green sweatshirt.

e We only have old shoes.

f Tom is buying a brown jacket.

ADJECTIVES + INDEFINITE ARTICLE

	masculine	feminine	neuter	plural
nominative	ein alter Rock	eine alte Hose	ein altes Kleid	alte Schuhe
accusative	einen alten Rock	eine alte Hose	ein alte Kleid	alte Schuhe
genitive	eines alten Rocks	einer alten Hose	eines alten Kleids	alter Schuhe
dative	einem alten Rock	einer alten Hose	einem alten Kleid	alten Schuhen

2A Controlled Assessment: Speaking

TASK: A conversation about free time and media

You are going to have a conversation with your teacher about free time and media. Your teacher will ask you the following:

- What do you like to do in your free time?
- What music do you like and why?
- How often do you use the computer?
- What do you use the computer for? Has your usage changed over time?
- What is your opinion of the internet?
- Do you use Twitter? Why (not)?
- !

(! Remember: at this point, you will have to respond to something you have not prepared.) The dialogue will last between 4 and 6 minutes.

1 THINK !

Read the phrases below. Write down any others that you might find useful for the speaking task.

☐ **Free time activities:** *Ich gehe gern ins Kino/in die Disco/einkaufen.*

☐ **Music:** *Ich höre gern/am liebsten ..., weil ... .*

☐ **Computer – when:** *jeden Tag, nachmittags, einmal pro Woche, zwei Stunden pro Tag*

☐ **Computer – what for:** *im Internet surfen, Computerspiele spielen, E-Mails schreiben, Webseiten anschauen*

☐ **Opinion:** *Ich finde Computer/das Internet gut/schlecht/nützlich, weil ... .*

☐ **Twitter:** *Ich benutze Twitter, weil ... .*

! *Can you predict what the unexpected question might be? For example:*

☐ Can you describe the best or worst concert you've been to?

☐ What films do you like?

NB Add to your list any language you would need to answer these questions.

2 PLAN !

- Listen to the model conversation.
- Listen again and note down any phrases you could use or adapt. Add these to your list from Step 1.

3 ACTION!

Now prepare your answers. Use the bullet points below to help you and your list of useful words and phrases from Steps 1 and 2.

1 What do you like to do in your free time?

- Use the <u>present tense</u> to say what you do in your free time: *Ich gehe ins Kino.*
- Say <u>how often</u> you do things: *oft; manchmal*
- Add <u>extra detail</u> for extra interest: *Das ist mein Lieblingsverein.*

2 What music do you like and why?

- Use *weil* and *denn* to <u>explain</u> your choice.
- Say who your <u>favourite singer/band</u> is: *... ist mein Lieblingssänger; Ich höre am liebsten ...*
- Also say <u>what music/band/singer</u> you don't like and why not: *Techno finde ich nicht gut, weil ...*
- Use the <u>imperfect</u> to say what music you used to like to earn extra points: *Früher hörte ich am liebsten ...*

3 How often do you use the computer?

- Don't just say how often you use the computer – also say <u>when</u>: *täglich; nach der Schule.*
- Add <u>extra detail</u>: *Meine Eltern finden, dass ich den Computer ...*
- Mention if your computer usage has changed using the <u>perfect and imperfect tenses</u>: *Vorher habe ich den Computer nie benutzt; Im Sommer war ich jeden Tag für mindestens drei Stunden am Computer.*

4 What do you use the computer for?

- Mention at least <u>three things</u> that you use the computer for.
- Use <u>relative clauses</u> to say whom you communicate with: *Freundinnen, die eine Facebook-Seite haben.*
- Also say what you <u>don't</u> use the computer for and why not, to earn extra points: *Aber ich kaufe nicht im Internet ein, weil ...*

5 What is your opinion of the internet?

- <u>Vary</u> your opinions: *Ich finde ... gut; Meiner Meinung nach; Ich glaube.*
- Use *weil* and *denn* to <u>explain</u> your opinion: *... weil das bequem ist; ... denn das ist gefährlich.*
- Use more <u>uncommon vocabulary</u>: *kommunizieren* instead of *sprechen.*
- Again, say how your opinion <u>has changed</u> using the <u>perfect and imperfect tenses</u>: *Vorher fand ich das Internet langweilig, aber jetzt habe ich viele gute Webseiten gefunden.*

6 Do you use Twitter? Why (not)?

- Say <u>when or how often</u> you use Twitter, if you use it.
- Use sentences with *man* to <u>add variety</u> and talk about general points: *Man kann schnell mit anderen kommunizieren.*

GRADE TARGET

To reach Grade C, you need to:
- speak clearly with a good accent
- use *weil* to justify your choices and give reasons
- use the main tenses correctly (e.g. present tense for what you usually do and perfect for what you used to do).

To aim higher than a C, you need to:
- use a greater variety of vocabulary
- create longer and more complex sentences (e.g. *... und am Wochenende gehe ich oft schwimmen, denn ...*)
- use a wide variety of expressions of frequency
- use the past tenses to say how the situation or your opinion of it has changed.

To aim for an A or A*, you need to:
- use relative clauses
- use more unusual vocabulary (e.g. *kommunizieren* for *sprechen*)
- use a wide variety of expressions of opinion.

TASK: An email to say what you did last weekend

Write an email to your exchange partner in which you tell him/her what you did last weekend.

You could include the following:

- Where you went and whether you think you will go back there
- Who you went with
- What you did if you stayed in
- What you enjoyed the most/the least
- What your favourite TV programme is
- What else you like doing in your free time.

1 THINK !

Start by noting down a few key facts:

1 **Where you went:** *ein Konzert, die Disco, ins Kino, einkaufen*
2 **Who you went with:** *meine Freundin, meine Freunde, meine Mitschüler*
3 **Staying at home:** *fernsehen, Computer, Musik hören*
4 **TV programmes:** *eine Seifenoper, Quizsendungen, Realityshows*
5 **Activities:** *lesen, telefonieren, Sport*

2 PLAN !

- **Read the model text.**

Liebe Lisa,

letztes Wochenende habe ich viel gemacht! Am Freitagabend bin ich mit meiner Freundin ins Kino gegangen. Wir haben den Film „Die Wilden Hühner 2" gesehen. Der Film war super! Ich werde ihn ganz bestimmt noch einmal sehen. Am Samstag hatte mein Stiefvater Geburtstag und wir sind mittags in die Pizzeria gegangen. Ich habe eine Pizza Margherita gegessen – sie war total lecker! Am Nachmittag war ich mit meiner Schwester in der Stadt. Ich habe einen tollen schwarzen Rock und ein rotes T-Shirt gekauft. Meine Schwester – sie ist vier Jahre jünger als ich – hat sich eine schöne Tasche gekauft. Samstagabend bin ich zu Hause geblieben, weil ich ziemlich müde war. Ich habe E-Mails geschrieben und Musik auf meinem MP4-Spieler gehört.

Sonntagmorgens habe ich mich mit zwei Freunden in der Eisbahn getroffen, um Schlittschuh zu laufen. Das hat Spaß gemacht, aber ich bin oft hingefallen und habe mir ziemlich wehgetan! Sonntagnachmittag bin ich mit meinem großen Bruder ins Fußballstadion gegangen und wir haben ein Fußballspiel gesehen. Unsere Mannschaft hat 2:1 gewonnen! Sonntagabends habe ich Hausaufgaben gemacht – das hat mir gar nicht gefallen! Am besten war am Wochenende das Kino, weil der Film so lustig war.

Wenn ich nicht ausgehe, spiele ich sonst gern zu Hause Computerspiele, oder ich telefoniere mit meinen Freundinnen. Ich telefoniere viel zu viel, sagen meine Eltern ... Ich sehe auch gern fern – am liebsten „Großer Bruder" – das ist eine Realityshow. Außerdem sehe ich gern Musiksendungen, aber Actionfilme finde ich doof. Ich interessiere mich nicht für Dokumentarfilme, weil sie oft langweilig sind.

Was mache ich noch gern in meiner Freizeit? Ich treibe viel Sport – ich spiele zweimal pro Woche Fußball in einem Verein, und ich fahre auch gern Rad. Und ich koche gern, weil das Spaß macht.

Liebe Grüße,

Sabine

- Read the text again and note down any opinions or adjectives that you could use. Add these to your list from Step 1.
- Look carefully at the verbs used and make a note of any you could reuse:
  - ☐ perfect tense for completed actions: *Ich bin … gegangen; Ich habe … gemacht.*
  - ☐ imperfect tense for opinions and descriptions: *Das war super; Er hatte …*

3 ACTION!

Now prepare what you will write. Use the bullet points below to help you and use your list of useful words and phrases from Steps 1 and 2. Aim to write about 200 words.

1 Where you went
- Use the <u>perfect tense</u>. Remember many verbs of movement make the perfect tense with *sein: Ich bin gegangen; Wir sind gefahren.*
- Use <u>linking words</u> to create longer sentences: *…, aber ich bin … und …*
- Use the <u>imperfect</u> to give your <u>opinions</u>: *Das war langweilig.*
- Use the <u>future</u> tense to say if you'll go back: *Ich werde ganz bestimmt wieder dorthin gehen.*

2 Whom you went with
- If you didn't go anywhere with anybody, <u>make up the details</u>.
- Give <u>extra information</u> for added interest: *Meine Schwester ist vier Jahre jünger als ich.*

3 What you did if you stayed in
- Explain <u>why</u> you stayed in using *weil: weil ich müde war.*
- Mention at least <u>three different activities</u>.
- Add <u>extra information</u>: *Ich habe meine Hausaufgaben im Wohnzimmer gemacht.*

4 What you enjoyed the most/the least
- *Das hat mir <u>am besten/gar nicht gefallen</u>* is a useful way to say what you liked best/the least.
- Explain <u>why</u> you did/didn't enjoy doing something: *…, weil der Film lustig war.*

5 What your favourite TV programme is
- Mention at least <u>three different programmes.</u>
- Also say <u>what kind</u> of programmes they are: *Das ist eine Realityshow.*
- Don't just write about what you like – also mention which programmes you <u>don't like</u>: *Sportsendungen finde ich langweilig.*

6 What else you like doing in your free time
- Say <u>when</u> you do your free time activities: *zweimal pro Woche; am Nachmittag.*
- <u>Vary your opinions</u> to show off what you know: *gefällt mir; finde ich super; ist langweilig.*
- Say <u>why</u> you like doing something, using *weil* or *denn: … denn das macht Spaß.*

GRADE TARGET

To reach Grade C, you need to:	To aim higher than a C, you need to:	To aim for an A or A*, you need to:
• include adjectives for descriptions and opinions using *das war* • use the perfect tense correctly • check all spellings	• include explanations and opinions, using *weil* and *dass* • create longer, more complex sentences by using link words • Don't just stick to the *ich*-form: use *wir* or *man* when talking about 'we' (e.g. *Wir waren …; Dort kann man …*).	• use a wide range of adjectives • use a *wenn*-clause (e.g. *Wenn ich nicht ausgehe, spiele ich …*) • use a greater variety of more unusual vocabulary (e.g. *fesselnd* for *spannend*) • use the imperfect tense to describe things in the past and the future to describe plans and intentions

Wie man sich mit Freunden verabredet

der Actionfilm -e *nm*	action film
die Eisbahn -en *nf*	ice rink
der Treffpunkt -e *nm*	meeting point
erlauben *vb*	to allow
vor/haben *vb*	to plan, intend
vor/schlagen *vb*	to suggest
leider *adv*	unfortunately
schade *adj*	what a pity
Ich bin schon verabredet.	I already have something on.
Ich habe keine Ahnung.	I have no idea.
Wann treffen wir uns?	When shall we meet?
Was gibt's Neues?	What's new?
Was läuft?	What's on?

Wie man Musik vergleicht, die man früher gehört hat und heute mag

die Band -s *nf*	band
der Bassist -en *nm*	bassist
der Fan -s *nm*	fan
die Gruppe -n *nf*	group
das Konzert -e *nn*	concert
der MP3-Player – *nm*	MP3 player
der/die Schlagzeuger/in *nm/f*	drummer
herunter/laden *vb*	to download
aggressiv *adj*	aggressive
cool *adj*	cool
fantastisch *adj*	fantastic
früher *adj*	earlier, in the past
kreativ *adj*	creative
momentan *adj*	at the moment
talentiert *adj*	talented
damals *adv*	at that time
danach *adv*	afterwards
davor *adv*	beforehand
heute *adv*	today
heutzutage *adv*	nowadays
jetzt *adv*	now
besser als	better than
schlechter als	worse than
stehen auf	to be 'into'
vor zwei Jahren	two years ago

Wie man einkaufen geht

das Geschenk -e *nn*	present
das Loch *nn* Löcher	hole
die Quittung -en *nf*	receipt
der Schmuck - *nm*	jewellery
die Umkleidekabine -n *nf*	changing room
an/probieren *vb*	to try on
brauchen *vb*	to need

ein/laden *vb*	to invite
(sich) entscheiden *vb*	to decide
(sich) interessieren *vb* für	to be interested in
um/tauschen *vb*	to exchange
zahlen *vb*	to pay
teuer *adj*	expensive
dort drüben *adv*	over there
um die Ecke	around the corner
Er/Sie/Es ist zu eng.	It is too tight.
Er/Sie/Es passt mir (nicht).	It (doesn't) fit(s) me.
Er/Sie/Es steht mir gut.	It suits me.
In welcher Größe?	What size?

Wie man sich günstig schick anzieht

der Flohmarkt -märkte *nm*	flea market
die Klamotten *npl*	clothing, gear
das Schnäppchen *nn*	bargain
das Unikum -s *nn*	something unique
gelingen *vb*	to succeed
nähen *vb*	to sew
stricken *vb*	to knit
bequem *adj*	comfortable
es freut mich	I'm pleased
es gefällt mir	I like (it)
es geht mir gut	I feel good; I'm well
es gelingt mir	I succeed
es lohnt sich	it's worth it

Wie man über das Internet diskutiert

die Gewalt *nf*	violence
das Handy -s *nn*	mobile phone
das Internet *nn*	internet
die Sache -n *nf*	thing
die Webseite -n *nf*	web page
aus/tauschen *vb*	to exchange
benutzen *vb*	to use
buchen *vb*	to book
herunter/laden *vb*	to download
kennen lernen *vb*	to get to know; to meet someone for the first time
verbringen *vb*	to spend (time)
einfach *adj*	simple, easy
gefährlich *adj*	dangerous
problematisch *adj*	problematic
problemlos *adj*	without any problems
ungerecht *adj*	unfair
vorsichtig *adj*	careful
höchstens *adv*	at most
trotzdem *adv*	nevertheless
ungefähr *adv*	approximately

2B Im Urlaub

Weißt du schon, wie man ...

- ☐ sich ein Urlaubsziel aussucht?
- ☐ einen Urlaub bucht?
- ☐ seine Meinung über einen Urlaub sagt?
- ☐ einen Urlaub beschreibt?
- ☐ sich in einer Stadt zurechtfindet?

Wie beschreibt man seine Erlebnisse?

Controlled assessment

- Have a conversation about holidays
- Write an account of a recent trip for a travel blog

Kompetenzen

Beim Sprechen

In German, how do you ...

- give your opinion in a variety of different ways?
- use question words?

Beim Hören

How do you ...

- listen for different tenses?
- answer multiple choice questions in a listening test?

Aktive Grammatik

As part of your German language 'toolkit', can you ...

- use the modal verbs *wollen* and *können*?
- use *möchten* + infinitive?
- use different tenses correctly?
- use the imperative?

(G) Modalverben „wollen" und „können" (W) einen Urlaub wählen (K) Vorschläge machen

A

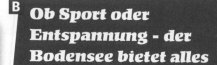

4 Tage Berlin – nur 259 Euro!

Entdecken Sie mit uns die Kultur der deutschen Hauptstadt:

- Besuchen Sie den neuen Reichstag.
- Besichtigen Sie die Reste der Mauer*.
- Genießen Sie die vielen Museen und Galerien auf der Museumsinsel.
- Kaufen Sie auf dem Ku'damm ein.

Zugfahrt und 3 Übernachtungen mit Frühstück sind im Preis inbegriffen. Gerne bestellen wir auch Theater– oder Konzertkarten für Sie.
www.schmidtreisen.de

> * die Reste der Mauer – *the remains of the Berlin Wall*

B

Ob Sport oder Entspannung – der Bodensee bietet alles

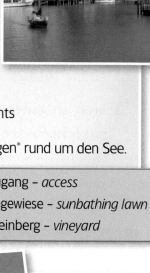

7 Nächte Halbpension nur 429 Euro!

Die Familie Schlink heißt Sie in ihrem Hotel in Lindau direkt am Bodensee willkommen.

Das Hotel bietet:

- direkten Zugang* zum See
- eine schöne Liegewiese*
- zwei Feinschmeckerrestaurants
- eine Wassersportanlage
- Wanderungen in den Weinbergen* rund um den See.

Für Reservierungen melden Sie sich bei
www.hotelschlink.de

> * der Zugang – *access*
> die Liegewiese – *sunbathing lawn*
> der Weinberg – *vineyard*

C

Namibia – das Beste Afrikas

Namibia Tours bietet eine Abenteuer-Safari im wunderschönen Herzen Afrikas:

- 10 Übernachtungen auf verschiedenen Safari Lodges in der namibischen Wüste
- Wandertouren zu Fuß
- Jeep-Safari, um die Wüstenelefanten zu sehen
- Besuch der höchsten Sanddünen der Welt.

Alles nur zu einem Preis von 1899 Euro pro Person. Melden Sie sich an bei www.namibiatours.de

D

Wollen Sie Abenteuer erleben? Dann kommen Sie nach Zermatt!

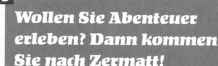

Vielleicht kennen Sie Zermatt schon als das Skiparadies der Schweiz. Aber haben Sie gewusst, was im Sommer alles los ist …?

- Radfahren
- Sommerski
- Wandertouren
- Klettern
- Gleitschirmfliegen mit Begleiter
- Sommerski.

Erfahren Sie mehr über das Sommerparadies in den Schweizer Alpen unter www.zermatt.ch

1 📖 Lies die vier Anzeigen aus einer Reisebroschüre. Wie sagt man auf Deutsch …?

a relaxation   d various
b climbing   e desert
c adventure   f highest in the world

2 📖 Welches Reiseziel ist am besten für die folgenden Aktivitäten?
Beispiel: **a** Berlin

a visiting cultural sites
b swimming
c relaxing
d admiring the beautiful landscape
e seeing animals
f hiking
g sport
h seeing works of art
i experiencing a different culture

3a 📖 🎧 Lies mit und hör gut zu. Was wollen diese Personen im Urlaub machen?

Jens

Wenn ich in Urlaub fahre, will ich faulenzen und nicht viel tun. Ich verbringe meine Ferien am liebsten am Strand, wo ich mich sonnen kann. Die besten Urlaubsziele für mich sind also kleine Städte an der Küste. Dort will ich lesen, Musik hören und mit Freunden plaudern. Gute Restaurants sind mir wichtig, sowie ein bequemes Hotel.

Maria

Ich will etwas anderes erleben, wenn ich in Urlaub fahre. Ich fahre am liebsten ins Ausland und weit weg. Ich brauche kein teures Hotel. Ich bin gern in der Natur und gehe gern wandern. So kann ich mich vom Alltag erholen.

Thorsten

Ich mache gern Kurzurlaub in Städten. In nur wenigen Tagen kann ich so viel sehen. Interessante Museen, Galerien und so finde ich ganz toll. In einer Großstadt kann ich viel unternehmen, und auch die Unterkunft ist oft gar nicht teuer. In Jugendherbergen zum Beispiel gibt es gute Zimmer zu einem günstigen Preis.

Sonia

Wenn ich in Urlaub fahre, will ich keine Sehenswürdigkeiten besichtigen – das kann zu stressig sein. Ich will aktiv und in der Natur sein. Letztes Jahr habe ich mit meinen Freunden eine Radtour gemacht und das hat wahnsinnig viel Spaß gemacht. Wir haben auf Campingplätzen übernachtet, und der ganze Urlaub hat nicht viel gekostet. Und im Winter fahre ich gern Ski – das ist dann aber ziemlich teuer.

3b 🎧 Hör zu. Welche Person hat die folgenden Prioritäten – Jens, Maria, Thorsten oder Sonia?

a I can sun myself on the beach.
b I don't want to see the sights.
c I only want to go away for a couple of days.
d I want to go skiing.
e I want to experience different things.
f I want to go abroad.
g I want to eat well.

4 👥 Partnerarbeit. Seht euch noch einmal die Anzeigen aus der Reisebroschüre an. Wohin können Jens oder Maria fahren? Was können Thorsten oder Sonia machen? Diskutiert und schreibt Sätze.

GRAMMATIK

Modal verbs: *wollen* and *können*

Use the modal verbs *wollen* and *können* (+ infinitive) to say what you want to do/can do.
Ich **will** am Strand **liegen**. – *I want to lie on the beach.*
Wir **können** im Hotel **übernachten**. – *We can stay at a hotel.*

	wollen	können
ich	will	kann
du	willst	kannst
er/sie/man	will	kann
wir	wollen	können
ihr	wollt	könnt
sie/Sie	wollen	können

5 ✏️ Schreib die Sätze in der richtigen Reihenfolge auf.

a erleben/ich/viel/dort/will.
b nach/fahren/wollen/Amerika/wir.
c Sprachkurs/kann/einen/ich/machen.
d besichtigen/können/wir/Sehenswürdigkeiten.
e eine/will/Großstadt/besuchen/ich.
f in/Restaurants/essen/wir/schönen/können.

Jetzt seid ihr dran!

6 ✏️ Write your own holiday brochure advert. Include details of:
- length of trip
- cost
- activities
- accommodation.

7a 🎧👥 Interview your partner and ask what he/she wants to do on holiday. Then swap roles.

7b ✏️ Write a short article about your holiday preferences and priorities based on your answers from activity 7a.

2B Wie man einen Urlaub bucht

G „ich möchte ..." **W** Reservierungen machen **K** Zeitformen erkennen

1 🎧 Hor gut zu. Anna ruft beim Verkehrsamt in Lindau an. Welche Fragen und Antworten passen zusammen?

Beispiel: **1 b**

1 Welche Sehenswürdigkeiten gibt es?
2 Welche Sportmöglichkeiten gibt es?
3 Wann ist das Freibad geöffnet?
4 Welche Ausflüge kann man machen?
5 Was kann man abends machen?
6 Welche anderen Aktivitäten gibt es?
7 Können Sie mir einige Auskünfte zuschicken?

a Jeden Tag von 10 bis 19 Uhr.
b Sie können den Hafen und das Rathaus besichtigen.
c Sie können eine Schiffsfahrt auf dem See machen.
d Wir haben ein Kino, Diskos, Konzerte mit klassischer Musik und viele Kneipen.
e Es gibt ein Freibad, eine Wasserskischule und einen Tennisplatz.
f Ich schicke Ihnen eine Broschüre.
g Schaffhausen ist einen Besuch wert.

Sehr geehrte Familie Schlink,

ich habe Ihre Anzeige in der Zeitung gesehen und möchte gern ein Zweibettzimmer und ein Einzelzimmer mit Dusche für die Woche vom 21.–28. Juni in Ihrem Hotel reservieren. Wir möchten gern ein Zimmer mit Seeblick, wenn möglich. Wir fahren mit dem Zug nach Lindau – wie kommen wir am besten vom Bahnhof zum Hotel? Wie weit ist das Hotel von der Stadtmitte entfernt?

Ich interessiere mich sehr für Wassersportarten und möchte deshalb weitere Informationen über Ihre Hotelanlage bekommen. Meine Mutter möchte gern eine Schiffsfahrt auf dem See machen – haben Sie eine Broschüre darüber? Ich komme auch mit einer Freundin, und wir möchten gern wissen, was man abends in Lindau machen kann.

Mit freundlichen Grüßen,

Anna Lehmann

---

2 ✏️ Anna hat eine E-Mail ans Hotel Schlink geschrieben, um ihren Urlaub in Lindau zu buchen. Wie sagt man auf Deutsch ...?

a I'd like a room with a sea view.
b How far is ...?
c information about
d a boat trip
e Do you have a brochure about it?
f I am interested in ...

GRAMMATIK

Ich möchte ...

Use **ich möchte** (+ infinitive) to say what you would like to do or to have. Like a modal verb, *möchten* sends the infinitive to the end of the sentence:

Ich **möchte** ein Zimmer **reservieren**. – *I'd like to book a room.*

TIPP

Recognising tenses

Recognising different tenses can help you predict the right answers in reading and listening tasks. Remember that the perfect tense is formed using the verb **haben** or **sein**, plus a past participle, which generally begins with **ge-** and ends with **-t** or **-en**, e.g. *gemacht, gefahren*.

So, if you hear *er **ist** gewandert*, you know that the action took place in the past, even if you don't know what the verb *wandern* (to hike) means.

3a 👥 📖 Partnerarbeit. Lest die folgenden Satzanfänge. Wie werden eurer Meinung nach die Sätze enden?

Beispiel: **1** – likely to end with a past participle, probably meaning 'read' or 'saw'.

1 Anna hat in der Zeitung ...
2 Anna möchte eine Woche ...
3 Anna fährt ...
4 Anna findet Wassersportarten ...
5 Anna möchte mehr ...
6 Annas Mutter ...

3b 👥 📖 Findet jetzt die richtige Endung für jeden Satz.

a ... bleiben.
b ... aufregend.
c ... über die Wassersportanlage wissen.
d ... über das Hotel gelesen.
e ... möchte eine Schiffsfahrt machen.
f ... mit ihrer Mutter und einer Freundin.

4 🎧 Hör dir das Telefongespräch zwischen Herrn Schlink und Anna an. Notiere auf Englisch, welche Aktivitäten in der Vergangenheit und im Präsens sind.

Activity	Past	Present
Received email	✓	

5 👩‍🦰👩 Partnerarbeit. **A** kommt aus Deutschland und möchte Auskunft über eure Stadt. **B** arbeitet auf dem Verkehrsamt. Entwerft einen Dialog. Übung 1 hilft euch dabei.

6 🎧 Hör gut zu. Annas Freund Ludger ruft an, um seinen Urlaub in Namibia zu buchen. Sind die Aussagen richtig oder falsch? Verbessere die falschen Aussagen.

a Ludger hat in der Zeitung über die Safaritour gelesen.
b Er will am 16. Juli fahren.
c Der Flug am Freitag ist schon ausgebucht.
d Ludger kann einen Tag früher fliegen.
e Der Flug geht direkt nach Afrika.
f Ludger bucht ein Doppelzimmer in Windhoek.
g Ludger zahlt mit Kreditkarte.
h Ludger weiß nicht genau, was er für die Tour braucht.
i Ludger bekommt später mehr Auskunft in einem Brief.
j Ludger hat schon einen Safariurlaub gemacht.

NAMIBIA TOURS

Sehr geehrter Herr Hauer,
vielen Dank für Ihre Reservierung.
Wir bestätigen hiermit Ihre Tour nach Namibia, inklusive Flug LH 411 am Donnerstag, den 25. Juli, von Frankfurt nach Windhoek.

Wir haben auch ein Zimmer im Hotel Fürstenhof in Windhoek für die Nacht vom 26. Juli reserviert. Das Hotel befindet sich in der Stadtmitte und hat ein Schwimmbad, ein Restaurant und eine Gartenterrasse. Alle Zimmer verfügen über Fernseher und Klimaanlage. Am besten nehmen Sie ein Taxi zum Hotel.

Hier auch ein paar Tipps für Ihren Urlaub: Vergessen Sie nicht, Ihren Reisepass zu überprüfen. Er muss noch sechs Monate gültig sein. Bringen Sie bitte einen Schlafsack und Wanderschuhe mit. Abends kann es kalt werden – packen Sie ein paar Pullis ein. Denken Sie an die Impfungen, die Sie brauchen.

Wir wünschen Ihnen viel Spaß in Namibia!
Ihre Namibia-Tours-Team.

---

7 🏢 Lies die Bestätigungsmail von Namibia Tours. Füll die Lücken mit Wörtern aus dem Kasten aus. Schau neue Vokabeln im Wörterbuch nach.

a Der Flug ist im Preis der Tour _____.
b Das Hotel liegt sehr _____.
c Jedes Zimmer ist _____.
d Namibia Tours empfiehlt ihm, ein Taxi zum Hotel zu _____.
e Für die Nächte braucht Ludger einen _____.
f Namibia Tours empfiehlt, _____ Kleidung mitzunehmen.
g Vor der Abreise braucht Ludger vielleicht noch _____.

> Impfungen   Flughafen   nehmen   Reisepass
> bequeme   inbegriffen   Schlafsack   warme
> fahren   klimatisiert   teuer   zentral

Jetzt seid ihr dran!

8 👩‍🦰👩 Using the adverts on page 66, prepare two dialogues with a partner. **A** calls the tourist information office in either Zermatt or Berlin to ask about booking a holiday there. Use the pictures below for some ideas for questions. **B** works in the tourist information office and gives the answers.

B↔A

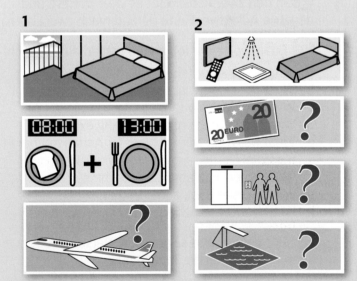

9 ✏️ Now write an email to book your holiday in either Berlin or Zermatt. Make sure you specify your accommodation requirements and include at least three questions.

G Meinungsausdrücke in der Vergangenheit **W** einen Urlaub beschreiben
K deine Meinung äußern; dich beschweren

Hallo, Anna!

Ich bin jetzt aus Namibia zurück. Es war wunderschön dort. Das Wetter war herrlich und die Landschaft war bezaubernd. Wir sind ziemlich viel gereist und haben die Hauptstadt Windhoek und auch die Landschaft rundherum gesehen. Die Wüste* hat mir am besten gefallen, weil wir dort die Elefanten gesehen haben – fantastisch!

Die anderen Touristen in der Gruppe waren alle sehr freundlich und der Reiseleiter war sehr informativ. Zelten hat auch Spaß gemacht, obwohl es nachts ein bisschen kalt war. Aber es war schön, im Freien* zu schlafen, und das Personal hat auch leckere Mahlzeiten zubereitet. Wenn du das nächste Mal vorbeikommst, zeige ich dir die Fotos.

Ich hoffe, du hast dich auch am Bodensee gut amüsiert!

Bis bald,

Dein Ludger

> * die Wüste – *desert*
> im Freien – *in the open air*

Hallo, Ludger,

Danke für die E-Mail. Mein Urlaub war okay, aber das Hotel war einfach furchtbar. Wenn du je an den Bodensee fährst, übernachte nicht im Hotel Schlink! Der Fernseher in meinem Zimmer war kaputt und der Aufzug war außer Betrieb* – das war ein Problem für Mutti, da unsere Zimmer im fünften Stock waren. Das Essen im Hotel war ekelhaft*, und es gab nur ab und zu heißes Wasser. Außerdem war im nächsten Zimmer eine Familie mit Baby, und es hat die ganze Nacht geweint. Ich konnte überhaupt nicht schlafen – schrecklich!

Lindau hat mir aber gut gefallen. Die Stadt ist sehr hübsch, und man konnte viel unternehmen. Ich bin zum ersten Mal Wasserski gefahren, und das war sehr lustig. Wir haben auch ein paar herrliche Ausflüge gemacht. Ich würde gern deine Fotos sehen – wenn du Zeit hast, können wir uns am Wochenende treffen.

Bis dann,

Anna

> * außer Betrieb – *out of order*
> ekelhaft – *disgusting*

1 📖 In den zwei Texten gibt es viele positive und negative Adjektive. Finde sie und mach zwei Listen.

2 📖 Beantworte die folgenden Fragen auf Englisch.
- **a** What did Ludger think of Namibia?
- **b** What does he say about the scenery?
- **c** What did he enjoy the most?
- **d** What did he think of the camping experience?
- **e** What was a specific problem for Anna's mother in the hotel?
- **f** What other problems did Anna have?
- **g** What did she think about Lindau?
- **h** What positive experiences did she have there?

3a 🎧 Hör gut zu. Was sagen diese Personen über ihren Urlaub? Füll die Tabelle aus.

	Where?	Positive aspects	Negative aspects
Peter			
Anja			
Thorsten			
Sara			
Michael			

TIPP

Giving your opinions

Try to use a wide range of vocabulary to give your opinions – don't just use *gut* or *interessant* all the time. Keep a list of useful adjectives and learn them – this will help you add colour to what you say.

Use *weil*, *obwohl*, and *da* to justify your opinions.

Der Urlaub in Namibia war total spannend, **weil** es dort so viel zu sehen und zu tun gab. – *The holiday in Namibia was really exciting because there was so much to see and to do there.*

3b 🎧 Hör noch einmal zu. Welche anderen Adjektive kannst du dir merken? Füg sie der Liste aus Übung 1 hinzu.

GRAMMATIK

Opinions about past events

Use the following expressions in the perfect tense to give opinions about past holidays.

... **hat mir** gut/nicht gut **gefallen.** – *I liked/didn't like* ...

... **hat mir** (sehr viel) **Spaß gemacht.** – *...was (really) good fun.*

Use the imperfect to give descriptions and say how things were.

Die Landschaft **war** bezaubernd. – *The landscape was enchanting.*

Ich **fand** die Leute sehr nett. – *I found the people very nice.*

4 Mach eine Umfrage zum Thema Urlaub in deiner Klasse.

Beispiel:

A: Wohin bist du in den Ferien gefahren?

B: Ich bin nach Schottland gefahren.

A: Was hat dir gefallen?

B: Die Landschaft hat mir gefallen, weil sie beeindruckend war.

A: Was hat dir nicht gefallen?

B: Das Wetter hat mir nicht gefallen, weil es kalt war.

5 Schreib ein paar Sätze über die Ergebnisse der Umfrage. Vergiss nicht, *ihm* oder *ihr* zu benutzen.

Beispiel: Michael ist nach Italien gefahren. Das Hotel hat ihm gefallen, weil ...

6a Hör gut zu. Annas Mutter ruft beim Hotel Schlink an, um sich zu beschweren. Welche Vorschläge macht der Hoteldirektor? (2 Dinge)

6b Hör noch einmal zu. Wie sagt man auf Deutsch ...?

a I'd like to speak to the hotel manager.

b to complain

c What is it about?

d I'll put you through.

e I'm terribly sorry.

f to give somebody something

g special offer

h reduction

7 Partnerarbeit. A ist der Kunde/die Kundin, und B ist der Vertreter des Reiseveranstalters (tour rep). Entwerft Dialoge. B⟷A

- **A** should explain what the problems were.

- **B** should suggest reparation and negotiate a satisfactory arrangement.

Customer	Tour representative
Spent a week at a campsite in the Schwarzwald and wants to complain: • showers out of order • swimming pool filthy • other people on campsite noisy.	Wants to make amends and proposes: • a bottle of wine • a week's free holiday • a reduction on the bill.

Jetzt seid ihr dran!

8 Prepare a one-minute presentation about holidays. Include the following points.

- Where you usually go on holiday.

- Your priorities for a good holiday.

- A recent holiday – where you went, where you stayed, what you did.

- What you did and didn't enjoy on your holiday.

- Where you will go on holiday next year.

- Where you would go if money was no object.

Record your presentation using the OxBox software.

9 Write a letter complaining about problems with your accommodation during your holiday. Follow this model for how to start and end your letter:

Sehr geehrter Herr Braun,

ich habe gerade eine Woche in Ihrem Hotel verbracht und war überhaupt nicht zufrieden ...

...

Mit freundlichen Grüßen,

Birgit Bremer

G verschiedene Zeitformen benutzen **W** einen Urlaub beschreiben

K Multiple-choice Fragen; Fragewörter

Mein Austausch in Koblenz

Am 12. März sind 30 nervöse Schüler aus Leeds in den Bus gestiegen, um eine Woche hier bei unseren deutschen Partnern in Koblenz zu verbringen. Sechzehn Stunden später waren wir in Deutschland. Alle Sorgen waren umsonst* – es hat uns hier am Thomas-Mann-Gymnasium sehr gut gefallen.

Am Donnerstagabend sind wir angekommen, und am Freitag sind wir gleich in die Schule gegangen. Es war ein Schock, dass der Unterricht schon so früh beginnt, aber wir haben das alle überlebt und waren froh, keine Schuluniform tragen zu müssen. Ich bin mit meinem Partner Nils in den Unterricht gegangen und habe Physik, Sport, Latein und Englisch gelernt. Englisch war mein bestes Fach!

Ich habe das Wochenende bei Nils verbracht. Wir sind nach Heidelberg gefahren und haben dort das Schloss besichtigt und eine Schifffahrt auf dem Neckar gemacht. Ich habe auch ein paar Andenken* für meine Familie gekauft. Nils Bruder studiert an der Universität dort und hat uns die Stadt und sein Lieblingsrestaurant gezeigt. Dort haben wir typisch deutsche Spezialitäten gegessen – Rinderbraten und Rotkohl. Lecker!

Auch unter der Woche haben wir Ausflüge gemacht, und wir sind alle mit unseren Partnern zusammen nach Köln gefahren. Dort haben wir das Römisch-Germanisches Museum und den Dom besucht. Das Römermuseum hat mir nicht so gut gefallen, weil es ein bisschen langweilig war, aber der Dom war beeindruckend. Der Besuch im Schokoladenmuseum hat mir am besten gefallen, weil ich sehr gern Schokolade esse.

Morgen fahren wir wieder nach Hause. Die Woche ist wirklich schnell vorübergegangen! Heute Abend gibt es ein großes Fest und dann müssen wir uns verabschieden. Aber wir sehen unsere Partner bald wieder, wenn sie uns in acht Wochen in Leeds besuchen. Das wird sicher auch eine tolle Woche sein und wir freuen uns alle darauf.

> * alle Sorgen waren umsonst – *all worries were unfounded*
> das Andenken – *souvenir*

1 🎧 Hör zu und beantworte die Fragen auf Englisch. Naomi macht ein Interview für die Webseite der deutschen Schule, die sie für eine Woche besucht hat.

- **a** What is Naomi's overall opinion of her week in Germany?
- **b** Why?
- **c** What did she enjoy most?
- **d** What positive things does she mention about the German school?
- **e** What did she find negative about it?
- **f** What difference did she notice between Germany and Britain regarding eating habits?
- **g** How does she compare the two countries with regard to the environment?

2a 📖 Lies den Text. Naomis Freund Mark schreibt einen Artikel über den Austausch für die Schülerzeitung.

Wie sagt man auf Deutsch …?

- **a** straight away
- **b** We survived.
- **c** souvenirs
- **d** It has gone really quickly.
- **e** to say goodbye
- **f** We are looking forward to it.

TIPP

Answering multiple-choice questions

Even if you do not understand every single word in a reading text, you should still be able to make educated guesses when answering multiple-choice questions.

First read the question and answer options carefully to establish which type of information is required and what the answers are likely to be. This should help you eliminate answers that are obviously nonsensical.

Then read the text and try to establish the general mood and opinions. This should enable you to narrow down your choices to home in on the most likely answer.

2b Wähl für jede Frage die richtige Antwort.

1 How did the English students feel before they left?
   a scared
   b sensible
   c patient

2 Where did they go on the day after their arrival?
   a to the Roman museum
   b to school
   c to the cathedral

3 What did Mark buy for his family?
   a German specialities
   b sweets
   c souvenirs

4 What is Mark looking forward to?
   a the German students' visit
   b the party
   c his return to England

TIPP

Question words

Revise the most common question words in German. Understanding questions in listening and reading comprehensions will help you focus on the information you need when answering exam questions.

Can you remember what the following mean? Beware of false friends!

Wann?	Was?	Welche?	Wie lange?
Warum?	Was für …?	Wie?	

3 Formuliere Fragen an Mark mit den Fragewörtern aus der Tipp-Box.

a … hast du in Heidelberg gemacht?
b … bist du angekommen?
c … deutsche Spezialitäten hast du gegessen?
d … hat dir am besten gefallen?
e … bist du gefahren?
f … hat die Reise gedauert?
g … war die Schule in Deutschland?
h … hat das dir am besten gefallen?
i … Museen hast du besichtigt?

4 Partnerarbeit. **A** stellt die Fragen aus Übung 3, **B** spielt die Rolle von Mark. **B↔A**

GRAMMATIK

Using different tenses

To get the best marks for writing assessments, you need to be able to show that you can use different tenses. Mark uses three different tenses in his article – which tenses are they? Find at least two examples of each.

Jetzt seid ihr dran!

5a Write your own list of questions to ask a partner about an exchange or a recent holiday, using your answers to activity 4 as a guide. Then conduct the interviews.

5b Record yourselves conducting your interviews on OxBox and then listen to your recordings. Assess each other on pronunciation and the clarity of your speaking as well as listening out for any mistakes. Then swap your recording with another pair and repeat the exercise.

6 Write your own account of a recent exchange visit or holiday using your own questions to give you a structure. You should aim to write around 250 words. Make sure you use at least three tenses.

G der Imperativ **W** Wegbeschreibungen **K** Leseverständnis

A

A: Entschuldige bitte, kannst du mir sagen, wie ich am besten von hier zum Krankenhaus komme?

B: Ja, das ist nicht weit. Sie gehen am besten zu Fuß. Gehen Sie die Nymphenburgerstraße entlang und biegen Sie dann in die dritte Straße rechts ein, das ist die Lachnerstraße. Gehen Sie bis zur Renatastraße, biegen Sie dann rechts ab und gehen Sie die Straße entlang. Das Krankenhaus ist auf der linken Seite an der Ecke.

A: Vielen Dank!

B

A: Entschuldigung, wir wollen zum Olympia-Einkaufszentrum. Wie kommen wir am schnellsten dahin?

B: Also, wir sind hier am Rotkreuzplatz, und ihr wollt zum Olympia-Einkaufszentrum. Da nehmt ihr am besten die U-Bahn. Es gibt auch einen Bus, aber mit der U-Bahn seid ihr schneller dort.

A: Danke und welche U-Bahn-Linie ist das, bitte?

B: Tja, da bin ich mir nicht so sicher. Ich glaube, es ist die Linie 3.

A: Danke schön!

C

A: Entschuldigen Sie bitte, ich möchte zur Jugendherberge. Wie komme ich am besten dorthin?

B: Die Jugendherberge, also, fahr mit dem Bus. Das wäre die Nummer 13 oder fahr mit der S-Bahn, mit der Linie S7.

A: Ist es weit?

B: Mit dem Bus etwa 20 Minuten, mit der S-Bahn etwa 15.

A: Danke, dann nehme ich die S-Bahn.

1a Lies die Dialoge. Diese Jugendlichen machen Urlaub in München. Welches Bild passt zu welchem Dialog? Warum? Hör dann zu, um deine Antworten zu prüfen.

1b Lies die Dialoge noch einmal. Welche Verkehrsmittel gibt es in München? Welche anderen gibt es noch? Mach eine Liste.

1c Lies die Dialoge noch einmal. Richtig, falsch oder nicht angegeben?

a Das Krankenhaus ist in der Lachnerstraße.

b Man kommt ohne Verkehrsmittel zum Krankenhaus.

c Das Olympia-Einkaufszentrum ist nicht weit.

d Der Bus ist schneller.

e Zur Jugendherberge fährt man am besten mit der Buslinie 13.

f Mit der S-Bahn ist es schneller als mit dem Bus.

2 Hör gut zu. Wohin wollen diese Urlauber? Wie kommen sie dorthin? Wie weit ist es?

Name	Where do they want to go?	How do they get there?	How far?	Further details
Frau Breuner				
Thomas				
Susi und Anna				
Herr Kleiser				

3 Macht eine Liste von Wörtern und Ausdrücken, die man braucht, um Anweisungen zu geben.

Beispiel:
die Straße entlang gehen – *to go down the street*
rechts abbiegen – *to turn right*

4 Du besuchst München und möchtest mit dem Zug nach Starnberg fahren. Lies den Fahrplan und ergänze den Dialog.

Markus:	Wann fährt ein Zug nach halb elf nach Starnberg, bitte?
Angestellter:	Um (**a**)_____ Uhr.
Markus:	Und wann kommt der Zug an?
Angestellter:	Um (**b**)_____ Uhr. Du musst (**c**)_____ umsteigen. Es ist ein direkter Zug.
Markus:	Danke und von welchem Gleis fährt der Zug ab?
Angestellter:	Von Gleis (**d**)_____.
Markus:	Gut, dann eine Fahrkarte nach Starnberg, bitte, zweiter Klasse.
Angestellter:	Einfach oder hin und zurück?
Markus:	Eine Rückfahrkarte, bitte. Was kostet das?
Angestellter:	(**e**)_____ Euro, hin und zurück.

Bahnhof/ Haltestelle	Zeit	Gleis	Umsteigen	Preis (Hin- und Rückfahrt)
München (Hbf)	ab 09:53	8	0	
Starnberg	an 10:24			9,30 €
München (Hbf)	ab 10:33	8	0	
Starnberg	an 11:04			9,30 €
Starnberg	ab 18:54	3	0	
München (Hbf)	an 19:27			9,30 €

GRAMMATIK

The imperative
You use the imperative to give instructions or commands. There are three different forms in German:

- **du: Nimm** den Bus Nummer 10.
- **ihr: Nehmt** die erste Straße links.
- **Sie: Nehmen Sie** am besten die U-Bahn.

(See *Aktive Grammatik,* page 39.)

5a Lies die Dialoge auf Seite 74 noch einmal und schreib eine Liste mit den Imperativformen.

5b Was sind die Imperativformen der folgenden Verben? Schreib eine Liste in dein Heft.

a gehen **b** nehmen **c** fahren **d** kommen

Jetzt seid ihr dran!

6 Work in pairs. **A** wants to buy a train ticket and **B** works in the ticket office. Act out a dialogue, taking activity 4 as a model. **B↔A**

Destination: Berlin.
Ticket type: return
Passengers: 3 adults
Changes required: 1, in Mannheim
Price: 95 euros

Hallo!
Wie du weißt, komme ich am Samstag am Hauptbahnhof an. Kannst du mir den Weg zu deinem Haus beschreiben? Ich möchte mich nicht verlaufen! Ich habe keinen Stadtplan von deiner Stadt.
Danke und bis bald!

7 Your German exchange partner is coming next week and sends you an email to ask how to get to your house from the train or bus station. Write a reply, saying which form of transport to take or giving directions for how to get to your house on foot.

Beispiel:
Am Hauptbahnhof nimm den Zug in Richtung ...
Am besten fährst du mit dem Bus Nummer 10 ...
Geh zu Fuß ...

2B Aktive Grammatik

1a Complete the gaps with the correct form of *können*.
   a Wir _____ im Oktober verreisen.
   b Ich _____ Museen besuchen.
   c Susi _____ eine Stadtrundfahrt machen.
   d _____ du in der Jugendherberge übernachten?
   e Sie _____ direkt fliegen.
   f Ihr _____ jetzt schon buchen.

1b Complete the gaps with the correct form of *wollen*.
   a Tom _____ nach Griechenland fliegen.
   b _____ wir eine Schiffsfahrt machen?
   c Ute und Kai _____ faulenzen.
   d Ich _____ in den Ferien wandern.
   e Wann _____ ihr verreisen?
   f _____ du in die Disco gehen?

1c Write new sentences with *wollen* or *können*.
   a Ich mache einen Kurzurlaub.
   b Wir übernachten in der Jugendherberge.
   c Ich wandere in den Bergen.
   d Tom lernt Windsurfen.
   e Wir machen eine Stadtrundfahrt.
   f Ich besuche interessante Museen.

2 Translate the following sentences into German.
   a We want to eat pizza.
   b You can go by train.
   c I can lie on the beach.
   d Lia wants to see the sights.
   e I want to go shopping.
   f We can stay in a hotel.
   g They want to go swimming.
   h Mila can go by bus.

3 Write new sentences with *möchten*.
   a Ich schwimme jeden Tag im See.
   b Er bleibt zehn Tage.
   c Ich habe ein Zimmer mit Seeblick.
   d Wir fahren mit dem Zug.
   e Kathi fliegt in die Schweiz.
   f Wir mieten eine Ferienwohnung.

4 Fill in the gaps with the correct forms of *haben* or *sein*.
   a Lukas _____ im Restaurant Pasta gegessen.
   b Ich _____ mit dem Zug gefahren.
   c Wir _____ die Sehenswürdigkeiten besichtigt.
   d Jan und Ulla _____ ein Doppelzimmer reserviert.
   e Ich _____ in der Wüste Elefanten gesehen.
   f Wir _____ zu Fuß in die Stadt gegangen.

5 Write down the sentences in the perfect tense.

a Wir fliegen mit dem Flugzeug.
b Ich mache eine Stadtrundfahrt.
c Anja besucht interessante Museen.
d Meine Eltern gehen zu einem Konzert.
e Du wohnst in einem Hotel.
f Ich jogge am Strand.
g Wir schwimmen im See.
h Uwe fliegt in die Schweiz.

THE IMPERATIVE

The imperative is the command form of the verb.

There are three different forms:

- the *du*-form (when giving instructions to a friend):
  Geh nicht ins Kino! – *Don't go to the cinema!*
  Mach deine Hausaufgaben! – *Do your homework!*

- the *ihr*-form (for more than one person of your own age):
  Geht jetzt nach Hause! – *Go home now!*
  Fahrt mit dem Zug! – *Go by train!*

- the *Sie*-form (for an adult or a stranger):
  Gehen Sie hier geradeaus! – *Go straight on here!*
  Hören Sie bitte zu! – *Listen, please!*

6 Change these sentences into instructions using the imperative form.

a Du musst die erste Straße links nehmen.
b Sie sollten mit dem Bus fahren.
c Du solltest zu Fuß gehen.
d Ihr müsst über die Brücke fahren.
e Sie müssen einen Stadtplan kaufen.
f Ihr müsst die U-Bahn nehmen.

7 Write sentences in the imperative form using *Sie*.

Example: → Gehen Sie rechts!

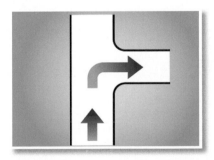

2B Controlled Assessment: Speaking

TASK: A conversation about holidays

You are going to have a conversation with your teacher about holidays.
Your teacher will ask you the following:
- Where would you like to go on holiday?
- Why is that your ideal type of holiday?
- What do you like doing when you go on holiday?
- When and where was your last holiday?
- Who did you go with and what did you do?
- !

(! Remember: at this point, you will have to respond to
something you have not prepared.)
The dialogue will last between 4 and 6 minutes.

1 THINK !

Read the phrases below. Write down any others that you might find useful for
the speaking task.
- [ ] **Destination:** *ins Ausland, nach Afrika, in die Berge*
- [ ] **Ideal type of holiday:** *Abenteuerurlaub, am Strand, in den Bergen*
- [ ] **Giving reasons:** *weil ich mich entspannen will; ich möchte Sehenswürdigkeiten sehen; ich brauche kein/e/n ...*
- [ ] **Free time activities:** *faulenzen, Sport machen, viel erleben, sich sonnen*
- [ ] **Details of past holidays:** *bei meinen Großeltern, mit dem Auto, auf dem Campingplatz*
- [ ] **Giving opinions:** *Spaß machen, furchtbar, herrlich, ausgezeichnet, interessant*

!! *Can you predict what the unexpected question might be? For example:*

- [ ] Will you be going on holiday this summer?
- [ ] Have you ever been abroad?

NB Add to your list any language you would need to answer these questions.

2 PLAN !

- Listen to the model conversation.
- Listen again and note down any phrases you could use or adapt.
  Add these to your list from Step 1.

3 ACTION !

Now prepare your answers. Use the bullet points below to help you and your list of useful words and phrases from Steps 1 and 2.

1 Where would you like to go on holiday?

- Use <u>möchten</u> to say where you would like to go: *Ich möchte nach Amerika fahren; Ich möchte die Sehenswürdigkeiten besichtigen.*
- Mention <u>several different activities</u> you'd like to do: *eine Safari machen, im Freien zelten, in einem schönen Hotel wohnen.*
- Give as <u>much detail</u> as you wish: place, type of destination, who with, how long you would stay: *zwei Wochen in den Schweizer Bergen mit meinem Vater.*

2 Why is that your ideal type of holiday?

- Give different <u>reasons</u> for your choice: *Eine Safari ist spannend; Ich finde Zelten super.*
- <u>Link your reasons</u> together: *Ein Strandurlaub ist entspannend, und außerdem kann man … .*
- Use <u>weil</u> to give reasons: *…, weil ein Stadturlaub Spaß macht; …, weil ich gern am Strand liege.*

3 What do you like doing when you go on holiday?

- Use the <u>present tense</u> to say what you usually do: *Ich treffe meine Freunde; Wir fahren zum See.*
- Add a little <u>extra detail</u> to make it more interesting: *Wenn das Wetter schön ist, gehe ich schwimmen; Aber hier regnet es im Sommer oft.*
- You could add an <u>opinion</u> too: *Das macht Spaß; Ich finde das interessant.*

4 Where and when was your last holiday?

- If you haven't been away, <u>make up</u> the details.
- Use the <u>perfect tense</u> to say where you went: *Ich bin nach Frankreich gefahren; Wir haben Urlaub in Spanien gemacht.*
- You need to say <u>when</u> as well as where: *letztes Jahr, im Sommer, 2009.*

5 Who did you go with and what did you do?

- Mention <u>several things</u> you did: *Ich habe mit meinen Cousins gespielt; Wir sind oft ins Schwimmbad gegangen.*
- Give as much <u>detail</u> as possible: *Das Schwimmbad war groß und modern, aber das Wasser war sehr kalt.*
- Give your <u>opinion</u>: *Das war super!; … hat mir nicht gefallen; … war langweilig.*

GRADE TARGET

To reach Grade C, you need to:
- speak clearly with a good accent
- use the main tenses correctly (e.g. present tense for what you usually do, perfect tense for what you did in the past)
- use *weil* to justify your choices and give reasons.

To aim higher than a C, you need to:
- use a greater variety of tenses (e.g. use the imperfect to give an opinion about something in the past or a modal verb to say what you would like)
- use link words to create longer, more complex sentences
- use a range of expressions of time or frequency.

To aim for an A or A*, you need to:
- use an even wider range of tenses (e.g. the pluperfect to describe holidays in the distant past or the future tense to talk about future holidays)
- use a greater variety of vocabulary

TASK: A recent holiday or day trip

Write an account of a recent holiday or day trip you've been on for a travel blog.

You could include the following:
- Where you went, the time of year and how long you stayed
- How you got there and who you travelled with
- Where you stayed and what it was like
- What you did and what you enjoyed most/least
- What the weather was like
- Your opinion
- Whether you would like to go again and why (or why not).

1 THINK

Start by noting down a few key facts:
1 **Destination:** *im Ausland, am Meer, in den Bergen, in der Stadt*
2 **When:** *Monat (Juni, August) oder Jahreszeit (im Sommer, im Winter)*
3 **How long:** *ein Tag, ein Wochenende, zwei Wochen*
4 **Who you went with:** *deine Familie, deine Freunde, deine Mitschüler*
5 **Transport:** *Flugzeug, Zug, Auto*
6 **Accommodation:** *Campingplatz, Hotel, Ferienwohnung*
7 **Activities:** *Ausflüge, am Strand liegen, lesen*
8 **Weather:** *Sonne, Regen, Schnee*

2 PLAN

- **Read the model text.**

Letztes Jahr bin ich im Juli für drei Wochen nach Rügen gefahren. Rügen ist eine deutsche Insel in der Ostsee. Ich bin mit meiner Mutter, meinem Stiefvater und meinem Bruder gefahren. Wir sind mit dem Zug bis nach Rostock gefahren und haben dann die Fähre nach Rügen genommen. Die Zugreise war ziemlich langweilig, aber die Fahrt mit der Fähre war aufregend, weil es sehr windig war. Die Fähre hat hin- und hergeschaukelt, und meine Mutter war seekrank. In Rügen haben wir in einer Ferienwohnung direkt am Strand gewohnt. Die Wohnung war groß und modern und mein Zimmer war auch sehr schön, aber ich habe mir das Zimmer mit meinem Bruder geteilt – das fand ich nicht so gut. Und es gab auch kein Fernsehen – das war furchtbar! Wir haben Ausflüge mit dem Fahrrad rund um Rügen gemacht. Die Landschaft in Rügen ist sehr schön und es gibt viel Natur. Das war super, weil wir viele Vögel gesehen haben. Wir haben auch oft am Strand gelegen und ich habe in der Ostsee geschwommen. Das Wasser war aber sehr kalt! Mittags haben wir am Strand ein Picknick gemacht. Das hat Spaß gemacht. Abends haben wir im Hotelrestaurant gegessen. Das hat mir nicht so gut gefallen, weil mir das Essen nicht geschmeckt hat. Das Wetter war fast immer gut, aber es hat zwei Tage lang geregnet. Das war ziemlich langweilig, weil wir die ganze Zeit in unserer Ferienwohnung waren. Der Urlaub hat mir sehr gut gefallen, weil wir oft im Freien waren und weil ich gern am Strand bin. Ich würde gern noch einmal Urlaub auf einer Ostseeinsel machen.

- **Read the text again and note down any opinions or adjectives that you could use. Add these to your list from Step 1.**
- **Look carefully at the verbs used and make a note of those you could use again:**

☐ perfect tense for completed actions: *ich habe geschwommen, wir sind ... gefahren.*

☐ imperfect tense for opinions and descriptions: *das war furchtbar, es war kalt.*

☐ *möchten* for what you would like: *ich möchte gern ... .*

3 ACTION

Now prepare what you will write. Use the bullet points below to help you and use your list of useful words and phrases from Steps 1 and 2. Aim to write about 200 words.

1 Where you went, the time of year and how long you stayed:
- Use the <u>perfect tense</u>. Remember many verbs of movement make the perfect tense with *sein*: *Ich bin gefahren.*
- Use the <u>imperfect</u>: *Wir waren in Italien.*
- As well as naming the place you went to (e.g. *Hamburg*) you could say <u>where</u> it is (e.g. *im Norden Deutschlands*) and what type of place it is (e.g. *eine Großstadt am Fluß Elbe*).

2 How you got there and who you travelled with:
- Give <u>means of transport</u>/describe your journey. You could also add <u>extra detail</u>: *Der Bahnhof in Hamburg ist sehr groß und sehr modern.*
- Add an <u>opinion</u>: *Ich fand die Fahrt ziemlich lang.*
- Mention <u>who</u> you travelled with: *mit meinen Eltern, mit meiner Klasse.*

3 Where you stayed and what it was like:
- Use the <u>perfect tense</u> to describe where you stayed: *Wir haben in einem Hotel gewohnt.*
- Use the <u>imperfect</u> to say what it was like: *Es war sehr laut.*
- Give as much <u>detail</u> as possible: *Das Hotel war zwischen einem Cafe und einem anderen Hotel.*

4 What you did and what you enjoyed most/least:
- Mention at least two or three <u>different things</u>.
- Use *... hat mir am besten/nicht gefallen* to say what you liked <u>best/least</u>.
- Use the <u>imperfect</u> to say how things were: *... war nicht so gut.*

5 What the weather was like:
- Try to give a couple of <u>details</u>: *Es war fast die ganze Zeit über sonnig, aber abends war es oft kalt.*

6 Your opinion:
- Make a couple of points and introduce them in a <u>different way</u> to show off what you know: *Ich fand die Leute nett. Meiner Meinung nach ...*

7 Whether you would like to go again and why (or why not):
- Use <u>möchten</u> to say what you would like: *ich möchte +* infinitive.
- Give a <u>reason</u> using *weil*: *weil man dort viel machen kann.*

GRADE TARGET

To reach Grade C, you need to:
- include adjectives for descriptions and opinions, using *war*
- use the perfect tense correctly
- check all spellings.

To aim higher than a C, you need to:
- use a greater variety of tenses (e.g. use the present to say what you normally like or do, or modal verbs to say what you want or can do)
- use link words to create longer, more complex sentences (e.g. *und, aber*)
- Don't just stick to the *ich*-form: use *man* or *wir* when talking about 'we' (e.g. *Man kann dort ...; Wir sind ...*).

To aim for an A or A*, you need to:
- use less common connectives and include negatives to create complex sentences (e.g. *Ich habe keine Stadtrundfahrt gemacht, weil ich mich dafür nicht interessiere, aber meine Eltern ...*)
- use a wider variety of vocabulary.

Wie man sich ein Urlaubsziel aussucht

das Abenteuer - *nn*	adventure
das Ausland *nn*	abroad
die Sehenswürdigkeiten *npl*	sights
die Unterkunft *nf*	accommodation
die Übernachtung -en *nf*	overnight accommodation
das Urlaubsziel -e *nn*	holiday destination
die Wüste -n *nf*	desert
der Zugang *nm*	access
bieten *vb*	to offer
erleben *vb*	to experience
faulenzen *vb*	to laze around
klettern *vb*	to climb
plaudern *vb*	to chat
(sich) entspannen/erholen *vb*	to relax
(sich) sonnen *vb*	to sunbathe
verbringen *vb*	to spend (time)
günstig *adj*	good value
verschieden *adj*	various
wahnsinnig *adj*	insane (slang for 'great')

Wie man einen Urlaub bucht

die Anzeige -n *nf*	advert
der Ausflug -flüge *nm*	excursion
die Auskunft *nf*	information
der Flug *nm*	flight
der Hafen *nm*	harbour
die Impfung -en *nf*	innoculation
die Schiffsfahrt *nf*	boat trip
die Sportmöglichkeiten *npl*	sports facilities
bestätigen *vb*	to confirm
brauchen *vb*	to need
reservieren *vb*	to book
erklären *vb*	to explain
(sich) interessieren *vb* für	to be interested in
schicken *vb*	to send
überprüfen *vb*	to check
gültig *adj*	valid
möglich *adj*	possible
regelmäßig *adv*	regular(ly)

Wie man seine Meinung über einen Urlaub sagt

der Aufzug *nm* -züge	lift
die Kreuzfahrt *nf*	cruise
die Landschaft *nf*	landscape
das Nachtleben *nn*	night life
empfehlen *vb*	to recommend
reisen *vb*	to travel
schmecken *vb*	to taste
(sich) amüsieren *vb*	to enjoy yourself, to have fun
zeigen *vb*	to show
zu/bereiten *vb*	to prepare

bezaubernd *adj*	enchanting
dreckig *adj*	dirty
einzig *adj*	complete, only
ekelhaft *adj*	disgusting
furchtbar *adj*	awful
herrlich *adj*	splendid
hübsch *adj*	pretty
lecker *adj*	delicious
außerdem *adv*	moreover
im Freien	in the open air

Wie man einen Urlaub beschreibt

das Andenken - *nn*	souvenir
der Dom *nm*	cathedral
das Fest *nn*	party
die Spezialität -en *nf*	speciality
die Sorge -n *nf*	worry
der Unterschied -e *nm*	difference
an/kommen *vb*	to arrive
überleben *vb*	to survive
(sich) verabschieden *vb*	to say goodbye
beeindruckend *adj*	impressive
froh *adj*	glad
hilfsbereit *adj*	helpful
umweltfreundlich *adj*	environmentally friendly
umsonst *adv*	in vain

Wie man sich in einer Stadt zurechtfindet

die Ampel -n *nf*	traffic lights
die Ecke -n *nf*	corner
der Fahrplan *nm* - pläne	timetable
das Gleis -e *nn*	track (for trains)
die Jugendherberge -n *nf*	youth hostel
die Kreuzung -en *nf*	crossroads
die Hauptstraße -n *nf*	main road
die Verkehrsmittel *npl*	public transport
die Rückfahrkarte -n *nf*	return ticket
die S-Bahn -en *nf*	local train
die Straßenbahn -en *nf*	tram
die U-Bahn -en *nf*	underground train
der Verkehr *nm*	traffic
der Zug *nm* Züge	train
ab/fahren *vb*	to depart
an/kommen *vb*	to arrive
dauern *vb*	to last, to take (time)
nehmen *vb*	to take
suchen *vb*	to look for
treffen *vb*	to meet
billig *adj*	cheap
entlang *adv*	along
geradeaus *adv*	straight on
nach rechts *adv*	to the right
weit *adv*	far

3A Wohnort und Umgebung

Weißt du schon, wie man ...

- ☐ Feste feiert?
- ☐ über sein Zuhause spricht?
- ☐ eine Stadt beschreibt?
- ☐ Städte vergleicht?
- ☐ sich über eine Gegend informiert?

Controlled assessment

- **Have a conversation about a special occasion you celebrated with your family**
- **Write an email describing your town**

Wie beschreibt man sein Zuhause?

Kompetenzen

Beim Hören

In German, how do you ...
- match questions to what you hear?
- work out the meaning of an unknown word from its context?
- use cognates to help you understand?

Beim Sprechen

How do you ...
- say what your town is like?
- use expressions for making comparisons?
- ask what the date is?

Aktive Grammatik

As part of your German language 'toolkit', can you ...
- use the correct sentence order with subordinating conjunctions?
- form plurals correctly?
- make comparisons?
- use modal verbs?

(G) Wortstellung mit Konjunktionen **(W)** Feste feiern **(K)** die Bedeutung verstehen beim Hören

1a ▤ Lies die Texte.

Was ist dein Lieblingsfest?
Spaß! Das Stadtmagazin befragt die Jugend

Susi

Mein Lieblingsfest ist Weihnachten, weil wir mit der ganzen Familie feiern*. Letztes Jahr haben meine Großeltern, meine Tante, meine zwei Onkel und meine vier Cousins und Cousinen uns besucht, und wir haben zusammen gefeiert. Vor Weihnachten bin ich auf den Weihnachtsmarkt gegangen und habe meine Geschenke gekauft. Am Heiligabend haben meine Mutter und ich den Weihnachtsbaum geschmückt*, und dann haben wir alle unsere Geschenke aufgemacht. Mein Vater und meine Oma haben das Weihnachtsessen vorbereitet. Wir haben Gans gegessen, weil das in Deutschland traditionell ist. Dann sind wir in die Kirche gegangen und haben Weihnachtslieder wie *Stille Nacht* gesungen. Ich habe viele schöne Geschenke bekommen – ein Handy, Bücher und Kleidung.

Thorsten

Mein Lieblingfest ist mein Geburtstag, weil ich dann eine Party mache! Letztes Jahr habe ich zum ersten Mal abends eine Party gemacht – am Samstagabend von 19 bis 23 Uhr. Das war total toll, weil das keine Kinderparty war! Es waren 20 Gäste da – 10 Jungen und 10 Mädchen aus meiner Klasse und aus meinem Sportverein. Ich habe die Party in unserem Partykeller gemacht. Ich habe alles dekoriert und meine Mutter hat Salate gemacht. Ich habe auch Chips gekauft und zu trinken gab es Orangensaft und Cola. Die Party war super, weil die Stimmung toll war. Mein großer Bruder war der DJ, und alle haben getanzt. Am Ende haben sogar meine Eltern mitgetanzt – das war ziemlich lustig …

Carolin

Ich wohne in Südwestdeutschland und hier feiern wir Fastnacht. Das findet jedes Jahr im Februar statt. Fastnacht ist mein Lieblingsfest, weil wir uns verkleiden*, und es gibt Umzüge* durch die Stadt. Ich finde Fastnacht auch toll, weil wir keine Schule haben! Wir feiern mit der ganzen Familie: Meine Mutter und ich machen unserer Kostüme. Letztes Jahr haben wir uns alle als Hexen oder Zauberer verkleidet. Mein Vater und mein Bruder haben eine große Party in der Straße organisiert. Wir haben viel gegessen und getrunken und getanzt. Es hat wirklich Spaß gemacht, weil wir bis Mitternacht gefeiert haben!

> * feiern – *to celebrate*
> schmücken – *to decorate*
> sich verkleiden – *to dress up*
> der Umzug – *procession*

1b 📖 Welches Fest ist das?

a Man lädt Freunde ein.
b Man schmückt einen Baum und singt Lieder.
c Es findet im Februar statt.
d Man feiert nachmittags oder abends.
e Es gibt Umzüge.
f Man verkleidet sich.
g Es findet im Dezember statt.

1c 👥 Partnerarbeit. **A** beschreibt ein Fest. **B** muss sagen, welches Fest das ist. Dann ist **B** dran. Welches Fest findet ihr am besten?

TIPP

Listening

When completing listening tasks, the questions you are given will often not be phrased in exactly the same way as the German recording – you need to listen carefully for the meaning of what you hear and match it to the questions.

Think about this carefully when listening to Ravi in activity 2. After you have completed the task, listen again – can you note down exactly what he says and explain why you have decided each question is true or false?

2 🎧 Hör gut zu. Ravi beschreibt sein Lieblingsfest. Sind die Sätze unten richtig oder falsch? Korrigiere die falschen Sätze.

a Ravi kommt aus Indien.
b Diwali ist das indische Weihnachtsfest.
c Ravis Familie dekoriert ihr Haus mit vielen Lichtern.
d Ravi mag Diwali, weil es deutsches Essen gibt.
e Ravi mag Faschingspartys.
f In Köln wird das Fest nicht Fasching genannt.
g An seinem Geburtstag gibt er eine kleine Party.
h Die Hauptattraktion ist Karaoke.

GRAMMATIK

Subordinating conjunctions: word order

Conjunctions are words that connect two sentences or clauses. They alter the word order of the following clause:

Ich finde Weihnachten schön, **weil** ich Geschenke **bekomme**.
– *I like Christmas because I get presents.*

(See *Aktive Grammatik*, page 94).

3 ✏️ Verbinde diese Sätze mit *weil*.

a Ich mag Fasching. Ich verkleide mich.
b Die Party war super. Sie war am Abend.
c Ostern ist schön. Ich besuche meine Oma.
d Weihnachten gefällt mir. Es gibt Gans.

4 👥 Welche Feste magst du? Wie feierst du? Diskutiert die Fragen unten mit einem Partner/einer Partnerin.

a Was ist dein Lieblingsfest und warum?
b Wie hast du letztes Jahr Weihnachten gefeiert?
c Was hast du bekommen?
d Was hast du gegessen und getrunken?
e Was hast du für deine Familie gekauft?
f Wie hast du letztes Jahr Ostern gefeiert?

5 ✏️ Bilde Sätze, die beschreiben, wie du Weihnachten gefeiert hast.

Beispiel: zu Weihnachten, ich, viele Geschenke, bekommen. → Ich habe zu Weihnachten viele Geschenke bekommen.

a im Dezember, wir, Weihnachtsbaum, schmücken, den
b ich, Geschenke für meine Familie, kaufen
c am ersten Weihnachtsfeiertag, mein Vater, Weihnachtsessen, kochen
d wir, zu viel, essen und trinken
e zu Weihnachten, die ganze Familie, zusammen feiern

Jetzt seid ihr dran!

6 ✏️ Write an article for *Spaß! Das Stadtmagazin* about your favourite festival. Include the following:

- a description of your favourite festival
- the reason why you like the festival
- what you did when you last celebrated or attended this festival.

7 ✏️👥 Interview others in your class to find out:

- what their favourite festivals are and why
- what they did to celebrate them last time
- which festivals they will celebrate or attend next year
- which festival in Germany they would like to attend/celebrate and why.

Write 10 questions to ask your classmates before you start.

Ⓖ Substantive: Pluralformen Ⓦ das Zuhause

1 📖 **Schau dir die verschiedenen Häuser oben an. Wähl für jedes Bild das richtige Wort.**

a	das Einfamilienhaus	**e**	die Villa
b	das Doppelhaus	**e**	das Schloss
c	die Wohnung	**f**	die Dachterrassenwohnung

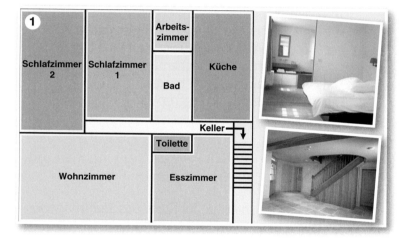

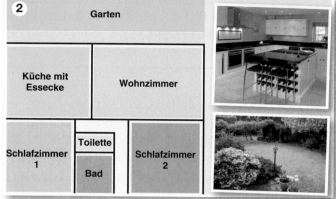

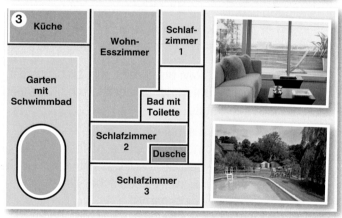

2a 👥 **Die Familie von Elke Steinberger sucht ein neues Haus. Welches Haus wählt jede Person: 1, 2 oder 3? Diskutiert zuerst mit einem Partner/einer Partnerin und dann in der Klasse.**

- **a Elke**: Sie hat eine Katze.
- **b Elkes Mutter**: Sie ist ziemlich sportlich.
- **c Elkes Vater**: Er arbeitet viel zu Hause am Computer.

2b 🎧 **Hör gut zu. Wer möchte:**

- **a** den Bungalow?
- **b** das Einfamilienhaus?
- **c** das Doppelhaus?

2c 🎧 **Hör noch einmal zu. Was sagen sie?**

1 Frau Steinberger: Im Schwimmbad kann ich jeden Tag _____ schwimmen.
  - **a** eine Stunde
  - **b** eine halbe Stunde
  - **c** mehr als eine Stunde

2 Elke: In der Küche essen finde ich _____.
  - **a** praktisch
  - **b** nicht so gut
  - **c** in Ordnung

3 Herr Steinberger: Ich finde _____ besonders gut.
  - **a** zwei Badezimmer
  - **b** ein Arbeitszimmer
  - **c** einen Keller

2d 🎧 **Hör noch einmal gut zu und mach Notizen auf Englisch.**

- **a** What does Frau Steinberger like? Note down three or more things.
- **b** What doesn't Elke like about the detached house?
- **c** Why does Herr Steinberger think that the semi-detached house is better than the others? Note down at least one reason.

3a Steffi beschreibt ihr Zuhause. Ergänze die Lücken mit Wörtern aus dem Kasten.

Hallo, zu Hause habe ich ein tolles_____, *wo* ich meine _____ mache, Musik höre und mit meinen Freunden in MSN chatte. Wir haben eine große, helle_____, *wo* ich immer frühstücke und ein modernes Wohnzimmer. Unser Bad ist ganz in Weiß. Meine Mutti hat ein _____, *aber* kleines Zimmer mit einem Einbauschrank und einer _____. Sie arbeitet oft in ihrem Zimmer. Wir haben auch einen schönen _____ mit vielen Blumen. Meine Mutti hat zwei große Hunde, die immer hungrig sind. *Jeden Tag* geht sie mit den beiden Hunden spazieren. _____ dem Abendessen sehe ich meistens ein bisschen fern, _____ ich ins Bett gehe. Ich finde mein _____ echt cool, *weil* ich mich gut mit meiner Mutter verstehe.

> Hausaufgaben   Dusche   nach   Zuhause   Zimmer
> bevor   Garten   Küche   nettes

3b Partnerarbeit. **A** beschreibt sein/ihr ideales Zuhause. **B** macht Notizen und beschreibt dann **A**s Traumwohnung. Hat er/sie gut zugehört? **B↔A** Benutzt die *schräg gedruckten* Wörter aus Steffis Text oben.

4 Stell dir vor: Du studierst in Berlin und suchst einen anderen Studenten/eine andere Studentin, der/die eine Wohnung mit dir teilen will. Schreib eine Anzeige für die Zeitung und beschreib die Wohnung.

Beispiel: Ich habe eine Wohnung in Südberlin und suche einen Mitbewohner/eine Mitbewohnerin. Die Wohnung ist ... und hat ... .

GRAMMATIK

Plurals

Unlike in English, where you add an 's' to most nouns to form the plural, German nouns form their plurals in a variety of ways. It is therefore best to learn the plural of each new noun you are learning.

However, there are some patterns to help you remember:

a die Dusche – die Dusch**en**
   die Wohnung – die Wohnung**en**
b die Freundin – die Freundin**nen**
   die Partnerin – die Partnerin**nen**
c der Stuhl – die Stühl**e**
   der Fluss – die Flüss**e**
d der Sessel – die Sessel
   der Partner – die Partner
e der Garten – die Gärten
   das Mädchen – die Mädchen
f das Hotel – die Hotel**s**
   das Taxi – die Taxi**s**
g das Haus – die Häus**er**
   das Schloss – die Schl**ö**ss**er**

5 Finde die Pluralformen für die folgenden Wörter.

a die Tante
b der Kuss
c das Zimmer
d die Blume
e das Kaninchen
f der Fernseher

6 Partnerarbeit. Findet andere Beispiele von Wörtern der Typen a–g in der Grammatik-Box. Wo könnt ihr die Pluralformen prüfen?

Jetzt seid ihr dran!

7 Work in pairs. You are going on holiday to Switzerland with your German correspondent and you need to phone him/her to exchange information about two possible holiday apartments you've found.

- Draw a plan of your apartment and describe the layout and the rooms it has.
  Example: Meine Ferienwohnung ist sehr groß und hat fünf Schlafzimmer.
- Say what is particularly good about your apartment and why you think it is better than the other one.
  Example: Ich finde meine Wohnung besser, weil es ein Schwimmbecken hat.

8 Find out about the home of one of your favourite stars on the internet and write a short article describing it. Use your imagination if necessary! When you've finished, check your text for:

- the gender of the nouns
- adjective endings
- plural forms.

3A Wie man eine Stadt beschreibt

W Gebäude und Einrichtungen in einer Stadt K Hörverständnis

1a Was sagen diese jungen Leute über ihren Wohnort? Finde die passenden Bilder für die Texte.

a Ich wohne in einer ziemlich kleinen, aber historischen Stadt. Es gibt viele alte, restaurierte Gebäude. Am besten gefällt mir, dass es zwei gute Cafés im Park gibt.

b Das Dorf, in dem ich wohne, ist nicht sehr groß, aber die Atmosphäre ist echt gut, weil die Leute so freundlich sind. Leider gibt es nicht viel für junge Leute. Aber die Kirche ist ziemlich interessant, und jeden Samstag gibt es einen kleinen Markt.

c Ich wohne in einer Großstadt mit fast einer Million Einwohnern*. Ich finde das toll, weil man so viel unternehmen kann. Für mich sind das Stadion* und die Eisbahn besonders attraktiv, weil ich viel Sport treibe. Es gibt hier auch eine bekannte Universität.

d Wir wohnen in einer wunderschönen Gegend in den Bergen und daher ist unsere Stadt besonders für Touristen attraktiv. Natürlich gibt es ein Verkehrsamt*, wo man Informationen über die Stadt und die Gegend bekommen kann, und einen Bahnhof. Daher kann man unsere Stadt und unsere Gegend leicht erreichen.

e Ich wohne in einer modernen Industriestadt. Daher gibt es viele Fabriken*. Das Stadtzentrum ist auch ganz neu und es gibt einen total coolen Kinokomplex und ein tolles Einkaufszenter.

1   **2**

3   **4**

5   **6**

7   **8**

9   **10**

11   **12**

> * die Einwohner – *inhabitants*
> das Stadion – *stadium*
> das Verkehrsamt – *tourist information office*
> die Fabrik – *factory*

1b Lies die Texte noch einmal. Wie sagt man auf Deutsch ...?

a renovated buildings
b the village
c there is nothing to do
d inhabitants
e to do, to undertake
f in the mountains
g factories

2 Hör gut zu. Kannst du das Rätsel lösen?
Das Lösungswort (senkrecht) ist eine deutsche Stadt.

```
1 □ ■ □ □
2 □ ■ □ □ □ □ □
3 □ ■ □ □
4 □ ■ □ □ □
5 □ ■ □ □ □ □ □
6 □ ■ □ □
7 □ ■ □ □ □ □
```

Hallo,

wie ihr ja wisst, ist Wien die Hauptstadt von Österreich. Früher war Wien die Residenzstadt der österreichischen Kaiserfamilie*.

Die Stadt hat heute ungefähr 2 Millionen Einwohner und liegt an der Donau. Ich wohne wirklich gern hier, weil es nie langweilig ist. Wie in allen Großstädten gibt es natürlich viele Museen und Theater. Wien ist eine sehr historische Stadt, und daher gibt es viele barocke Kirchen und Schlösser. Das bekannteste Schloss heißt Schönbrunn. Es liegt mitten in einem echt tollen Park. Überhaupt gibt es viele Parks, Cafés und Biergärten in Wien, wo man sich treffen und chillen kann.

Am besten gefällt mir jedoch, dass Wien eine Musikstadt ist. Der Wiener Walzer ist weltbekannt, und berühmte Komponisten wie Mozart, Schubert und Beethoven haben in Wien gelebt. Es gibt aber nicht nur Musik für die ältere Generation, sondern auch Rockkonzerte und Jazzfestivals – also Musik für jeden Geschmack. Der einzige Nachteil an Wien ist meiner Meinung nach, dass es zu viele Touristen und zu viele Souvenirgeschäfte gibt. Toll war natürlich, dass die Fußballweltmeisterschaft 2008 in Österreich und der Schweiz stattfand. Das Endspiel war im Wiener Fußballstadion. Es war ein einmaliges Erlebnis*.

Könnt ihr mir eure Stadt beschreiben?

Bis bald!

Susi

> * die Kaiserfamilie – *imperial family*
> das Erlebnis – *event*

3a 📖 Lies die E-Mail und beantworte die Fragen auf Englisch.

a Which family used to live in Vienna?
b What does Susi particularly like about Vienna?
c What doesn't she like?
d Why was 2008 a special year for Vienna?

3b 📖 Lies den Text noch einmal und ergänze die Sätze mit dem passenden Wort.

1 Susi findet Wien ...
   a interessant b langweilig c schrecklich.
2 Die Stadt hat ... 2 Millionen Einwohner.
   a rund b fast c mehr als
3 Der Wiener Walzer ist ...
   a bei alten Leuten beliebt
   b ein Tanz, den man nicht überall kennt
   c in der ganzen Welt bekannt.
4 2008 fand in Wien ... statt.
   a die Fußballweltmeisterschaft
   b ein Fußballspiel
   c das Weltmeisterschaftsfinale

A lot of English words sound similar to their German equivalents. This is often the case with words of foreign origin, e.g. Café.

Make a list of as many other words like that as you can, particularly words to do with the topic 'town and local area' and listen out for them in the following activities.

4a 👤 Katja, Jana und Franjo beschreiben ihren Wohnort. Hör gut zu und füll die Tabelle aus.

	What kind of place do they live in?	Advantages	Plans/Wishes for the future
Katja	small village		
Jana			
Franjo			

4b 👤✏️ Hör noch einmal gut zu. Was sagen diese Jugendlichen, um ihre Meinung auszudrücken?

a Das _____ ich gut.
b Aber _____ gibt es viele Touristen.
c Es gibt kein Schwimmbad, und das finde ich _____.
d Meiner _____ nach ...

5 👥 Partnerarbeit. Wählt entweder einen Wohnort aus Übung 1a oder eine andere bekannte Stadt. **A** muss die Stadt erraten und stellt die folgenden Fragen, **B** antwortet. **B↔A**

• Was für eine Stadt ist es?
• Was gefällt dir an der Stadt?
• Was gefällt dir nicht?

Jetzt seid ihr dran!

6 ✏️ Your German MSN contact wants to know more about your home town. Send a message saying what you can do there, what advantages and disadvantages it has and what you would change, especially to improve facilities for young people.

7 👥 Where is it better to live: in a country village or in a city? Write a list of the advantages and disadvantages of both (find at least five for each) and decide. Then debate in class. Which is the most popular option?

G Komparativ und Superlativ   **W** Städte und Regionen vergleichen   **K** Leseverständnis: Schlüsselwörter

Hamburg – *die schönste Stadt der Welt?*

Hamburg ist die schönste Stadt der Welt. Sie liegt in Norddeutschland an der Elbe* und hat ihren eigenen See, die Alster*. Es gibt die Binnenalster und die Außenalster. Hier kann man segeln und angeln gehen. Hamburg ist eine große Stadt mit fast zwei Millionen Einwohnern. Es ist eine Universitätsstadt und auch eine historische Stadt. Die Geschäfte dort sind wunderbar und man kann gut einkaufen.

1a 📖 **Lies die Texte und finde die passenden Wörter für die Sätze.**

1 Hamburg ist eine ... Stadt
   a kleine
   b große
   c mittelgroße
2 Hamburg hat ...
   a eine Universität
   b einen Dom
   c einen Berg.
3 Hamburg hat ... zwei Millionen Einwohner.
   a genau
   b weniger als
   c mehr als
4 Titisee-Neustadt ist eine ... Stadt.
   a neue
   b moderne
   c alte
5 In Titisee-Neustadt und herum kann man ...
   a segeln
   b zelten
   c einkaufen.
6 Titisee-Neustadt kann man ... erreichen.
   a mit dem Flugzeug
   b mit dem Auto
   c mit der Fähre

Titisee-Neustadt – *Urlaub im Schwarzwald*

Titisee-Neustadt ist nicht nur eine Ferienstadt mit Tradition, sondern auch eine Stadt, wo immer etwas los ist. Die Stadt liegt 805 m über dem Meeresspiegel und ist umgeben von* Wäldern und Wiesen. Die Stadt wurde im Jahr 1275 gegründet, und heute hat sie rund 10 000 Einwohner.

Es gibt natürlich viele Wanderwege* durch den Wald und um den Titisee herum. Wer lieber Radtouren macht, kann ein Fahrrad oder Mountainbike mieten. Der Feldberg ist das bekannteste Skigebiet im Schwarzwald zum Skifahren, Rodeln und Schlittenfahren. Und auf dem Titisee kann man im Winter sogar Schlittschuh laufen. Es gibt einen ganz neuen Golfplatz, und man kann in der Gegend schwimmen und zelten.

Und wie kommt man nach Titisee-Neustadt? Ganz einfach: mit der Bahn oder mit dem Auto. Die Stadt ist nicht weit von Freiburg, Straßburg und Basel entfernt.

> * die Elbe – *river in eastern and northern Germany*
> die Alster – *man-made lake in the centre of Hamburg*
> umgeben von – *surrounded by*
> der Wanderweg – *footpath*

1b 📖 **Lies die Texte noch einmal und füll das Formular aus.**

	Hamburg	Titisee-Neustadt
Location		
Population		
Sports		
Tourist attractions		

2a Peter und Sonja vergleichen ihre Wohnorte. Hör gut zu. Wer sagt was?

a Es ist die Hauptstadt, aber es ist nicht die größte Schweizer Stadt.

b Bern ist die Hauptstadt der Schweiz.

c Es gibt immer viele Touristen.

d Der Bärengraben ist besonders berühmt.

e Es ist eine historische Stadt.

f Die Karnevalszeit gefällt mir am besten.

> die Aare – *river in Switzerland, flows around Bern*
>
> der Bärengraben – *tourist attraction in Bern*

2b Hör noch einmal gut zu. Welche Wörter benutzen Peter und Sonja, um ihre Wohnorte zu vergleichen? Füll die Lücken aus.

a Die Stadt hat _____ als eine halbe Million Einwohner.

b Köln hat aber _____ als 1 Million Einwohner.

c Es wäre _____, wenn es _____ Kleidergeschäfte mit junger Mode hier gäbe.

d Am _____ mag ich die Karnevalszeit.

GRAMMATIK

Comparatives and superlatives

If you want to compare two things, remember that you need to add *-er* to the adjective:

Der Dom ist bekannt. – *The cathedral is famous.*

Der Dom ist bekannter als das Rathaus. – *The cathedral is more famous than the town hall.*

And if you want to say 'the most …', you add ***am -(e)sten*** to the adjective:

Der Dom ist am bekanntesten. – *The cathedral is the most famous.*

The comparatives and superlatives of some adjectives don't follow this regular pattern. Here are some of the most useful forms:

adjective/adverb	comparative	superlative
gut	besser *better*	am besten *the best*
viel	mehr *more*	am meisten *the most*
gern	lieber *(liking) more*	am liebsten *(liking) most*

Here are some other useful expressions for making comparisons:

so/genauso alt wie – *as/just as old as*
besser als – *better than*
Köln ist größer als Bern. – *Cologne is bigger than Bern.*
Meine Stadt ist genauso groß wie deine. – *My town is just as big as yours.*

---

3 Füll die Lücken mit den passenden Formen der Adjektive im Kasten aus.

a Bern hat _____ Geschäfte, aber Köln hat _____ und London hat die _____.

b Das Wasser im Schwimmbad ist _____ als das Wasser im Titisee.

c Die Stadt Wien ist genauso _____ wie die Stadt Berlin.

> viel   warm   bekannt

4a Partnerarbeit. Jeder wählt eine britische Stadt und stellt Fragen zu den folgenden Punkten:

- Größe
- Sehenswürdigkeiten
- Fluss
- Geschäfte
- Spezialitäten

4b Jeder schreibt fünf Sätze im Komparativ oder Superlativ, um die zwei Städte zu vergleichen.

Beispiel: Portsmouth ist wärmer als Edinburgh. London ist die größte Stadt in Großbritannien.

Jetzt seid ihr dran!

5a You are trying to find a town to twin your home town with. Work with a partner. Choose a town or area in Germany, Austria or Switzerland and research information about it on the internet, e.g. size, sights, specialities and shops.

5b Now write a leaflet about the German-speaking town or area you have chosen. Make comparisons with your own town or area and say why you think they should be twin towns (*Partnerstädte*). Use as many expressions from the Tipp-box as you can.

G Modalverben   **W** Erfahrungen; Fremdenverkehr   **K** das Datum; Leseverständnis

Steinwasen Park

Erleben Sie die längste Seilbrücke der Welt – 218 m lang in einer Höhe von 28 m.

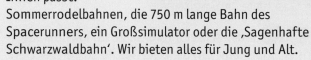

Steinwasen Park bietet Unterhaltung real oder in Simulation.

Wählen Sie, was zu Ihnen passt: Sommerrodelbahnen, die 750 m lange Bahn des Spacerunners, ein Großsimulator oder die ‚Sagenhafte Schwarzwaldbahn'. Wir bieten alles für Jung und Alt.

Für Kinder gibt es den Wildpark mit mehr als 20 Wildarten.

Entspannen Sie sich in unserem Selbstbedienungs-restaurant, unserem Restaurant mit Sonnenterrasse oder kaufen Sie sich einfach einen Snack am Kiosk.

Das besondere Erlebnis ist jedoch die 218 m lange Seilbrücke, auf der Sie das bewaldete Tal überqueren können.

Wo finden Sie uns? Ganz einfach: Steinwasen Park 79254 Oberried

Hasenhorn Rodelbahn

Besuchen Sie die spektakulärste Rodelbahn Deutschlands!

Kommen Sie zum Hasenhorn im Schwarzwald – wir freuen uns auf Ihren Besuch!

Unsere Rodelbahn ist sicher – für große und kleine Raser. Der Fahrspaß beginnt oben auf dem Berg und dann geht's mit Schlitten auf Schienen die 2,9 km lange Strecke hinunter ins Tal – das Tempo können Sie selbst bestimmen und die Fahrt ist voller Überraschungen!

Für weitere Informationen besuchen Sie uns unter: www.hasenhorn-rodelbahn.de

1a **Lies die Anzeigen. Wie sagt man auf Deutsch ...?**

- **a** to offer entertainment
- **b** a special experience
- **c** a rope bridge
- **d** toboggan run
- **e** for big and small speed fans
- **f** in toboggans on runners
- **g** decide for yourself
- **h** full of surprises

TIPP

Reading

When you come across unknown words in a German text, before consulting a dictionary, ask:

- Is there a similar word in English?
- What could the word mean in the given context?

1b **Lies die Anzeigen noch einmal und beantworte die Fragen auf Englisch.**

- **a** What is 28 m high?
- **b** What is there for children?
- **c** Where can you go if you are hungry?
- **d** Where is the spectacular toboggan run?
- **e** How fast do the toboggans go?
- **f** Who is the toboggan run ideal for?

2a **Drei Leute rufen beim Verkehrsamt an. Hör gut zu. Kopiere die Tabelle und füll sie auf Englisch aus.**

Name	Where do they want to stay?	What do they want to find out about?
Herr Krause		
Andreas Pfaff		
Frau Behrens		

2b **Hör noch einmal gut zu. Wer sagt was?**

- **a** Wir möchten im Winter kommen.
- **b** Wir wollen vom 21. bis 29. März bleiben.
- **c** Ich interessiere mich für Museen.
- **d** Ich will im Oktober Ferien machen.
- **e** Haben Sie Informationen über Campingplätze und Jugendherbergen?

3 Füll die Lücken mit den passenden Wörtern im Kasten aus.

Sehr geehrte Damen und Herren,
meine Freunde und ich machen ein Projekt über den Schwarzwald. (a) Sie uns bitte Adressen von Campingplätzen und Hotels im (b) _____ zuschicken? Wir (c) _____ auch gern Informationen über Abenteuerparks oder andere Attraktionen für junge Leute. Gibt es viele (d) _____ in der Gegend? Können Sie uns bitte eine Landkarte schicken?

Auch interessieren wir uns für Sportmöglichkeiten in der (e) _____ . Gibt es viele Seen und wie viele (f) _____ findet man im Schwarzwald? Vielleicht haben Sie einige (g) _____ mit Radfahrwegen? Wir (h) _____ auch gern Informationen über gute Restaurants, wo man Schwarzwälder Spezialitäten essen kann.

Ich freue mich, bald von Ihnen zu hören, und danke Ihnen im Voraus,

Ihre Anke Heizmann

| Wanderwege | Schwarzwald | können | Gegend |
| möchten | hätten | Broschüren | Schwimmbäder |

GRAMMATIK

Modal verbs

Use the modal verbs *dürfen, können, mögen, müssen, sollen* and *wollen* + infinitive to say what you can do, like and want to do.
Wir sollen auf dem Radfahrweg fahren. – *We should cycle in the bicycle lane.*
Ich muss am 26. Juli wieder in Berlin sein. – *I have to be back in Berlin on 26 July.*
(See *Aktive Grammatik*, page 95.)

4 Arbeitet mit einem Partner/einer Partnerin. Jeder überlegt sich zuerst Folgendes:
- Wann möchtet ihr in die Ferien fahren?
- Über welche Aktivitäten wollt ihr euch informieren?
- Wo wollt ihr übernachten?
- Interessiert ihr euch für Sehenswürdigkeiten oder Spezialitäten?

Setzt euch nun Rücken an Rücken, so dass ihr euren Partner/eure Partnerin nicht sehen, aber hören könnt.
A arbeitet im Verkehrsamt und beantwortet die Fragen.
B möchte sich informieren und stellt Fragen.

B⟷A

TIPP

Dates

If you want to ask what date it is, you can use two phrases:
– Welches Datum ist heute? – Heute ist der dritte April.
– Den wievielten haben wir heute? – Den dritten April *or* Wir haben den dritten April.

To ask about holiday dates, use:
– Wann wollen Sie Ferien machen?
– Von wann bis wann möchten Sie bleiben?

And some possible answers:
– (Wir wollen) im Juni/nächsten Sommer/nächsten Sommer im August/nächste Woche/nächsten Monat/nächstes Jahr (kommen).
– Vom dritten Juli bis zehnten Juli/vom vierten bis dreizehnten Juni.

5 Übersetze die Sätze ins Deutsche.
a What's the date today? It's the 5th September.
b We want to come next year in the summer.
c I would like to stay from the 1st October to the 7th.
d He wants to come next month from the 2nd to the 9th January.

Jetzt seid ihr dran!

6 Listen to the information from the tourist office and make notes. What does Pfaffenweiler have to offer in the way of:
- sports facilities • culture • food

7 Write to the tourist office in your real or imaginary twin town and ask for information about the following points so that you can plan activities with your class when you go on an exchange visit there. Use activity 3 as a model.
- Accommodation available on your preferred dates.
- Facilities for your own sporting or cultural interests.
- Entry prices to museums or leisure centres.
- Any other points of interest.

REVISION: WORD ORDER IN THE PERFECT TENSE

In German sentences, the verb must always be the second 'idea' or element, but this does not always mean it is the second word: take a look at the following examples:

1	2	3	4
Mein Bruder	spielt	jeden Tag	Fußball.

1	2	3	4
Jeden Tag	spielt	mein Bruder	Fußball.

The two sentences have the same meaning, but the difference of word order causes a change of emphasis. In the second sentence, the fact that the brother plays football every single day is highlighted.

This rule is the same for all tenses – the verb must always come second:

1	2	3	4
Meine Familie	hat	im Sommer	eine Party gemacht.

1	2	3	4
Im Sommer	hat	meine Familie	eine Party gemacht.

1 Rewrite these sentences, putting the phrase in brackets at the beginning of the sentence and altering the word order appropriately.

a Sie haben den Baum geschmückt. (zu Weihnachten)
b Er hat eine Party gemacht. (letzte Woche)
c Ich habe Geschenke gekauft. (am Samstag)
d Wir haben lecker gekocht. (zu Ostern)
e Ich habe mich als Clown verkleidet. (letztes Jahr)
f Mein Vater hat einen Kuchen gebacken. (am Wochenende)

SUBORDINATING CONJUNCTIONS

Some words that you use to join two clauses together send the main verb to the end of the sentence or clause:

Ich verkleide mich, **weil** heute Fasching **ist**. – *I dress up because today is carnival.*

2 Write subordinating sentences with *weil*.

a Meine Mutter backt einen Kuchen. Ich habe Geburtstag.
b Wir machen eine Straßenparty. Heute ist Fastnacht.
c Susi freut sich. Sie hat tolle Geschenke bekommen.
d Ich mag Ostern. Ich bekomme viel Schokolade.
e Die Party war super. Alle haben getanzt.
f Ich kaufe Dekorationen. Wir feiern ein Fest.

THE COMPARATIVE AND THE SUPERLATIVE

To compare two objects or people, you add **-er** to the adjective, and to say 'the most ..', you add **am -(e)sten** to the adjective:

Berlin ist **schön**, Hamburg ist **schöner**, aber München ist **am schönsten**.

Meine Stadt hat den **schönsten** Park in Leicestershire.

Some adjectives/adverbs add an umlaut in the comparative and superlative:

adjective	comparative	superlative
lang	länger	der/die/das längste
warm	wärmer	der/die/das wärmste
groß	größer	der/die/das größte
hoch	höher	am höchsten
nah	näher	am nächsten

3 Comparative or superlative? Complete the sentences.

a Das Wasser im Hallenbad ist natürlich viel _____ als im Freibad.
b Der Eiffelturm ist _____ als der Turm in meiner Stadt.
c Freiburg hat die _____ Geschäfte in Südwestdeutschland.
d Der Feldberg ist _____ , die Zugspitze ist _____ , aber K2 ist _____ .

4 Write new sentences in the comparative.

Example: Berlin – schön – Köln. Berlin ist schöner als Köln.

a Zürich – bekannt – Luzern
b der Dom – alt – das Schloss
c das Museum – interessant – das Theater
d der Park im Zentrum – groß – der Nord-Park
e die Geschäfte in Wien – gut – die Geschäfte in Salzburg
f der Bahnhof – modern – das Rathaus

5 Now write new superlative sentences with the adjectives from activity 4.

Example: München ist am schönsten.

a Berlin
b das Rathaus
c der Freizeitpark
d der Park in Wien
e die Geschäfte in Zürich
f das Sportzentrum

MODAL VERBS

Use a modal verb followed by a second verb in the infinitive to say what you can do, and what you like, want, are allowed, supposed or have to do. The verb in the infinitive goes to the end of the clause or sentence.

Ich kann mit dem Bus **fahren**. – *I can take the bus.*
Er **will** das Stadtmuseum **besuchen**. – *He wants to visit the town museum.*
Wir **mögen** keine Stadtführungen **machen**. – *We don't like going on city tours.*
Du **darfst** die Fahrkarte im Bus **kaufen**. – *You may buy the ticket on the bus.*
Sie **sollen** nach Berlin **fahren**. – *They should go to Berlin.*

Remember to use the polite expression *ich möchte* to say what you would like:
Ich **möchte** mitkommen. – *I'd like to come with you.*

6 Fill in the gaps in the table to complete the modal verbs, following the pattern of *können*.

	können (*to be able to*)	dürfen (*to be allowed to*)	mögen (*to like to*)	müssen (*to have to*)	sollen (*to be supposed to, should*)	wollen (*to want to*)
ich	kann			muss		
du	kannst		magst			
er/ sie/ es	kann	darf			soll	will
wir	können	dürfen		müssen		
ihr	könnt		mögt		sollt	
sie/ Sie	können					wollen

7 Fill in the correct modal verb forms.

a Er _____ es, in einer Großstadt zu wohnen. (mögen)
b Wir _____ ins Museum gehen. (wollen)
c Ich _____ mit meiner Mutter in die Stadt fahren. (müssen)
d Anja _____ auch im Urlaub lernen. (sollen)
e Du _____ nicht ins Kino gehen. (dürfen)
f Tim und Ute _____ einen Ausflug machen. (können)

8 Write new sentences with *müssen*.
a Ich fahre heute mit dem Zug.
b Jana steigt in Hamburg um.
c Du kaufst die Fahrkarte im Bus.
d Ihr besucht unbedingt die Altstadt.
e Meine Eltern arbeiten in den Ferien.
f Wir nehmen den Bus Nummer 54.

3A Controlled Assessment: Speaking

TASK: A conversation about a special occasion

You are going to have a conversation with your teacher about a special occasion you recently celebrated with your family.

Your teacher will ask you the following:

- Why do you celebrate this special occasion?
- Where did it take place?
- Who was there?
- What did you prepare?
- What happened and what did you think of it?
  Will you do the same next year?
- !

(! Remember: at this point, you will have to respond to something you have not prepared.)

The dialogue will last between 4 and 6 minutes.

---

1 THINK !

Read the phrases below. Write down any others that you might find useful for the speaking task.

☐ **Details of the special occasion:** *ein traditionelles Fest, ein religiöses Fest; Wir feiern jedes Jahr, Wir haben dieses Jahr zum ersten Mal gefeiert; Wir wollten eine große Feier haben, weil mein Bruder seinen 21. Geburtstag hatte.*

☐ **Location:** *Wir haben ein großes Fest im Partykeller veranstaltet; Wir mieten normalerweise einen großen Saal im Sportzentrum; Wir feiern immer im Garten.*

☐ **Guests:** *Zum ersten Mal ist die ganze Familie gekommen; Wir waren zu fünft: nur meine besten Freunde und ich; Viele Mitglieder der jüdischen Gemeinde haben mitgemacht, wie jedes Jahr.*

☐ **Preparation:** *Wir haben viel Essen im Voraus zubereitet; Am Vormittag haben wir den Saal mit Luftballons bedeckt.*

☐ **Activities:** *Wir haben viele Gesellschaftsspiele gespielt; Der Rabbiner hat eine kurze Rede gehalten; Wir haben bis Mitternacht getanzt.*

☐ **Your opinion:** *Ich habe viel Spaß gehabt; Ich habe es nicht so toll gefunden – nächstes Jahr werde ich etwas anderes machen; Das nächste Mal würde ich weniger Essen zubereiten.*

❗ *Can you predict what the unexpected question might be?*

☐ What is your best/worst memory of the day?
☐ What is your favourite celebration and why?

NB Add to your list any language you would need to answer these questions.

2 PLAN !

- Listen to the model conversation.
- Listen again and note down any phrases you could use or adapt. Add these to your list from Step 1.

3 ACTION !

Now prepare your answers. Use the bullet points below to help you and your list of useful words and phrases from Steps 1 and 2.

1 What sort of celebration was it?

- Use the <u>perfect tense</u> to speak about what happened in the past: *Wir haben eine große Party gemacht. Wir sind zu meiner Oma gefahren.*
- Vary the <u>word order</u> to speak about 'when' + perfect tense: *Wir haben letztes Jahr zu Hause gefeiert. Vor zwei Jahren sind wir zu meiner Tante gefahren.*
- Add a little <u>extra detail</u> to make it more interesting: *Wir feiern dieses moslemische Fest, weil wir aus der Türkei kommen.*

2 Where did it take place?

- If it is celebrated in a home, <u>describe</u> where: *Die Party war im Partykeller. Wir haben in unserem Garten gefeiert.*
- use <u>weil</u> to explain: *..., weil der Garten sehr groß ist.*

3 Who was there?

- Use the <u>imperfect tense</u> for descriptions in the past: *Wir hatten fast 30 Gäste. Alle meine Cousins und Cousinen waren da.*
- Give as much <u>detail</u> as possible, e.g. *Meine Tante war auch da. Sie wohnt in Berlin. Aber mein Onkel war nicht da, weil er gearbeitet hat.*

4 What did you prepare?

- This is your chance to show off your use of the <u>perfect tense</u>. If you didn't do anything, just make it up! Mention several things you did: *Ich habe einen Kuchen gebacken; Ich habe mich als Hexe verkleidet; Wir haben das Zimmer mit Luftballons geschmückt.*
- Use words to <u>link your ideas</u> together: *Ich habe nicht gekocht, aber ich habe einen Salat gemacht, weil jeder Gast Salat mag.*

5 What happened on the day and what did you think of it?

- This is your chance to show off a <u>variety of tenses</u>: *Letztes Jahr haben wir im Wohnzimmer gefeiert, weil es draußen zu kalt war. Das Jahr davor hatten wir die Party im Garten gemacht.*
- To give a simple opinion in the past, use the <u>imperfect</u>: *Das war super! Ich war sehr zufrieden mit meinen Geschenken.*
- To say what you will do next time, use the <u>future tense</u> or <u>conditional</u>: *Nächstes Jahr werde ich Kekse backen; ich würde gern einmal im Ausland feiern.*

GRADE TARGET

To reach Grade C, you need to:

- have a variety of vocabulary at your disposal – revise your word lists as often as possible
- use the main tenses correctly (e.g. present tense for what you usually do, perfect tense for what you did in the past; imperfect for descriptions and opinions in the past).

To aim higher than a C, you need to:

- use a greater variety of tenses (e.g. the imperfect and the future tense: *Wir waren in der Küche. Nächstes Jahr werde ich alles schmücken.*)
- create longer and more complex sentences (e.g. *Ich habe meiner Oma geholfen, die 80 Jahre alt ist, denn sie kann nicht so gut laufen.*)

To aim for an A or A*, you need to:

- use a greater variety of verbs (e.g. reflexive, separable and modal verbs: *Wir haben uns verkleidet; Wir laden jedes Jahr viele Gäste ein; Nächstes Jahr darf ich den Baum schmücken.*)
- use direct object pronouns (*ihn/ sie/es*): *Ich habe einen Kuchen gebacken, aber niemand mochte ihn.*

TASK: An email describing your town

A German teenager from your twin town will be staying with you for a week. You have been asked to write an email to them about your town, in German, so that they will feel at home when they arrive. You could cover the following points:

- What kind of town you live in
- What's good/not so good for young people there
- Say where you plan to go during the visit
- Describe an event you recently attended in your town
- Describe your home.

 THINK !

Start by researching and noting down a few key facts and phrases:
1. **Your town's characteristics:** *groß/klein, alt/modern, es gibt ... .*
2. **Facilities for young people:** What can they do there? Sports and leisure facilities?
3. **Visiting the area: think of different types of tourist attractions:** natural (beaches, etc.) or cultural (museums, etc.).
4. **A celebration in the town:** *das Sommernachtsfest,* etc.
5. **Family and home:** type of house you live in, who lives there, where their room will be.

2 PLAN !

- **Read the model text.**

Hallo, ich bin Lisa!

Ich wohne in Hurley, in der Nähe von Birmingham. Birmingham ist eine große Stadt in Mittelengland. Die Stadt hat 80 000 Einwohner und ist ziemlich modern, aber es gibt auch ein historisches Stadtzentrum mit vielen schönen alten Gebäuden. Ich wohne seit zwei Jahren in Hurley – davor hatte ich in London gewohnt.

Hurley ist ideal für Jugendliche, finde ich: Hier gibt es viel zu tun. Es gibt ein großes Sportzentrum, und man kann im Park Skateboard fahren und Tennis spielen. Es gibt auch ein Jugendzentrum, das direkt in der Stadtmitte ist. Dort treffe ich mich fast jeden Nachmittag mit meinen Freundinnen. Es gibt leider kein Kino in Hurley, aber die öffentlichen Verkehrsmittel sind gut und man kann mit dem Bus nach Birmingham fahren – das ist die nächstgrößere Stadt.

Es gibt viel zu sehen in Hurley: Wir haben ein Freilichtmuseum, das sehr interessant ist. Es gibt auch einen Wald in der Nähe, wo man spazierengehen oder joggen kann. Und wir haben schöne Geschäfte und Cafés.

Einmal im Jahr, im Frühling, gibt es in Hurley ein großes Open-Air-Konzert im Stadtpark. Dort spielen junge Bands aus der Region. Letztes Jahr hat dort die berühmte Band 'New Moon' gespielt. Das war total super!

Ich wohne in einem großen Einfamilienhaus am Stadtrand. Ich wohne mit meiner Mutter, meinem Stiefvater und meinen zwei Brüdern dort. Wir haben auch einen Hund und eine Katze. Wir haben einen schönen großen Garten, in dem man Fußball spielen kann. Ich habe ein eigenes Zimmer mit Fernsehen, und du wirst im Gästezimmer schlafen. Ich freue mich schon sehr auf deinen Besuch!

Tschüs! Lisa

- Read the text again and note down any words or phrases that you could use. Add these to your list from Step 1.
- Look carefully at the tenses used and make a note of any you could reuse:

  ☐ present tense for descriptions: *Der Park ist schön; Es gibt viele Sportanlagen.*

  ☐ perfect tense for completed action: *Ich habe dort Skifahren gelernt; Wir haben beim Fest getanzt.*

  ☐ imperfect for descriptions in the past and opinion of past events: *Das war ...; Ich hatte ... .*

  ☐ pluperfect tense for actions completed before another action in the past: *Wir hatten im Stadtzentrum gewohnt.*

  ☐ future tense for what will happen in the future: *Du wirst im Gästezimmer schlafen.*

3 ACTION !

Now prepare what you will write. Use the bullet points below to help you and use your list of useful words and phrases from Steps 1 and 2. Aim to write 200–250 words.

1 Your town or village:

- <u>Describe</u> your town. *Groß/Klein? Alt/Modern? Dorf auf dem Lande/Vorort einer Großstadt.*
- Mention its <u>geographical situation</u> and the impact on its character, e.g. the weather.

2 Facilities for young people:

- <u>Describe</u> the facilities. *Es gibt eine/keine Sportanlage/ Freizeitzentren; Man kann ins Kino/Jugendcafé gehen.*
- Make more elaborate descriptions by using a <u>relative pronoun</u>: *das Jugendcafé, das in der Stadtmitte liegt.*

3 Visiting the area:

- What is there <u>to do and see</u>? *Es gibt viel zu sehen und zu machen – der Skihang, Sehenswürdigkeiten, der Stadtgarten.*

4 A celebration in the town:

- <u>Describe</u> any celebrations. *Ein Fest, ein Konzert, ein Umzug.*
- <u>Make up</u> details if you can't think of any!
- Use the <u>perfect tense</u> for actions that took place in the past and are now over: *Ich habe ein Open-Air-Konzert besucht.*
- Use the <u>imperfect</u> to describe what it was like at the time or give an opinion: *Die ganze Stadt war da, es war super!*
- Use the <u>pluperfect</u> for actions prior to that: *Das Jahr davor hatte ich nicht mitgemacht; Mein Vater hatte in der Band gespielt.*

5 Family and home:

- <u>Describe</u> your family and home. *Ich wohne in einem großen Haus am Stadtrand. Ich wohne dort mit meinen Eltern. Du wirst ein eigenes Zimmer haben.*

GRADE TARGET

To reach Grade C, you need to:	To aim higher than a C, you need to:	To aim for an A or A*, you need to:
• make sure you can spell all basic vocabulary correctly • use the present and perfect tense correctly • use *war* + adjective to give an opinion.	• use a variety of tenses (e.g. *Ich werde im Sommer mein eigenes Zimmer bekommen.*) • use comparatives and superlatives (e.g. *Der Dom ist älter als das Rathaus.*) • say how long something has been going on, using a present tense (e.g. *Wir wohnen hier seit sechs Jahren.*)	• use a *wenn*-clause (e.g. *Wenn es regnet, können wir ins Kino gehen.*) • Use modal verbs to say what you can do, like and want to do (e.g. *Wir wollen eine Stadtrundfahrt machen. Du kannst in meinem Zimmer wohnen. Möchtest du ins Museum gehen?*) • create complex sentences by using the relative pronouns *der, die* and *das* (e.g. *Das schöne Café, das neben dem Rathaus steht, ist das älteste Gebäude der Stadt.*)

Wie man Feste feiert

die Fastnacht *nf*	Shrove Tuesday
die Gans *nf* Gänse	goose
die Hexe –n *nf*	witch
der Heiligabend *nm*	Christmas Eve
der Keller – *nm*	cellar
das Lied –er *nn*	song
Ostern *nn*	Easter
der Sportverein –e *nm*	sports club
der Umzug *nm* Umzüge	procession
der Zauberer *nm*	magician
dauern *vb*	to take, to last
feiern *vb*	to celebrate
schmücken *vb*	to decorate
(sich) verkleiden *vb*	to dress up
lustig *adv*	happy, jolly

Wie man über sein Zuhause spricht

das Arbeitszimmer – *nn*	study
das Badezimmer – *nn*	bedroom
der Bungalow –s *nm*	bungalow
die Dachterrassenwohnung –en *nf*	attic flat
das Doppelhaus *nn* -häuser	semi-detached house
die Dusche –n *nf*	shower (room)
das Einfamilienhaus *nn* -häuser	detached house
die Essecke –n *nf*	dining corner
die Ferienwohnung – en *nf*	holiday apartment
der Garten *nm* Gärten	garden
die Küche –n *nf*	kitchen
das Schlafzimmer – *nn*	bedroom
das Schloss *nn* Schlösser	castle
das Schwimmbad *nn* -bäder	swimming pool
die Toilette –n *nf*	toilet
die Villa *nf* Villen	villa
die Wohnung –en *nf*	flat
das Wohnzimmer *nn*	living room
das Zuhause *nn*	home

Wie man eine Stadt beschreibt

der Bahnhof *nm* -höfe	station
der Berg –e *nm*	mountain
der Einwohner – *nm*	inhabitant
die Eisbahn –en *nf*	ice rink
das Erlebnis –se *nn*	event
die Fabrik –en *nf*	factory
die Fußballweltmeisterschaft –en *nf*	football world championship (World Cup)
das Gebäude – *nn*	building
die Gegend –en *nf*	area, region
die Hauptstadt *nf* -städte	capital
die Kaiserfamilie *nf*	imperial family
die Kirche –n *nf*	church
der/die Komponist/in –en *nm/f*	composer

Wie man Städte vergleicht

die Lebensmittel *npl*	groceries, foods
der Nachteil –e *nm*	disadvantage
das Stadion *nn* Stadien	stadium
das Verkehrsamt *nn* -ämter	information office
etwas unternehmen *vb*	to do something, to do things together
Sport treiben *vb*	to do sports
einmalig *adj*	unique
einzig *adj*	only
echt *adv*	genuine, really

Wie man Städte vergleicht

der Bärengraben *nm*	a historical pit where bears are kept
der Dom *nm*	cathedral
das Geschäft –e *nn*	shop
die Kunsthochschule –n *nf*	art academy
der Meeresspiegel *nm*	sea level
die Mode –n *nf*	fashion
der See –n *nm*	lake
die Sehenswürdigkeiten *npl*	sights
der Wald *nm* Wälder	woods, forest
die Wiese –n *nf*	meadow
ein/kaufen *vb*	to go shopping, to shop
mieten *vb*	to hire, to rent
rodeln / Schlitten fahren *vb*	to go tobogganing
segeln *vb*	to sail
zelten *vb*	to camp
bekannt *adj*	well-known
umgeben *adv*	surrounded

Wie man sich über eine Gegend informiert

die Jugendherberge –n *nf*	youth hostel
die Raser *npl*	racers
die Schienen *npl*	tracks
die Seilbrücke –n *nf*	bridge made of rope
das Sommernachtsfest –e *nn*	summer nights party
die Sportmöglichkeiten *npl*	sports facilities
die Strecke –n *nf*	route
das Tal *nn* Täler	valley
das Tempo *nn*	speed
die Unterhaltung –en *nf*	entertainment
die Wildarten *npl*	types of game (animal)
der Wildpark –s *nm*	game park
selbst bestimmen *vb*	to decide for yourself
(sich) entspannen *vb*	to relax
(sich) etwas schmecken lassen *vb*	to enjoy eating something
überqueren *vb*	to cross
gemütlich *adj*	cosy
lecker *adj*	delicious
sagenhaft *adj*	fabulous, incredible
sicher *adj*	safe
Ich danke Ihnen im Voraus	thank you in advance
Rücken an Rücken	back to back

3B Unsere Umwelt

Weißt du schon, wie man ...

- [ ] über die Umwelt redet?

- [ ] die Umwelt schützt?

- [ ] über Bedrohungen für die Umwelt spricht?

- [ ] ökologisch Urlaub macht?

- [ ] über Umweltprobleme diskutiert?

Controlled assessment

- **Have a conversation about the environment**
- **Write a proposal for a green project in your school**

Wie schützt man die Umwelt in seiner Umgebung?

Kompetenzen

Beim Lesen
In German, how do you ...
- determine the topic from the context and from scanning key words?
- read with questions about the topic in mind?
- read again for details?

Beim Hören
How do you ...
- check that your answers make sense?
- find out the meaning of a word?
- express opinions?

Aktive Grammatik

As part of your German language 'toolkit', can you ...
- use the correct gender of compound nouns?
- use relative clauses?
- use *wenn* and the correct word order?
- use prepositions that take the genitive case?

A

Im 19. Jahrhundert war Namibia eine Kolonie von Deutschland, wie auch Kenia und andere Länder in Afrika. Am Ende des Ersten Weltkrieges musste Deutschland alle seine Kolonien an die Siegermächte* abgeben*.

* die Siegermächte – *victors*
abgeben – *to give up*

TIPP

Reading

Determine the topic and main points through context and key words. Read again for details.

B

Namibia ist ein Land der Kontraste: die Hauptstadt*, die Windhoek heißt, hat große Wohnblocks, Einkaufszentren und Straßen mit vielen Autos. Auf dem Land* sind viele Menschen und sie wohnen in Hütten*, die kein Wasser und keine Elektrizität haben. Es gibt viel Wüste*, aber auch eine lange Küste, die am Atlantik liegt. Dort kann man Wassersport betreiben.

* die Hauptstadt – *capital city*
auf dem Land – *in the countryside*
die Hütte – *hut*
die Wüste – *desert*

* die Verschmutzung – *pollution*
die Umwelt – *environment*
der Schutz – *protection*
die Verfassung – *constitution*
verursachen – *to cause*

Fritz:	Während der Unterrichtsstunde habe ich an meinen Onkel gedacht, der in Namibia arbeitet. Deutsch ist eine offizielle Nationalsprache dort.
Therese:	Wie gefällt ihm das Leben dort?
Fritz:	Sehr gut. Das Wetter ist toll – 300 Tage Sonne im Jahr!
Therese:	So viel Sonne – super! Hier ist es kalt – es schneit gleich. Brrr!
Fritz:	Aber ohne Regen hat Namibia Wasserprobleme. Es gibt eine Wüste, die sehr groß ist und es gibt manchmal Wasserverschmutzung*.
Karl:	Wasserverschmutzung haben wir auch in Deutschland! Gibt es in Namibia Probleme mit Touristen?
Fritz:	Es gibt viel Tourismus, aber Namibia ist gegen Massentourismus.
Karl:	Gibt es Öko-Tourismus, so mit Safaris?
Fritz:	Ja, Namibia setzt sich für die Umwelt* ein. Es ist das erste Land auf der Welt, das Naturschutz* in der Verfassung* hat!
Therese:	Warum gibt es hier nicht mehr Umweltschutz? Die neue Autobahn, die durch den Wald führt, ist furchtbar!
Karl:	Und CO_2 verursacht* globale Erwärmung!

1 📖 Lies den Text A auf Seite 102 und wähle jeweils das richtige englische Wort.

In this (science, IT, history) lesson the teacher is pointing to (Kenya, Namibia, Zambia) in Africa and explaining that in the (19th, 18th, 20th) century this was a German (fortress, protectorate, colony). At the end of World War I Germany had to (sell, exchange, give up) all of its possessions to the (victors, losers, partners) of the war.

2 📖 ✏️ Lies den Text B auf Seite 102. Welche Kontraste gibt es in Namibia? Vervollständige die Sätze auf Englisch.

 a In Windhoek there are ...
 b In the countryside there are ...
 c Two contrasting landscapes in Namibia are ...

3 📖 🎤 Lies den Dialog C auf Seite 102 und hör gut zu. Wie heißt das auf Deutsch? Finde diese Umweltausdrücke im Text.

 a national language
 b water problems
 c water pollution
 d mass tourism
 e protection of nature
 f environmental protection

4 📖 ✏️ Lies den Dialog noch einmal und mach eine Liste von den Wetter-Ausdrücken und den geografischen Wörtern im Text. Kennst du auch andere Wörter? Schau im Wörterbuch nach.

5 👥 🌐 Partnerarbeit. Vergleicht das Wetter und die Geografie von eurer Gegend mit Namibia.

Beispiel: Bei uns ist es oft kühl, aber in Namibia ist es oft heiß.

GRAMMATIK

Compound words in German

When two or more German words are combined, the gender of the new word is the gender of the **last** word in the compound.

das Wasser + **die** Probleme (*pl*) → **die** Wasserprobleme
die Natur + **der** Schutz → **der** Naturschutz

---

6 ✏️ Kennst du auch andere Umweltwörter? Bilde Wörter mit Hilfe eines Wörterbuchs.

Beispiel: die Luftverschmutzung

GRAMMATIK

Relative clauses

A relative clause is a clause that refers back to something in the main clause. It starts with a pronoun which must be the same gender and number as the noun it refers to:

Das ist mein **Onkel**, **der** in Namibia arbeitet. – *That is my uncle who works in Namibia.*
Windhoek ist eine **Stadt**, **die** sehr modern ist. – *Windhoek is a city which is very modern.*
Es ist ein **Land**, **das** arm ist. – *It is a country which is poor.*
Das sind **Länder**, **die** viel Tourismus haben. – *They are countries which have lots of tourism.*

---

7 📖 Finde alle Relativ-Sätze in den Texten auf Seite 102.

8 ✏️ Ergänze die folgenden Sätze mit den passenden Relativpronomen.

 a Es gibt Tourismus, _____ gut für die Umwelt ist.
 b Das sind die Kinder, _____ in Hütten wohnen.
 c Deutsch ist eine Sprache, _____ man auch in Namibia spricht.
 d Das ist mein Bruder, _____ in Berlin arbeitet.
 e Kennst du das Mädchen, _____ aus Afrika kommt?
 f All das sind Probleme, _____ Namibia hat.
 g Ich habe eine Katze, _____ sehr klein ist.
 h Wir kaufen ein Haus, _____ umweltfreundlich ist.

9 📖 Was hast du über Namibia gelernt? Ergänze den Text auf Englisch.

Namibia is known as a country that is keen on environmental _____. They promote eco-_____ and Namibia is the first country in the world to have included _____ in their national constitution. A serious environmental problem in Namibia is the lack of _____, mostly due to natural causes.

Jetzt seid ihr dran!

10 ✏️ Write an information brochure for young German tourists about the geography, natural features and weather in your area. Suggested headings might include the following.

 • Die Landschaft
 • Das Wetter
 • Die Stadt

11 👥 🌐 With a partner prepare a short discussion in German for a podcast to send to a Namibian school about environmental problems in today's world from a UK perspective. Practise and then record your discussion using the OxBox software.

G „wenn"–Sätze **W** Umweltaktivitäten **K** zuhören und Notizen machen

WORTSCHATZ

die Wassertonne – *water butt*
die Solarzelle – *solar panels*
die Heizung – *central heating*
die Verpackung – *packaging*

WORTSCHATZ

das Plakat – *poster*
trennen – *to separate*
der Biomüll – *compostable waste*
ausmachen – *to turn off*
der Automat – *vending machine*

1a Partnerarbeit. Was tut diese österreichische Familie für die Umwelt? Schaut euch das erste Plakat an und diskutiert.

1b 🎧 Jana spricht über ihr Haus und die Umwelt. Hör gut zu und ergänze die Sätze.

   a Wir sind zu _____ sehr _____.

   b Wir sammeln das _____ von dem _____ und benutzen es für die _____.

   c Auf dem Dach haben wir _____ für unsere _____.

   d Wir essen nur _____ Produkte.

   e Beim Einkaufen gibt es wenig _____.

   f Wir _____ zu _____ oder _____ mit dem _____.

2a 👧🧑 Partnerarbeit. Was tut die Schule in Deutschland für die Umwelt? Schaut euch das zweite Plakat an und diskutiert.

2b 🎧 Drei deutsche Schüler sprechen über ihre Schule und die Umwelt. Hör gut zu und ergänze die Sätze.

   a Wir trennen unseren _____.

   b Wir machen das _____ aus, wenn das Klassenzimmer leer ist.

   c Wir drehen die _____ herunter und tragen unsere _____ in der Klasse.

   d Wir haben keine _____ für Süßigkeiten.

   e Wir benutzen das _____ für die Toiletten.

3a 🎧✏️ Was kann man noch für die Umwelt machen? Hör gut zu und mach Notizen.

die Reparaturwerkstatt – *repair shop*	zerrissen – *torn, ripped*
annähen – *to sew on*	sammeln – *to collect*

TIPP

Listening

Take careful notes. Work out who is speaking and put the notes for that person together in one place on your sheet.

3b 🎧✏️ Hör noch einmal zu und ergänze die Sätze.

   a Wenn mehr Schüler zu Fuß zur Schule ____, ____ ____ weniger Abgase.

   b Wenn meine Sachen zerrissen ____, ____ ____ das nicht machen, weil sie keine Zeit hat.

   c Wenn ich nähen ____, ____ ____ das aber selber machen.

   d Wenn Produkte aus dem Ausland____, ____ ____ schlecht für die Umwelt.

   e Wenn das Wetter gut ____, ____ ____ das Fest auf dem Schulhof machen.

   f Wenn es ____, ____ ____ in der Sporthalle.

4 ✏️ Schreib neue Sätze mit *wenn*.

   a Wir sammeln Geld. Wir können eine Solaranlage kaufen.

   b Es gibt eine Fahrradwerkstatt. Mehr Schüler kommen mit dem Rad.

   c Man macht das Licht aus. Man verbraucht weniger Strom.

   d Ich esse nur regionale Produkte. Das ist gut für die Umwelt.

   e Wir gehen ins Bett. Wir stellen den Fernseher aus.

   f Wir trennen unseren Müll. Es gibt weniger Abfall.

GRAMMATIK

Revision: *wenn*

The word *wenn* can mean 'if' or 'when/whenever'. Remember to use the correct word order after *wenn*: →

Es regnet. Wir können das Fest in der Sporthalle machen. **Wenn** es regnet, **können** wir das Fest in der Sporthalle **machen.** – *If it rains we can have the celebration in the gym.*

Ich bin zu Hause. Ich stelle die Heizung herunter. → **Wenn** ich zu Hause bin, **stelle** ich die Heizung herunter. – *When I'm at home I turn down the heating.*

5a 👧🧑 Partnerarbeit. Was macht ihr, um umweltfreundlich zu sein? Diskutiert und macht Notizen. Schreibt ganze Sätze in eure Hefte.

- zu Hause
- in der Schule
- beim Einkaufen
- für die Natur
- sonst noch was?

5b 👥 Vergebt Punkte für jede Umweltaktion – wer ist am umweltfreundlichsten in der Klasse?

Jetzt seid ihr dran!

6 ✏️ Make a poster of your school like those on page 104, showing and labelling its eco-friendly aspects. Then add other things that would make it even more sustainable, each with a short German text explaining why. Use sentences with *wenn*, as in the *Grammatik* box.

7 ✏️ Design a brochure for your German partner school giving advice in full sentences on how to be more eco-friendly. Include home, school, shops, streets and nature conservation. Aim to write long sentences.

Example: Zu Hause sollte man das Licht und die Heizung ausmachen, wenn man sie nicht braucht. Man sollte den Müll trennen, und das könnte man auch in der Schule machen.

G Präpositionen mit dem Genitiv **W** Umweltprobleme **K** beim Lesen Fragen stellen

Probleme, die unsere Welt bedrohen*

Es gibt viele Umweltprobleme, die heute negative Einwirkungen* auf unser Leben haben. Sie könnten auch unsere Zukunft bedrohen.

A Wir kaufen zu viel und wir werfen zu viel weg*, was Müllprobleme verursacht.

B Es gibt viel Umweltverschmutzung wegen der Pestizide und des Mülls.

C Industrie, Autos und Flugzeuge produzieren immer mehr Abgase*, die ins Weltall* steigen. Dieser Treibhauseffekt* führt zur globalen Erwärmung – ein weiteres großes Problem.

D Wir verbrauchen* zu viel Wasser und zu viel Energie.

E Immer mehr Tier- und Pflanzenarten sterben aus* – jeden Tag mehr als 100.

Die Konsequenzen kennen wir noch nicht alle, aber wir könnten in der Zukunft Schwierigkeiten haben, sauberes Wasser zu finden und gesundes Essen zu produzieren.

> * bedrohen – *to threaten*
> die Einwirkung – *impact, effect*
> wegwerfen – *to throw away*
> die Abgase – *exhaust fumes*
> das Weltall – *space*
> der Treibhauseffekt – *greenhouse effect*
> verbrauchen – *to consume*
> aussterben – *to die out*

1

2

3

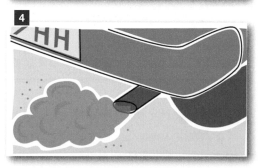

4

5

1a 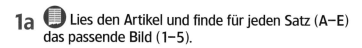 Lies den Artikel und finde für jeden Satz (A–E) das passende Bild (1–5).

> **TIPP**
>
> **Reading**
>
> Read a text with questions in mind based on what you already know about the topic. What key words and themes can you expect?

1b Lest den Artikel noch einmal. Was passt zusammen?

Beispiel: **1 c**

1 Es gibt Müllprobleme, …
2 Energieprobleme entstehen, …
3 Sehr oft kommt es aufgrund der Industrie …
4 Wasserverschmutzung kann …
5 Was heute ein Problem ist, …

a … durch Pestizide verursacht werden.
b … kann die Zukunft bedrohen.
c … wenn wir viel wegwerfen.
d … wenn wir zu viel Strom verbrauchen.
e … zu Umweltverschmutzung.

1c Schreib ganze Sätze aus Übung 1b.

2a Partnerarbeit. Gibt es andere Bedrohungen, die nicht im Text erwähnt sind? Macht eine Liste auf Englisch und auf Deutsch mit Hilfe eines Wörterbuchs.

2b Vergleicht eure Liste mit den Listen eurer Klassenkameraden.

3a Hör gut zu. Was sind die zwei Hauptthemen des Gesprächs? Kreuz die richtigen Antworten an.

1 a earth polluted ☐
 b river poisoned ☐
 c streets filthy ☐

2 a new roads ☐
 b new farms ☐
 c new housing ☐

3b Hör noch einmal zu. Sind die folgenden Sätze richtig oder falsch? Korrigiere die falschen Sätze und schreib alle Sätze vollständig in dein Heft.

a Die Katastrophe im Fluss ist durch Müll verursacht worden.
b Heute kann man dort schwimmen.
c Die neuen Häuser sind umweltfreundlich.
d Sie werden keine neue Schule bauen.
e Es werden neue Straßen gebaut.

4 Partnerarbeit. Wird die Umwelt in deiner Gegend bedroht? Diskutiert zu zweit.

GRAMMATIK

Prepositions that take the genitive

These useful prepositions in German are followed by the genitive case:

wegen – *because of*   dank – *thanks to*
während – *during*   trotz – *despite*

After these prepositions, the definite article ('the') changes:

der → **des**   die → **der**   das → **des**   die (*pl*) → **der**

Adjectives then take the ending **-en**, and an **-s** or **-es** is added to the end of masculine and neuter nouns.

Während des letzten Sommers hat es viel geregnet. – *During last summer it rained a lot.*

Es gibt Umweltverschmutzung wegen der Chemikalien. – *There is pollution because of chemicals.*

The preposition *aufgrund* (because of) can be used instead of *wegen* in this sentence. It also takes the genitive.

---

5 Vervollständige die folgenden Sätze.

a Während d__ Sommer_ hat es nicht genug geregnet.
b Wegen d__ mangelnd__ Wasser_ dürfen wir unsere Gärten nicht mehr gießen (*to water*).
c Trotz d__ schlimm__ Probleme, die unsere Umwelt bedrohen, tun viele Leute gar nichts, um die Situation zu verbessern.
d Wegen d__ langsam__ Reaktion der Regierung wird auch national nicht genug gemacht.

Jetzt seid ihr dran!

6 In a small group, make notes to describe a man-made or a natural threat to your local environment. Then make an oral presentation in German to the class, which you could record using OxBox software, to send to a school in a German-speaking country.

7 Write a short article in German about the threats to your local environment for your German partner school's newspaper. Use your notes from activity 6 to help you.

W Öko-Tourismus   K Machen deine Antworten Sinn?

Öko-Tourismus = Natur und Kultur respektieren und schützen. Keinen Schaden* anrichten*.

A

* der Schaden – *damage*
anrichten – *to cause, create*

Öko-Reisen: Komm nach Costa Rica: tolles 5-Sterne Hotel mit Blick auf das Meer; viele lokalen Fischrestaurants; für deine Flugmeilen pflanzen wir Bäume!

B

Gesundes Leben in der wunderbaren Wüste von Namibia! Hier bekommen Sie feines Essen, tolle Weine, Wellness erster Klasse in unserem fantastischen Spa. Sie können sogar auf Jeep-Safari gehen und ein paar Nächte im Zelt übernachten!

C

Öko-Urlaub auf dem Land in Österreich

Bauernhof mit Familienbetrieb* nahe Innsbruck (zu erreichen mit Flug oder Bahn). Bio-Obstanbau* und Reitstall. Gemütliches Wohnen. Halbpension nur mit Bioprodukten. Spielplatz, Reiten, Wandern, Radfahren. Schwimmen im Waldsee. Schönes Schloss in der Nähe. Gelegenheit* zur Mitarbeit auf dem Hof, im Stall und im Wald.

* Bauernhof mit Familienbetrieb –
family-owned and run farm
der Obstanbau – *fruit growing*
die Gelegenheit – *opportunity*

D

Hilf Thailand, wilde Tiere zu schützen: Übernachtungen bei Gastfamilien, Arbeit im Wildtierzentrum. Bei uns bist du freiwilliger Arbeiter und du wirst:

- beim Alltagsleben helfen – einkaufen, kochen;

- jeden Tag die Tiergehege säubern

Du wirst eine wichtige Arbeit für Thailand machen. Die Kosten, die du für das Programm zahlst, gehen direkt ans Zentrum, um noch mehr Tiere zu retten* und um Thailändern Arbeit im Zentrum zu verschaffen. Wir suchen Freiwillige, die die Kultur respektieren und mit den Einheimischen leben und arbeiten.

* retten – *to save*

1a 👥 📋 Partnerarbeit. Lest und diskutiert Reklame C vom Bauernhof auf dieser Seite. Welche Aspekte findet ihr umweltfreundlich? Warum? Macht eine Liste.

1b 🧑‍🏫 Hör gut zu. Ist das Öko-Tourismus? Drei Schüler sprechen über den Öko-Urlaub in Österreich. Ordne die Ausdrücke unten in die Tabelle ein.

Environmentally-friendly	Not environmentally-friendly

> Bio-Obstanbau   Flugmeilen
> erneuerbare Stromerzeugung   Natur stören
> Solaranlage CO_2 Wasserturbinen   Holzfeuer

TIPP

Listening

Check your answers. Do they make sense? Do they seem logical given the context? Have you mentioned enough points to get all the marks available?

1c 📄 Wie heißen die Ausdrücke aus Übung 1b auf Englisch?

1d ✏️ Wie heißen deiner Meinung nach die folgenden Ausdrücke auf Deutsch? Rate!

a organic vegetable growing
b car miles
c gas fire

2 ✏️ Beantworte die Fragen in ganzen Sätzen.

Beispiel: **a** Man kann mit dem Flugzeug nach Innsbruck reisen. Das ist wegen der Flugmeilen nicht gut für die Umwelt.

a Wie kann man von Deutschland nach Innsbruck in Österreich reisen? Ist das gut für die Umwelt? Warum? Oder warum nicht?

b Welche Aktivitäten gibt es während des Urlaubs auf dem Bauernhof? Sind sie alle gut für die Umwelt? Warum?

c Was kann man auf dem Bauernhof essen? Ist das gut für die Umwelt? Warum?

3a 🕐 Lest die Reklamen A, B und D auf Seite 108 und beantwortet die Fragen. Wo kann man ...

a in der Hütte einer Familie wohnen?
b im Freien übernachten?
c leckeren Fisch essen?
d sich entspannen?
e in einem Luxus-Hotel wohnen?
f wilden Tieren helfen?

3b 👤👤 Was ist an jeder Reise (A, B oder D) umweltfreundlich? Diskutiert zu zweit.

3c 🕐 Welche Umweltprobleme könnte jede Reise verursachen? Schreib ganze Sätze.
Beispiel: Viele Fischrestaurants könnten zu viel einheimischen Fisch verbrauchen.

Jetzt seid ihr dran!

4 👥👤 Groupwork. Brainstorm and discuss the details of an eco-tourism venture for German tourists in Namibia. Use 'eco-tourism' and 'Namibia' as key words to search the internet. Do a group presentation of the venture in German to the class.

5 🕐 Design an eco-tourism holiday brochure for German tourists to your area. Use as many expressions from this spread as possible, putting an emphasis on activities for environmental protection or improvement. Be inventive!

W Energie und Umweltschutz **K** Leseverständnis; Meinungen äußern

Energie & Umwelt

Öko- oder **Atomenergie**? Da gibt es verschiedene Meinungen. Aber eine Sache steht fest:

Energiesparen ist wichtig und schützt die Umwelt!

Zwei andere Sachen sind klar:

1 Wir verbrauchen zu viel Energie.

2 Die **Rohstoffe** der Erde, die Energie produzieren, werden weniger.

Ein Leben ohne Energie? Das ist kaum **vorstellbar**. Musik hören, vor dem PC sitzen, duschen oder die Heizung anmachen – wir benutzen für fast alles Energie. Unser **Strom** wird hauptsächlich durch **fossile** Energiematerialien wie **Kohle**, Gas und Öl produziert. Das schadet der Umwelt und diese Substanzen werden bald **verbraucht** sein. Atomenergie ist umweltfreundlicher in der Produktion, aber nicht ungefährlich. Und es gibt noch keine Lösung für den radioaktiven Müll, der auch produziert wird. Die Bundesregierung hat deshalb **beschlossen**, alle **Kernkraftwerke** zu schließen.

Die Alternative dazu heißt Ökostrom – Energie aus Sonne, Wind oder Wasser. Diese Rohstoffe gibt es überall und ohne Ende. Und sie sind **umweltschonend**. Das ist für viele Menschen sehr wichtig. Ohne intakte Umwelt kann der Mensch nicht **überleben**. Aber in Deutschland wird heute nur ein kleiner Teil der Energie aus **erneuerbaren** Quellen produziert: nur 4,6 Prozent.

1a Lies den Text.

1b Partnerarbeit. Was bedeuten die fettgedruckten Wörter? Diskutiert zu zweit.

1c Beantworte die Fragen auf Englisch.

  a What is one of the most significant ways in which we can help protect the environment?

  b What is the consequence of us using too much energy?

  c What is the main source of our energy at the moment?

  d What are the negative side effects of using this energy source?

  e Why does the German government want to shut down nuclear power stations?

  f What are the two advantages of renewable energy sources?

> **TIPP**
>
> **If you don't know the meaning of a word**
>
> 1 Check if it looks or sounds similar to an English word, e.g. *Kohle* (coal).
>
> 2 In the case of a longer word, look at its parts, e.g. *Energiematerialien = Energie + Materialien* (energy materials).
>
> 3 Look at the word's context, e.g. *Rohstoffe*.
>
> Die Rohstoffe der Erde, die Energie produzieren, werden weniger. – *The raw materials which produce energy are becoming rarer.*
>
> 4 If these strategies fail, look up the unknown word in the dictionary.

2 🔊 Hör zu. Sind diese Jugendlichen für oder gegen Atomstrom? Und was sagen sie zu Ökoenergie? Mach kurze Notizen.

	Atomstrom?	Ökoenergie?
1		
2		
3		
4		

3 👥 Partnerarbeit. Bist du für oder gegen Atomstrom? Und was denkst du über Ökostrom? Diskutiert zu zweit.

Beispiel:

A Ich finde Atomstrom gefährlich.
B Nein, meiner Meinung nach ...

TIPP

How to express opinions

Ich finde ... – *I find ...*
Ich glaube ... – *I believe ...*
Ich meine ... – *I think ...*
Meiner Meinung nach ... – *In my opinion ...*
Ich bin der Meinung, dass ... – *I think that ...*

Jugendliche für Umweltschutz – gegen Flugzeuge

Flugzeuge sind schlecht für die Umwelt – das weiss jeder. Sie produzieren CO_2 und sind ein „Klimakiller". Der Flughafen in München hat schon zwei Startbahnen. Aber jetzt planen sie, eine dritte Bahn zu bauen. Viele Bürger – auch Jugendliche – sind gegen diesen Bau. Eine der Jugendlichen ist Judith Melchior (17). Sie erklärt: „Im Moment starten und landen jede Stunde 89 Flugzeuge in München. Der Fluglärm ist jetzt schon zu schlimm. Aber mit der dritten Startbahn sollen es über 120 werden – das ist zu viel! Außerdem soll für den Bau über elf Millionen Quadratmeter Natur zerstört werden – das ist mehr als die Fläche einer Stadt mit 45 000 Einwohnern! Und es müssten mehrere Dörfer abgerissen werden. Das ist totaler ökologischer Wahnsinn!"

Judith hat deshalb mit fünf Freunden die Protestgruppe „Jugend gegen die dritte Startbahn" gegründet. Und was für Aktionen machen sie? „Wir verteilen in der Innenstadt Flyer, und wir sammeln Unterschriften

gegen die dritte Startbahn. Letzten Monat haben wir ein Open-Air-Konzert organisiert. Und am Wochenende haben wir mit anderen Bürgergruppen eine Protestdemonstration in der Innenstadt gemacht. 18 000 Menschen haben mit uns protestiert!" Keine Frage: Klimawandel und Klimaschutz sind für immer mehr Menschen ein wichtiges Thema – und Judith glaubt fest daran, dass sie und all die anderen Startbahngegner mit ihrem Protest eines Tages Erfolg haben: „Das sind wir der Umwelt schuldig!"

4a 📖 Lies den Text.

4b 📖 Wie heißt das auf Deutsch? Finde die Wörter im Text.

a runway
b area
c to tear down
d madness
e signatures
f to owe something

4c 📖 Lies die Sätze. Sind sie richtig oder falsch? Korrigiere die falschen Sätze.

a Am Flughafen München wird gerade eine dritte Startbahn gebaut.
b Dort starten und landen pro Stunde fast 90 Flugzeuge.
c Beim Bau muss nicht viel Natur zerstört werden.
d Judith möchte eine Protestgruppe gründen.
e Judith hat schon viele Protestaktionen gemacht.
f Mehr als 18 000 Menschen gehören zu ihrer Protestgruppe.

Jetzt seid ihr dran!

5 👥 In a group, discuss a development that is planned in your area. If you don't know of any, invent one. Discuss the following points, using as many different ways to express your opinion as possible.

- What exactly is planned
- What impact it will have on the local environment and economy
- Whether you are for or against the project.

6 ✏️ Write a letter for or against the development based on your information from activity 5.

3B Aktive Grammatik

RELATIVE CLAUSES

A relative clause is a clause that refers back to something or someone that was already mentioned in the main clause. It is separated from the main clause by a comma, and the main verb goes to the end of the clause. It starts with a relative pronoun, which is translated as 'who(m)', 'that' or 'which'. The pronoun takes its gender from the word to which it refers:

Das ist **ein Land, das** an der Küste liegt. – *This is a country which is on the coast.*

Monika kauft nur **Produkte, die** regional sind. – *Monika only buys local products that are local.*

COMPOUND WORDS IN GERMAN

Remember that when two or more German words are combined, the gender of the new word is the gender of the **last** word in the compound.

die Kranken (*pl*) + **das** Haus → **das** Krankenhaus

die Natur + **der** Schutz → **der** Naturschutz

Note that some compounds need an –*s*– following the first word (often showing possession) before the second word.

die Rettung + das Boot → das Rettung**s**boot

1 Complete the sentences with the correct relative pronoun.

   a Ich mag die Lehrerin, _____ neu an der Schule ist.
   b Tobias arbeitet im Supermarkt, _____ beim Bahnhof ist.
   c Das Projekt, _____ die Umwelt schützt, ist neu.
   d Das sind die Windturbinen, _____ mein Onkel verkauft.
   e Das ist ein Mann, _____ aus Windhoek kommt.
   f Die Familien, _____ in Namibia leben, haben wenig Geld.

2 Write the relative clauses in German.

Example: Der Film über Umweltschutz war der beste Film, (*that I have seen*). – Der Film über Umweltschutz war der beste Film, den ich gesehen habe.

   a Ich habe viele DVDs, (*that are interesting*).
   b Ich mag die Zeitschrift, (*which is for teenagers*).
   c Das ist die Nachbarin, (*who is unemployed*).
   d Kennst du meine Schwester, (*who lives in Berlin*)?
   e Meike hat einen Hund, (*which is very big*).
   f Wir wohnen in einer Stadt, (*which is very pretty*).

3 Form compound words in German and then translate them into English. How many more compound words can you make?

   a das Haupt + die Stadt
   b das Wasser + die Temperatur
   c die Energie + der Verbrauch
   d die Umwelt + der Schutz
   e das Klima + die Erwärmung

4 Combine the words in the box below to form one of the most famous compound words in German. (Enter *das längste deutsche Wort* on www.google.de to find others, mostly made up by German teenagers.)

> die Donau   der Dampf   das Schiff   die Fahrt (+ s)
> die Gesellschaft (+ s)   der Kapitän

PREPOSITIONS THAT TAKE THE GENITIVE

These useful prepositions in German are followed by the genitive case:

außerhalb – *outside*
dank – *thanks to*
innerhalb – *within*
statt – *instead of*
trotz – *despite*
während – *during*
wegen – *because of*

After these prepositions, the definite article ('the') and the indefinite article ('a') change:

der/ein → des/eines   die/eine → der/einer

das/ein → des/eines   die (*pl*) → der

Adjectives then take the ending *-en*, and an *-s* or *-es* is added to the end of masculine and neuter nouns.

Während **des** letz**ten** Winter**s** hat es viel geschneit. – *During last winter it snowed a lot.*

Innerhalb **der** Stadtgrenze darf man nur 50 km/h fahren. – *You can only drive at 50 km/h within the town.*

Statt ein**es** Krankenhaus**es** gibt es nur eine Arztpraxis. – *Instead of a hospital there is only one doctor's surgery.*

5 Complete these sentences, remembering to keep the verb as the second element of the sentence. Translate your sentences into English.

a Außerhalb + die Hauptstadt Windhoek ...
b Dank + die Verfassung von Namibia ...
c Statt + der Massentourismus ...
d Wegen + der starke Autoverkehr ...
e Dank + das schöne Wetter ...
f Während + die Öko-Klassenreise ...

6 Translate these phrases into German.

a during the summer
b because of the chemicals
c despite the weather
d within the village
e thanks to the initiative
f outside the school

REVISION: *WENN*

Use *wenn* to say 'if' or 'whenever' but remember the correct word order:

Es schneit. Ich drehe die Heizung höher. → Wenn es schneit, drehe ich die Heizung höher. – *If it snows I turn the heating up higher.*

7 Write new sentences with *wenn*.

a Ich habe genug Geld. Ich mache eine Öko-Reise.
b Wir kaufen Bio-Kaffee. Wir helfen Familien in Afrika.
c Es ist Winter. Wir ziehen uns wärmer an.
d Wir kompostieren unseren Küchenabfall. Das ist gut für die Umwelt.
e Meike geht ins Bett. Sie stellt den Computer aus.
f Wir gehen aus dem Klassenzimmer. Wir machen das Licht aus.

8 Translate these sentences into German.

a If we collect 100 Euros, we can buy solar panels.
b If we save electricity, we can save the money for charities.
c If we separate our rubbish, we save the environment.
d If we save rainwater, we can use it for the toilets.
e If we only take showers, we don't waste water.
f If we go by car, there are toxic exhausts.

3B Controlled Assessment: Speaking

TASK: A conversation about the environment

You are going to have a conversation with your teacher about the environment.

Your teacher will ask you the following:

- What do you think are the biggest threats to the environment?
- What do you do to be eco-friendly at home? Are there any specific changes you have made?
- What do you do to be eco-friendly at school?
- Are you for or against renewable energy? Why (not)?
- !

(! Remember: at this point, you will have to respond to something you have not prepared.)

The dialogue will last between 4 and 6 minutes.

1 THINK !

Read the phrases below. Write down any others that you might find useful for the speaking task.

☐ **Threats to the environment:** *zu viel Müll; Verkehr; zu viele Abgase; Pestizide; Chemikalien; Treibhauseffekt; Wir verbrauchen zu viel Wasser/Energie; Tier-/Pflanzenarten sterben aus*

☐ **Eco-friendly at home:** *Regenwasser in Wassertonnen sammeln; Solarzellen; nur regionale Produkte vom Markt kaufen; mit dem Fahrrad fahren; zu Fuß gehen*

☐ **Eco-friendly at school:** *Licht ausschalten; Müll trennen; Heizung herunterdrehen; keine Süßigkeitenautomaten*

☐ **Renewable energy:** *Ich bin für/gegen Ökoenergie, weil ...*

! *Can you predict what the unexpected question might be? For example:*

☐ What do you think will be the biggest threats to the environment in 50 years' time?

NB Add to your list any language you would need to answer these questions.

2 PLAN !

- **Listen to the model conversation.**
- **Listen again and note down any phrases you could use or adapt. Add these to your list from Step 1.**

3 ACTION!

Now prepare your answers. Use the bullet points below to help you and your list of useful words and phrases from Steps 1 and 2.

1 What do you think are the biggest threats to the environment?

- Try to mention <u>as many threats</u> to the environment as you can think of.
- <u>Explain</u> your opinion: *... sind ein Problem, denn ... .*

2 What do you do to be more eco-friendly at home?

- You will be mostly using the <u>present tense</u> to describe what you do at home to be eco-friendly, but you can earn extra marks by using the past or imperfect tense to talk about what it was like before: *Früher ging meine Mutter dreimal pro Woche im Supermarkt einkaufen.*
- Use <u>expressions of time</u> to say how long you have been doing something: *seit einem Jahr; seit einigen Monaten.*
- Add <u>extra detail</u> for added interest: *regionale Produkte wie z.B. Fleisch, Obst und Gemüse.*

3 What do you do to be more eco-friendly at school?

- Use <u>um ... zu</u> to say what you do to save energy.
- Give as much <u>detail</u> as possible: *Wir trennen unseren Müll: Wir haben Container für ... .*
- Use <u>link words</u> to join your sentences: *und, aber, weil, wenn,* etc.
- Use the <u>conditional of modal verbs</u> to say what other actions you could take: *Wir könnten Energiesparlampen benutzen; Wir sollten die Computer ausschalten, wenn wir nach Hause gehen.*

4 Are you for or against renewable energy? Why (not)?

- Give your <u>opinion</u> in a variety of ways: *Ich finde ...; Meiner Meinung nach ...; Ich glaube ...,* etc.
- Use <u>comparatives and superlatives</u> to specify your opinion: *... finde ich besser; ... ist am besten,* etc.
- <u>Explain</u> your choice with *weil* or *denn.*
- Say what the consequences of our actions will be with the <u>future tense</u>: *Wenn wir Ökoenergie nicht nutzen, wird die Erde immer wärmer werden.*

GRADE TARGET

To reach Grade C, you need to:
- speak clearly with a good accent
- use the present tense correctly
- use *weil* to justify your choices and give reasons.

To aim higher than a C, you need to:
- use a greater variety of tenses (e.g. use the imperfect or perfect tense)
- use link words to create longer, more complex sentences
- use a range of expressions of time or frequency.

To aim for an A or A*, you need to:
- use a greater variety of vocabulary
- use subordinating conjunctions (e.g. *dass, wenn*) with the correct sentence order
- use the future tense to talk about the possible consequences of our actions and the conditional to say what more you could do to combat them (e.g. *die Erde wird immer wärmer; ich könnte mehr recyceln*).

TASK: A proposal for a green project

Write a proposal for a green project in your school.
You could include the following:

- The aim of the scheme
- Why you think the issue is important
- How you will get people involved
- How often you will meet
- What members will do.

THINK!

Start by noting down a few key facts:

1 **Aim of the scheme:** *Umwelt; Tiere; Pflanzen; Müll; Energie; Verkehr.*
2 **Why:** *Um die Umwelt/um Tier- und Pflanzenarten zu schützen; Um die Müllproduktion/den Verkehr zu reduzieren; Um Wasser/Energie zu sparen.*
3 **How:** *mit Postern/Flyern; über das Schulradio; per Telefon; über Mundpropaganda.*
4 **When:** *einmal pro Woche; jeden Tag; einmal im Monat.*
5 **What members will do:** *allein arbeiten; in Gruppen; in Paaren.*

PLAN!

- **Read the model text.**

An unserer Schule gibt es keine Umweltprojekte. Das soll jetzt anders werden, denn ich möchte ein Anti-Müll-Projekt organisieren. Ich schlage dieses Projekt vor, weil es zu viel Müll in unserer Schule gibt – Schüler und Lehrer produzieren jeden Tag zu viel Abfall. Es gibt nicht genug Mülltonnen und wir trennen unseren Müll nicht. Viele Schüler werfen ihren Abfall einfach auf den Schulhof oder auf den Boden.

Ich werde Poster entwerfen und sie in der Schule aufhängen, um Schülerinnen und Schüler zu finden, die bei der Aktion mitmachen wollen. Ich würde auch einen Bericht für unser Schulradio schreiben, weil man damit weitere Helferinnen und Helfer finden könnte, denn alle Schüler hören jeden Tag Schulradio.

Wir können uns zweimal pro Woche nach der Schule in einem Klassenzimmer treffen. Für das Projekt teilen wir uns in drei Gruppen auf. Gruppe eins schreibt an unsere Stadtverwaltung, um fünf große Trennmüllcontainer für Glas, Papier, den gelben Sack, Biomüll und Restmüll zu bekommen. Gruppe zwei spricht mit dem Schuldirektor, um mehr Abfalleimer für den Schulhof, die Klassenräume und die Schulkorridore zu organisieren. Die dritte Gruppe entwirft Poster, die alle Schüler daran erinnern, den Müll zu trennen und nicht einfach auf den Boden zu werfen.

Ich werde Projektleiter sein und die drei Gruppen koordinieren. Ich werde auch dafür sorgen, dass die Eltern der Schüler informiert werden, damit sie mitmachen können.

- **Read the text again and note down any opinions or adjectives that you could use. Add these to your list from Step 1.**
- **Look carefully at the verbs used and make a note of any you could reuse:**
  - ☐ modal verbs for what you want/can/like to do: *Ich will/möchte ...; Wir können ... .*
  - ☐ conditional for what you would like: *Ich würde ...; Man könnte ... .*
  - ☐ future for what you will do: *Ich werde...; Wir werden ... .*

3 ACTION!

Now prepare what you will write. Use the bullet points below to help you and use your list of useful words and phrases from Steps 1 and 2. Aim to write about 200–250 words.

1 The aim of the scheme:
- Use <u>modal verbs</u> to express what you want to do: *Ich möchte ... .*
- Give <u>extra detail</u>: *An unserer Schule gibt es keine Umweltprojekte.*

2 Why you think the issue is important:
- Use <u>weil</u> to explain your choice: *... weil es zu viel Müll an unserer Schule gibt.*
- Give as many <u>examples</u> as possible: *Es gibt nicht genug Mülltonnen ...; Die Schüler werfen den Abfall ...*
- *<u>Ich schlage</u> ... <u>vor</u>* is a useful phrase to say what project you are proposing.

3 How you will get people involved:
- Use <u>modal verbs</u> to say what you want to do: *Ich will Poster entwerfen.*
- This is your chance to impress with your use of the <u>conditional</u>: *Ich würde einen Bericht schreiben, weil man damit weitere Helfer finden könnte.*

- Use <u>linking words</u> to create longer sentences: *weil, denn, und, aber.*

4 How often you will meet:
- Use at least two phrases to say <u>when</u> you will meet: *einmal pro Woche um 16 Uhr.*
- Say <u>where</u> you will meet: *in der Schule.*
- Give <u>extra detail</u> for added interest: *Wir treffen uns bei mir zu Hause, denn wir haben viel Platz.*

5 What members will do:
- Give <u>as much detail</u> as possible: *Wir teilen uns in drei Gruppen auf.*
- Use <u>um ... zu</u> to say what you will do in order to achieve something: *... um mehr Mülltonnen zu bekommen.*
- Use the <u>future tense</u> to say what you will do: *Ich werde Projektleiter sein; Wir werden mit dem Schuldirektor sprechen.*

GRADE TARGET

To reach Grade C, you need to:	To aim higher than a C, you need to:	To aim for an A or A*, you need to:
• include explanations using *denn*, (e.g. *Ich schlage das Projekt vor, denn ...*) • use the present tense correctly • check all spellings.	• use a greater variety of tenses (e.g. use the imperfect to give an opinion about something in the past or use a conditional tense to say what you would like) • use link words to create longer, more complex sentences (e.g. *obwohl, wenn*) • use a range of expressions of time or frequency.	• use a variety of more unusual vocabulary (e.g. *erfolgreich* or *wichtig* for *gut*; *mitmachen* or *teilnehmen* for *helfen*) • use a greater variety of verbs: modal verbs (e.g. *sollen, können, müssen*) and reflexive verbs (e.g. *sich für ... interessieren, sich freuen*) • use adverbs to add more detail and modify what you say (e.g. *wirklich, ziemlich*)

Wie man über die Umwelt redet

die globale Erwärmung *nf*	*global warming*
die Hauptstadt -städte *nf*	*capital city*
der Massentourismus *nm*	*mass tourism*
die Nationalsprache -n *nf*	*official language of the country*
der Schutz *nm*	*protection*
die Umwelt -en *nf*	*the environment*
die Verfassung -en *nf*	*(German) constitution*
die Verschmutzung -en *nf*	*pollution*
die Wüste -n *nf*	*desert*
verursachen *vb*	*to cause*
auf dem Land	*in the countryside*

Wie man die Umwelt schützt

der Automat -en *nm*	*vending machine*
der Biomüll *nm*	*compostable waste*
die Mülltonne *nf*	*rubbish bin*
das Plakat -e *nn*	*poster*
die Reparaturwerkstatt -stätte *nf*	*repair workshop*
die Solarzelle *nf*	*solar cell*
die Verpackung -en *nf*	*packaging*
die Wassertonne -n *nf*	*water butt*
die Werkstatt -stätte *nf*	*workshop*
an/nähen *vb*	*to sew on*
aus/machen *vb*	*to turn off*
herunter drehen *vb*	*turn down low*
trennen *vb*	*to separate*
reparieren lassen *vb*	*to have repaired*
sammeln *vb*	*to collect*
zerreißen *vb*	*tear, rip*
umweltfreundlich *adj*	*environmentally friendly*

Wie man über Bedrohungen für die Umwelt spricht

die Abgase -n *npl*	*exhaust fumes*
die Einwirkung -en *nf*	*impact, effect*
die Solaranlage -n *nf*	*solar facility*
der Treibhauseffekt *nm*	*greenhouse effect*
das Weltall *nn*	*space*
aus/sterben *vb*	*to die out*
bedrohen *vb*	*to threaten*
verbrauchen *vb*	*to consume*
vergiften *vb*	*poison*
weg/werfen *vb*	*to throw away*

Wie man ökologisch Urlaub macht

der Bauernhof −höfe *nm*	*farm*
die Flugmeilen *npl*	*air miles*
die Gelegenheit -en *nf*	*opportunity*
die Halbpension *nf*	*half-board (in a hotel, etc.)*
die Heizung -en *nf*	*heating system*
das Holz *nn* Hölzer	*wood*
der Obstanbau *nm*	*fruit growing*
der Schaden - *nm*	*damage*
der Strom *nm*	*electricity current*
anrichten *vb*	*to cause, create*
erzeugen *vb*	*to produce*
retten *vb*	*to save*
schützen *vb*	*to protect*
erneuerbar *adj*	*renewable*
im Familienbetrieb	*in the family owned and run company*

Wie man über Umweltprobleme diskutiert

die Anlage -n *nf*	*facility*
der Atomstrom *nm*	*nuclear energy*
der Fluglärm *nm*	*aircraft noise*
der Gegner - *nm*	*opponent*
das Kernkraftwerk -e *nn*	*nuclear power station*
der Klimaschutz *nm*	*climate protection*
der Klimawandel *nm*	*climate change*
die Kohle -n *nf*	*coal*
die Lösung -en *nf*	*solution*
die Quelle -n *nf*	*source*
die Rohstoffe *npl*	*raw materials*
die Sache -n *nf*	*thing, matter*
die Startbahn -en *nf*	*runway*
der Stromverbrauch *nm*	*electricity consumption*
die Unterschrift *nf*	*signature*
der Wahnsinn *nm*	*insanity, craziness*
das Wasserkraftwerk -e *nn*	*hydroelectric power station*
beschließen *vb*	*decide*
Energiesparen *vb*	*saving energy*
verbrauchen *vb*	*use, consume*
überleben *vb*	*survive*
erneuerbar *adj*	*renewable*
intakt *adj*	*undamaged*
umweltschonend *adj*	*protecting the environment*
vorstellbar *adj*	*imaginable*
außerdem *adv*	*besides, as well*
bald *adv*	*soon*
Ich finde/glaube/meine	*I find/believe/think*
meiner Meinung nach	*in my opinion*
Ich bin der Meinung, dass	*I think that*

4A Schulleben

Weißt du schon, wie man ...

- ❑ sagt, was in der Schule los ist?
- ❑ das Schulleben in verschiedenen Ländern vergleicht?
- ❑ eine gute Schule definiert?
- ❑ über Probleme in der Schule spricht?
- ❑ Schule und Nebenjob kombinieren kann?

Was macht eine gute Schule aus?

Controlled assessment

- **Have a conversation about your school**
- **Write an article about the changes you'd like to make to your school**

Kompetenzen

Beim Sprechen

In German, how do you ...
- create questions from statements if you can't remember the question word?
- anticipate questions by context and prepare your answers?

Beim Hören

How do you ...
- guess the meaning of an unknown word?
- use a task to predict vocabulary?

Aktive Grammatik

As part of your German language 'toolkit', can you ...
- use question words correctly?
- use common reflexive verbs that take a dative pronoun?

W Schulfächer, Schultag, Meinungen **K** Tonfall bei Fragen

Heinrich-Schütz-Gymnasium						
Name - Heike Bölling						
Zeit	Montag	Dienstag	Mittwoch	Donnerstag	Freitag	Samstag
8:15–9:05	Deutsch	Chemie	Latein	Spanisch (Wf)	Mathe	Geschichte
9:10–10:00	Deutsch	Spanisch (Wf)	Geografie (Wf)	Mathe	Englisch	Geschichte
10:05–10:55	Geografie (Wf)	Englisch	Kunst (Wf)	Englisch	Deutsch	Kunst (Wf)
11:15–12:05	Mathe	Biologie	Musik	Hauswirtschaft	Technik	
12:10–13:00	Geschichte	Technik	Sport	Latein	Biologie	
13:10–14:00	Englisch	Mathe	Sport	Chemie	Religion	

Wf = Wahlfach

Hallo! Heute möchte ich wissen, welches Wahlfach ihr habt und warum ihr dieses Wahlfach gewählt habt. Ich fange mit Natalie an.

Informatik und Buchhalten. Ich möchte gern Sekretärin werden.

Natalie

Musik macht mir Spaß. Ich kriege da immer gute Noten.

Jochen

Erdkunde ist einfach toll, aber ich weiß nicht, ob es für meine Zukunft nützlich ist.

Karl

Ich will nach Paris fahren!

Heidi

Ich möchte später Ingenieurin werden.

Karen

Ich brauche Chemie für meine Zukunft in einem Labor.

Georg

1 Schau dir den Stundenplan auf Seite 120 an und ergänze die Sätze. Hör dann zu, um deine Antworten zu prüfen.

1 Heikes Schultag beginnt um _____.
2 In der Woche hat Heike _____ Stunden Mathe.
3 Sie hat _____ am M_____ in der _____ Stunde und am _____ in d__ _____ Stunde.
4 Die Pause beginnt um _____ und dauert _____ Minuten.
5 Am Samstag hat sie eine _____ Geschichte.
6 Die Schule ist um _____ zu Ende.
7 Heikes Wahlfächer sind _____, _____ und _____.

2 Ergänze die folgenden Fragen.

Beispiel: In welche Kl*asse gehst* du?

a Wann fängt die S_____ an? W_____ endet sie?
b Was ist dein L_____?
c Warum ist das d_____ Lieblingsfach?
d An welchem T_____ oder an welchen T_____ und um wie viel U_____ hast du __(ein Fach)__ ?

3a Füll die Tabelle aus. Beginne mit deinem eigenen Namen. Stell Fragen an drei Partner.

Name	Klasse	Lieblingsfach	Meinung	Tag/e und Uhrzeiten
(dein Name)				

TIPP

Speaking
Asking questions: if you cannot remember the question word, change the key part of the sentence into a question by using a rising tone at the end. For example: *(Wie lange) dauert eine Stunde?* could become simply *Eine Stunde dauert ...?*

3b Benutze die Informationen aus Tabelle 3a und schreib Sätze über dich selbst und eine andere Person.

Beispiel: Ich bin in der zehnten Klasse. Die Schule beginnt um ...

3c Lies deine Sätze aus Übung 3b einem Partner/einer Partnerin vor, um deine Aussprache zu üben.

4a Thomas fragt Schüler: Welches Fach hast du als Wahlfach gewählt und warum? Lies die Aussagen auf Seite 120, hör zu und füll die Tabelle aus.

Name	Wahlfach	Warum?
Natalie		
Karl		
Jochen		
Georg		
Karen		
Heidi		

4b Partnerarbeit. Benutzt die Informationen aus Übung 4a, um ganze Sätze zu schreiben.

Beispiel: Natalie hat Informatik gewählt, weil sie Sekretärin werden will.

TIPP

Reading and listening
As often as you can, read and listen to German at the same time, in order to get used to detecting the spoken words.

Jetzt seid ihr dran!

5 Prepare an interview in German with a partner about a school day. Compare a school day in Great Britain with Heike's school day. The final question should be: where is being a student better, in Germany or in Britain?

- First write out the questions you want to ask.
- Practise asking the questions and answering them.
- Then record your interview on the OxBox.

6 Your parents want you to spend a term in Germany to improve your German. Write a letter in German to your new school, the Heinrich-Schütz-Gymnasium. Explain why you want to study there and ask which subjects you will have and what the school day is like. Describe yourself and your interests at school.

G Substantive machen **W** Schulen und Noten **K** das Pro und Kontra diskutieren

Liesl zieht nach Deutschland um. Lies die Texte und mach Notizen auf Englisch.

A Hallo! Ich heiße Liesl. Ich komme aus Salzburg in Österreich. Ich bin die Kusine von Thomas, der aufs Heinrich-Schütz-Gymnasium geht. Ich ziehe mit meiner Familie von Salzburg nach Dresden um*, und ich überlege, auf welche Art von Schule ich in Dresden gehen soll. In Österreich ist es gesetzlich vorgeschrieben*, dass jede Schule eine Schülermitverwaltung* und auch eine Schülervertretung* hat. Ich hoffe, es ist auch so in Dresden.

B Es gibt so viele verschiedene Schulen in Deutschland! Thomas meint, das Gymnasium ist prima, und es ist auch eine Halbtagsschule! Es hat auch eine Schülervertretung. Das finde ich gut. Aber ich interessiere mich nicht für Latein und so viele Fremdsprachen, wie es sie auf dem Gymnasium gibt.

C Ich möchte mit 18 oder 19 mein Abitur machen, aber zuerst muss ich meine Prüfungen am Ende der zehnten Klasse machen, das heißt, die mittlere Reife oder den Schulabschluss. Eine Gesamtschule wäre das Beste für mich, oder vielleicht ein berufliches Gymnasium. Dort kann ich mich auf meinen Traum konzentrieren, Zahntechnikerin werden!

* umziehen – *to move (house)*
gesetzlich vorgeschrieben sein – *to be a legal requirement*
Schülermitverwaltung – *student co-governance*
Schülervertretung – *student representation*

Heinrich-Schütz-Gymnasium
Zeugnis

Student: _Christian Brett_

Fach	Note
Mathematik	2
Chemie	6
Biologie	4
Physik	3
Deutsch	4
Latein	4
Englisch	5
Geschichte	5
Technik (Wf)	2
Musik (Wf)	2

Note	Bedeutung
1	sehr gut
2	gut
3	befriedigend
4	ausreichend
5	mangelhaft
6	ungenügend

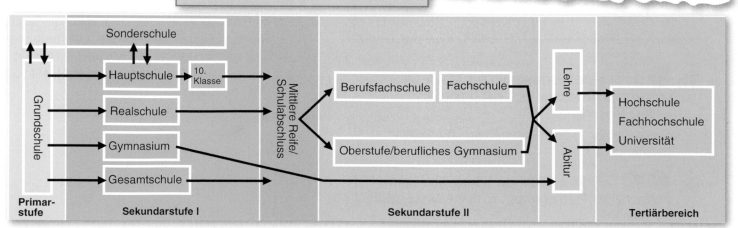

Primarstufe: Grundschule

Sekundarstufe I: Sonderschule, Hauptschule, 10. Klasse, Realschule, Gymnasium, Gesamtschule → Mittlere Reife / Schulabschluss

Sekundarstufe II: Berufsfachschule, Fachschule, Oberstufe/berufliches Gymnasium, Lehre, Abitur

Tertiärbereich: Hochschule, Fachhochschule, Universität

1 Es gibt in Deutschland viele Schularten. Sieh dir das Diagramm auf Seite 122 an und verbinde den Schultyp mit der Beschreibung unten.

Beispiel: **1 a**

1 Grundschule		**4** Gymnasium	
2 Realschule		**5** Berufsschule	
3 Gesamtschule		**6** Fachhochschule	

a Kinder gehen auf diese Schule, bis sie 11 Jahre alt sind.

b Wenn du in der Grundschule besonders gute Noten bekommen hast, kannst du auf diese Schule gehen und danach auf die Universität.

c Diese Schule hat alle Sorten von Schülern, wie in einer „comprehensive" in Großbritannien.

d Nach der zehnten Klasse in diesen Schulen macht man die mittlere Reife, wie „GCSEs" in Großbritannien (drei Schulen).

e In diesen zwei Schulen macht man das Abitur, wenn man 19 Jahre alt ist, und wenn man gute Noten bekommen hat, kann man auf die Universität gehen.

f In dieser Schule kann man neben den normalen Schulfächern auch eine Lehre machen.

g Diese Schule ist für Schüler, die ein technisches Fach studieren wollen, zum Beispiel, um Ingenieur oder Diplomingenieur zu werden.

2 Auf was für eine Schule gehen diese Jugendlichen und was gefällt ihnen besonders daran? Hör gut zu und füll die Tabelle aus.

	Type of school	Positive aspects
1		
2		
3		

* die Halbtagsschule – *half-day school*
  sitzenbleiben – *to repeat a year*

GRAMMATIK

Nouns made from adjectives and adverbs

In German, you can make nouns from adjectives and adverbs: *gut – das Gute* (good – the good).

A common plural noun when speaking or writing about young people is: *jugendlich – die Jugendlichen* (youthful – young people).

3 Partnerarbeit. Macht Substantive mit diesen Adjektiven. Erfindet noch andere!

a schön		**c** dumm	
b schlecht		**d** langsam	

4a Partnerarbeit. Lest Christians Zeugnis auf Seite 122 und beschreibt seine Noten.

Beispiel: Die schlechteste Note ist in Chemie. Die besten sind ...

4b Partnerarbeit. Ihr seid der Schülerrat und müsst euch entscheiden: soll Christian sitzenbleiben? Macht eine Liste von Gründen für beide Argumente.

- Ja, weil ...
- Nein, weil ...

Jetzt seid ihr dran!

5a Listen to the recording about German school routine, read the text below and then discuss it with a partner.

Die Schule beginnt früh am Morgen in Deutschland, so um 8 Uhr. Der Schultag in einer normalen Schule endet ungefähr um 13 Uhr. Dann gehen die Schüler nach Hause zum Mittagessen und am Nachmittag haben sie keinen Unterricht. Nachmittags unter der Woche kann man in den Sportklub gehen, seinem eigenen Hobby nachgehen, freiwillige Arbeit oder einen Freizeitjob machen. Aber es gibt immer viele Hausaufgaben, und der Vormittag in der Schule ist lang und hart. Dazu kommt noch, dass in vielen Schulen auch am Samstagvormittag Unterricht ist.

Heutzutage gibt es immer mehr Ganztagsschulen, wo die Schüler so wie in England auch am Nachmittag Unterricht, also nicht frei, haben. Sie haben aber nicht so viele Hausaufgaben auf.

5b Would you rather attend a half-day school or a whole-day school? Why? First make lists in German of reasons for and against each type of school. Then discuss your lists in German with a partner. Will you make any changes?

Halbtagsschule		Ganztagsschule	
Pro	**Kontra**	**Pro**	**Kontra**

6 Write a report about everything that you think is good about your school – facilities (*Einrichtungen*), subjects, teachers, student council, the students. Can you think of anything else?

W Deutsche Schulen K Vorkenntnisse ausnutzen; Wörter voraussagen

Ich heiße Katrin. Ich bin 15 Jahre alt und ich gehe aufs Gymnasium, weil ich Abitur machen und später studieren will. Meine Noten waren nach der 4. Klasse gut genug, um das Gymnasium zu besuchen – ein Glück! Ich muss auf dem Gymnasium sehr viel lernen –

Katrin

manchmal zu viel. Ich muss jeden Tag zwei Stunden Hausaufgaben machen, und vor Prüfungen und Klausuren muss ich oft bis spät abends lernen. Meine Noten sind nicht schlecht, aber auch nicht gut – ich habe im Durchschnitt eine 3. Aber für ein Studium brauche ich bessere Noten. Ich mache mir jetzt schon Sorgen, ob ich das schaffe …

Mein Name ist Cahil und ich bin 14 Jahre alt. Ich gehe auf die Hauptschule. Ich bin erst vor sechs Jahren nach Deutschland gekommen, und in der Grundschule habe ich nur wenig Deutsch gesprochen. Darum bin ich nach der

Cahil

4. Klasse nicht aufs Gymnasium oder auf die Realschule gewechselt. Aber ich gehe gern auf die Hauptschule, weil ich später eine Lehre als Kfz-Mechaniker machen will – ich möchte so früh wie möglich Geld verdienen. Ich habe auch gute Noten, weil ich im Unterricht gut mitkomme – auf dem Gymnasium oder der Realschule hätte ich bestimmt viel mehr Leistungsdruck.

Ich heiße Olivia. Ich bin 14 und ich gehe auf eine Gesamtschule. Eine Gesamtschule ist Hauptschule, Realschule und Gymnasium zusammen – bis zur zehnten Klasse. Erst danach entscheidet man sich, welchen

Olivia

Schulabschluss man machen will oder kann. Ich werde wohl den Realschulabschluss machen – aber ich habe noch zwei Jahre Zeit, um mich zu entscheiden! Ich finde das Gesamtschulsystem auch gut, weil man bis zur 9. Klasse nicht sitzenbleiben kann. Ja, ich glaube, ich kann viel besser lernen, weil ich keine Angst vor dem Sitzenbleiben habe.

Ich heiße Milo und ich bin 15 Jahre alt. Ich gehe seit zwei Jahren auf eine Waldorfschule. Das ist eine Privatschule und meine Eltern

Milo

müssen Schulgeld bezahlen. Ich gehe gern auf die Waldorfschule, weil es hier bis zur 11. Klasse überhaupt keine Noten gibt. Ich war vorher auf dem Gymnasium und hatte total Angst vor Prüfungen und Zeugnissen. Vor jeder Klausur habe ich mich übergeben. Hier auf der Waldorfschule bekommen wir schriftliche Beurteilungen – das ist viel besser. Mir gefällt die Schule auch, weil keiner sitzenbleibt.

Reading and listening

Use all your common sense and your world knowledge to try to guess the meaning of an unknown word. Then double-check to see if your guess makes sense in relation to the rest of the sentence and the whole text.

Listening

The task often gives you hints of what you will hear: think of the vocabulary that might come up. Then check your answers. Do they make sense?

1a Hör gut zu und lies die Texte.

1b Wie heißen diese Ausdrücke auf Deutsch?

a   on average
b   to manage to do something
c   to keep up with
d   pressure to succeed
e   written assessment

1c Beantworte die Fragen auf Englisch.

a   Why did Katrin want to go to the *Gymnasium*?
b   What does she worry about?
c   Why does Cahil go to the *Hauptschule*?
d   What does he think about this type of school?
e   What is different about a *Gesamtschule*?
f   Why does Olivia like going to a *Gesamtschule*?
g   Why did Milo switch to a *Waldorfschule*?
h   Why does he like the *Waldorfschule*?

2 Partnerarbeit. **A** wählt eine der Schulen von Übung 1 aus, **B** stellt Fragen darüber. Dann ist **B** dran.

* Auf was für eine Schule gehst du?
* Was für eine Schule ist das?
* Was gefällt dir? Warum?
* Was gefällt dir nicht? Warum nicht?

3 Hör gut zu. Was macht eine gute Schule aus? Vier Schülerinnen und Schüler beschreiben ihre Schule – was finden sie positiv und was negativ? Mach Notizen.

	Positiv	Negativ
1		
2		
3		
4		

4 Partnerarbeit. Was macht eine gute Schule aus? Lies deine Notizen von Übung 3 und wähle deine „Top 5". Diskutiere deine Wahl zu zweit.

Beispiel:

A Die Lehrer sind jung – das finde ich am wichtigsten.

B Der Unterricht ist interessant – das ist wichtiger, finde ich.

Reading

Many German newspapers and magazines are available on the internet. Research some so that you can practise reading real German publications.

Jetzt seid ihr dran!

5 Which German school type would you choose – and why? Write an article for a German school magazine.

6 Give a presentation about your ideal school in front of the class. Try to be as inventive as possible. Mention:

* what type of school it is
* why/how it is different from other schools
* what the three most important features are that make it ideal for you.

After everybody has delivered their presentation, the class votes on which school they'd most like to go to.

W Probleme in der Schule   **K** Rat geben

Schülerverzeichnis – Problemseite
Liebes SchülerVZ-Forum ...

1

Ich gehe in die 8. Klasse, und ich habe ein Problem: meine Familie hat nicht viel Geld, und ich muss alte Klamotten von meinem Bruder und meiner Schwester tragen. Ich habe auch kein Geld für Make-up und die neuesten CDs. Ich finde das nicht schlimm, aber einige Mädchen aus meiner Klasse lachen mich deshalb aus und wollen mich nicht in **ihrer Clique** haben. Diese Mädchen rauchen auch und **schwänzen** manchmal **die Schule**. Jetzt haben sie gesagt: „Wenn du rauchst und mit uns den Unterricht schwänzt, kannst du in unserer Clique sein!" Aber das will ich nicht ...

Marie

2

Ich bin 15 Jahre alt und ich gehe aufs Gymnasium, aber meine Noten sind sehr schlecht. Ich lerne jeden Nachmittag bis um 20 Uhr, und ich bekomme am Wochenende **Nachhilfe**, aber meine Noten werden immer schlechter. Ich möchte gern auf die Realschule wechseln, weil der Leistungsdruck dort nicht so groß ist. Aber meine Eltern sind total dagegen – sie sagen: „Du bist schlau genug – du musst dich nur mehr anstrengen!" Oder sie sagen: „Nur mit Abitur kannst du später studieren!" Aber ich möchte nicht studieren, ich möchte lieber einen praktischen Beruf lernen – Gärtner oder Tierpfleger. Wie kann ich ihnen das erklären?

Johann

3

Ich bin sehr unsportlich. Ich bin nicht dick, aber ich finde Sport sehr schwer. In allen anderen Fächern habe ich gute Noten – nur in Sport nicht. Ballsportarten – also Volleyball oder Basketball – sind nicht ganz so schlimm, aber alles andere ist schrecklich. Wir haben dieses Schuljahr einen neuen Sportlehrer bekommen. Er ist sehr streng und schreit mich immer an, wenn ich Fehler mache: „Du bist zu faul – beweg dich mehr, du **lahme Ente**!" sagt er oft. Ich schaffe das nicht mehr – ich möchte den Sportunterricht am liebsten schwänzen ...

Lilli

4

Ich bin der jüngste und kleinste Schüler in der Klasse und drei Mitschüler sind total gemein zu mir. Sie **verprügeln** mich, sie nehmen mir mein **Handy** oder meine Jacke weg und gestern hat Thorsten – er ist der **Anführer** – gesagt: „Bring uns morgen früh 20 Euro mit – sonst bekommst du richtig Ärger!" Aber ich habe keine 20 Euro! Ich habe jetzt total Angst, in die Schule zu gehen. Meine Freunde können mir auch nicht helfen – sie wollen keinen Ärger mit diesen Schülern haben. Was soll ich tun?

Ulf

Die Antworten des SchülerVZ-Forums:

a
Du musst mit ihnen reden. Erkläre ihnen, wie unglücklich und gestresst du auf deiner Schule bist. Auch ohne Studium kann man einen guten Beruf haben! Vielleicht kann auch ein anderer Erwachsener (Tante, Opa usw.) ihnen das sagen?

b
Verprügeln jeden Tag – das ist **Mobbing**! Du brauchst Hilfe von Erwachsenen. Erzähl deinen Eltern und auch deinem Klassenlehrer von deinem Problem. Der muss mit dem Mobbern reden. Klar muss sein: Mobbing ist falsch!

c
Du hast recht – nicht zum Unterricht gehen ist keine Lösung! Gibt es noch andere Mädchencliquen in deiner Klasse, oder andere Mädchen, für die die neueste Mode nicht so wichtig ist? Oder die gegen Zigaretten sind? Das sind bestimmt die besseren Freundinnen für dich.

d
Keine Frage – dein Lehrer ist ungerecht. Und persönliche **Beleidigungen** sind falsch! Erkläre deinem Klassenlehrer dein Problem. Wenn das nicht hilft: Rede mit deinen Eltern und geh mit ihnen zum Schuldirektor.

1a 📖 Lies die Texte (1–4) und finde die passenden Antworten (a–d).

1b 👤👥 Partnerarbeit. Was bedeuten die fettgedruckten Wörter? Diskutiert zu zweit.

1c 📖 Lies die Texte noch einmal. Wer ...

a ... ist schlank?
b ... hat nicht viel Geld?
c ... hat keine guten Noten?
d ... hat Probleme mit den Mitschülern?
e ... möchte auf eine andere Schule gehen?
f ... hat Probleme mit einigen Mitschülerinnen?
g ... hat in fast allen Fächern gute Noten?
h ... ist nicht groß?

2a 🎤 Was ist Schulangst? Hör gut zu und finde die passenden Zahlen.

a	40%	**1**	Schüler, die ihre Mitschüler verprügeln
b	5–10%	**2**	Schüler(innen), die Schulangst haben
c	13%	**3**	15-Jährige, die Probleme im Unterricht haben
d	31%	**4**	Schüler(innen), die den Unterricht schwänzen
e	17%	**5**	Schüler, die ihren Mitschülern etwas wegnehmen

2b 🎤🖊 Hör noch einmal zu. Sind die Sätze richtig oder falsch? Korrigiere die falschen Antworten.

a Schüler mit Schulangst haben oft Bauchschmerzen.
b Viele Schüler haben Angst vor ihren Eltern.
c Viele Schüler haben Angst, im Unterricht nicht mitzukommen.
d Schwänzende Schüler machen einen guten Abschluss.
e Mobbing ist Gewalt an der Schule.
f Viele Lehrer mobben die Schüler.

3a 📖 Was hilft gegen Schulangst? Lies die Tipps (a–d) und finde die passenden Bilder (1–4).

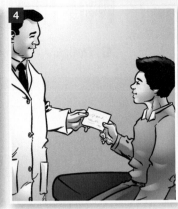

a Nicht vor Problemen weglaufen – seid mutig! Dann hört die Angst oft einfach auf. Du hattest sicher auch Angst, als du das erste Mal im Schwimmbad vom 5-Meter-Brett gesprungen bist, und danach war alles ok. So ist das auch in der Schule ...

b Ein bisschen Angst vor Klassenarbeiten und Prüfungen ist normal – und gut. Dieses „Lampenfieber" macht sogar fit. Bei dauernden Kopf- oder Bauchschmerzen frag aber lieber einen Arzt – er kann auch eventuell Medikamente dagegen geben.

c Vielen Kindern helfen Entspannungsübungen wie z.B. Meditation, Atemübungen oder Yoga. Manchmal hilft es auch, mit einem Schulpsychologen zu sprechen.

d Im Unterricht nicht immer nur der oder die Beste sein wollen! Manche Kinder (und Eltern) wollen nur Einsen – das sorgt für Dauerstress. Sag dir vor jeder Prüfung: „Es ist okay, wenn ich heute eine Zwei bekomme – oder eine Drei!"

3b 👤 Partnerarbeit. Übersetzt die Tipps ins Englische.

3c 👤👥 Partnerarbeit. Lest noch einmal die Tipps von Übung 3a und die Antworten auf Seite 126. Diskutiert zu zweit: Welche helfen am besten bei Schulangst?

Jetzt seid ihr dran!

4 👥 Do a survey in your class: What problems do you have at your school? Draw a graph (e.g. a pie chart).

5 🖊 Write a paragraph about the results from activity 4 for the magazine *SchülerVZ*.

G Reflexivverben mit dem Dativ **W** Nebenjobs für Schüler **K** Sprechen: von Frage zu Antwort

Jörg hat heute bis spätabends im Supermarkt gearbeitet. Es ist schon Mitternacht und er muss noch seine Hausaufgaben machen. Aber er hat ein Problem damit: Er versteht seine Matheaufgaben nicht. Was soll er machen? Und was wird er morgen seinem Mathelehrer sagen?

1 Lies den Text über Jörg und beantworte die Fragen auf Englisch.

a What time is it?
b Where has Jörg been?
c What is he trying to do?
d What is the problem?
e What is he worried about for tomorrow?

2 Schau dir das Bild unten an. Die elfte Klasse möchte einen Ausflug zum Vergnügungspark machen. Susanne und ihre Freunde überlegen sich, wie sie für den Ausflug Geld verdienen können. Was für Ideen haben sie? Was schlägst du vor? Mach eine Liste.

Beispiel: Wir können Kekse backen und sie in der Pause verkaufen.

3a ⊘ Vervollständige die Antworten.

a Wie heißt du? Ich ...
b Bekommst du Taschengeld? Ja, ...
c Reicht dein Taschengeld aus? Nein, ...
d In was für eine Schule gehst du? Ich gehe ...
e Hast du einen Nebenjob? ...
f Verdienst du Geld? ...

3b 👥 Partnerarbeit. Stellt euch gegenseitig die Fragen aus Übung 3a. Versucht eure Antworten z.B. mit weil zu erweitern. Die Tipp-Box hilft euch dabei.

TIPP

Speaking

Listen carefully to any question you are asked. You can often adapt words from the question to begin your answer.

4a 🎤 Interviews mit vier Jugendlichen über ihre Nebenjobs. Hör gut zu und füll die Tabelle aus.

Part-time Job	
For	**Against**

4b 👥 Diskutiert mit einem Partner/einer Partnerin das Pro und Kontra eines Nebenjobs. Benutzt die Tabelle aus Übung 4a und fügt neue Ideen hinzu.

Beispiel: Es ist schlecht, wenn man spätabends arbeitet, weil man am nächsten Tag müde ist.

5 ⊘ Schule plus Nebenjob: Kann das zum Konflikt führen? Schreib ganze Sätze.

Beispiel: **a** Jörg hat seine Hausaufgaben nicht gemacht, weil er im Supermarkt gearbeitet hat.

a Jörg – Hausaufgaben nicht gemacht (weil) – im Supermarkt gearbeitet
b Barbara – kein Taschengeld bekommen (weil) – Zimmer nicht aufgeräumt
c Jochen – samstagmorgens sehr müde, (wenn) – seinem Bruder beim Gig hilft
d Seine Eltern – sich Sorgen, (weil) – Jörg bis spätabends arbeitet
e Heike – schlechte Noten bekommen (weil) – jeden Tag nach der Schule arbeitet.

GRAMMATIK

Revision: Dative reflexive pronouns

Some verbs take a reflexive pronoun in the dative case. Reflexive dative pronouns are the same as accusative pronouns except for *ich* – **mir** and *du* – **dir**.

Ich mache mir Sorgen – *I am worried.*

Examples of such verbs include:
sich überlegen (+ *dat*) – *to think over, to consider*
sich Sorgen machen – *to be worried about*
sich leisten (+ *dat*) – *to be able to afford*
sich vorstellen (+ *dat*) – *to imagine*

6a 📖 ⊘ Lies den folgenden Dialog und füll die Lücken aus. Sieh dir Seite 130 an, wenn du Hilfe brauchst.

Liesl: Ich überlege _____, ob ich auf eine Halbtagsschule gehen sollte.
Thomas: Dann könntest du einen Nebenjob haben. Mit dem Geld kannst du es _____ leisten, mehr CDs zu kaufen.
Liesl: Ja, aber meine Eltern würden _____ Sorgen machen, dass ich mit meinen Hausaufgaben nicht fertig werde.
Thomas: Tja, das kann ich _____ nicht vorstellen!

6b ⊘ Übersetze den Dialog aus Übung 6a ins Englische.

Jetzt seid ihr dran!

7 ⊘ Do you have a part-time job? If not, imagine that you do have one. Describe the job, including the hours, pay and tasks. What is good about the job? What is not so good about it? Write as much as possible in German using full sentences and paragraphs.

8 👥 In a group of 4–5 people, think up a fantastic idea for earning money as a group in your free time. Prepare a 'Dragon's Den' presentation in German for the rest of the class, with each member of your group presenting a section. Try to convince the class to give you financial support (*finanzielle Unterstützung*) for your idea.

REVISION: REFLEXIVE VERBS AND THE DATIVE

Reflexive verbs are often used in German to express thinking, imagining, remembering and sometimes feeling. Reflexives can be useful when talking about school, future plans and pocket money.

Ich erinnere **mich** – *I remember*
Ich interessiere **mich** – *I'm interested*
Ich merke **mir** – *I'm making a mental note, I'll remember, I won't forget*
Ich stelle **mir** vor – *I imagine*
Ich überlege **mir** – *I'm thinking about, I'm considering*

NB The first two examples take the **accusative** pronoun; the last three examples take the **dative** pronoun. Accusative and dative reflexive pronouns are the same for all forms except the *ich* and *du* forms:

Accusative				Dative			
ich	**mich**	wir	uns	ich	**mir**	wir	uns
du	**dich**	ihr	euch	du	**dir**	ihr	euch
er/sie	sich	sie	sich	er/sie	sich	sie	sich
		Sie	sich			Sie	sich

Those reflexive verbs taking the dative often have an object or are part of an idiomatic phrase, e.g. *sich Sorgen machen* (to be worried), *sich etwas leisten* (to afford something, to treat oneself to something) or *sich etwas kaufen* (to buy oneself something).

Kannst **du dir** ein neues Fahrrad leisten? – *Can you afford to buy yourself a new bicycle?*
Ich merke **mir** deine Handynummer. – *I'm noting your mobile phone number.*
Ich mache **mir** Sorgen um Christian. – *I'm worried about Christian.*
Herr Huber, **Sie** erinnern **sich** an Georg, nicht wahr?
– *Mr Huber, you remember Georg, don't you?*

1 Conjugate the following reflexive verbs with dative pronouns in the *ich*, *du* and *wir* forms.

   a sich etwas vorstellen (*to imagine*)
   b sich Mühe geben (*to make an effort*)
   c sich Sorgen machen (*to be worried about*)

2 Complete these sentences with the correct dative reflexive pronouns.

   a Ich gebe _____ viel Mühe mit meinen Hausaufgaben, aber sie sind schwierig.
   b Meine Mutter macht _____ viele Sorgen um die kleine Katze.
   c Claudia bekommt so wenig Taschengeld, dass sie _____ nicht leisten kann, ins Kino zu gehen.
   d Kannst du _____ merken, wann der Film beginnt?
   e Ich leiste _____ jeden Monat eine neue CD.
   f (du) Merk _____, dass du am Dienstag Hausaufgaben hast!

3 Use the verbs in activity 1 to complete this text. Then translate it into English.

Jörg hat heute bis spätabends in seinem Nebenjob im Supermarkt gearbeitet. Es ist jetzt Mitternacht und er ist müde, aber er muss noch seine Hausaufgaben machen. Er _____ _____ viel Mühe, aber er versteht die Matheaufgaben nicht. Er kann _____ nicht vorstellen, wie er fertig werden kann, und er macht _____ große Sorgen, was er morgen seinem Mathelehrer sagen wird.

4 Write sentences with these reflexive verbs that take the dative.

Example: **a** Ich überlege mir, ob ich ins Kino gehe.

   a sich überlegen, ob ...
   b sich Sorgen machen über ...
   c sich vorstellen, dass ...
   d sich Mühe geben mit ...

GRAMMATIK

Revision: Question words

Remember that these 'w'-words are placed at the beginning of a sentence to make it a question.

wann – *when*	wer (wen, wem) – *who*
wo – *where*	*(whom)*
wie – *how*	warum – *why*
wie viel(e) – *how much*	was – *what*
(how many)	was für – *what sort of*

GRAMMATIK

Adjectives as nouns

Adjectives can also be used as nouns. They start with a capital letter because they are nouns, but they keep the adjective endings because they are adjectives, for example the adjective *deutsch*:

	definite article	indefinite article
masculine	der Deutsche	ein Deutscher
feminine	die Deutsche	eine Deutsche
neuter	das Deutsche	ein Deutsches
plural	die Deutschen	Deutsche

5 Find the right sentence-ending for the question words.

a	Wann ...	**1**	... hast du dein Buch vergessen?
b	Wie ...	**2**	... will später studieren?
c	Wo ...	**3**	... machst du Abitur?
d	Warum ...	**4**	... Wahlfächer hast du?
e	Wie viele ...	**5**	... komme ich zum
f	Was für ...		Schwimmbad?
g	Wer ...	**6**	... will er lesen?
h	Was ...	**7**	... ist dein Heft?
		8	... Schüler machen eine AG?

6 Insert the correct question word into each of the sentences.

a _____ ein Magazin hast du gekauft?
b _____ gehst du in die Stadt?
c _____ siehst du Samstag im Fernsehen?
d _____ endet der Film?
e _____ hast du im Supermarkt getroffen?
f _____ kommt mit zum Konzert?
g _____ kostet das Buch?

7 Turn these sentences into questions, replacing the words in bold with a question word.

a Tom isst **eine Banane**.
b Das ist **mein bester Freund**.
c Die Schule beginnt **um 8 Uhr**.
d Das Heft **kostet 4 Euro**.
e Die Kantine ist im **1. Stock**.
f Es geht dir **gut**.

8 Make nouns from the adjectives in brackets in the following sentences.

a Meine Schwester heißt zu Hause „die (klein)".
b Ein (jugendlich) wohnt in dem Haus.
c Das (gut) ist, dass ich keine Hausaufgaben machen muss.
d „Der (neu)" ist der Name von einem Film.
e Sie ist eine (fremd) in dieser Stadt.

TASK: A conversation about your school

You are going to have a conversation with your teacher about your school.

Your teacher will ask you the following:

- What subjects do you like and why?
- What subjects don't you like and why not?
- What is your usual school day like?
- What kind of extra-curricular activities do you do at school? Which activities did you do in the past?
- What is your opinion of your school? What would you like to change about it?
- !

(*! Remember: at this point, you will have to respond to something you have not prepared.*)
The dialogue will last between 4 and 6 minutes.

---

1 THINK !

Read the phrases below. Write down any others that you might find useful for the speaking task.

- [ ] **Subjects:** *Deutsch, Englisch, Wahlfach.*
- [ ] **Likes/Dislikes:** *... ist mein Lieblingsfach; ... finde ich interessant/langweilig; ... gefällt mir gar nicht.*
- [ ] **Giving reasons:** *... weil der Lehrer sehr streng ist; ... weil der Unterricht Spaß macht.*
- [ ] **Typical school day:** *Der Unterricht fängt um ... an; Nach der Pause habe ich ... .*
- [ ] **Giving your opinion:** *Ich finde gut/schlecht, dass ...; ... ist ein Problem, es gibt gute(e)/schlecht(e) ... .*

! *Can you predict what the unexpected question might be?*

- [ ] *Was findest du besser – Schule in Deutschland oder Schule in Großbritannien?*
- [ ] *Was ist das größte Problem an deiner Schule?*

NB Add to your list any language you would need to answer these questions.

---

2 PLAN !

- Listen to the model conversation.
- Listen again and note down any phrases you could use or adapt.
  Add these to your list from Step 1.

3 ACTION!

Now prepare your answers. Use the bullet points below to help you and your list of useful words and phrases from Steps 1 and 2.

1 What subjects do you like and why?

- Mention <u>as many subjects as possible</u>.
- <u>Vary your answers</u>: *Mathe gefällt mir; Ich finde ... auch gut, und ... ist super.*
- Give <u>different reasons</u>: *... weil das interessant ist; ... denn ich finde den Lehrer nett.*

2 What subjects don't you like and why not?

- Use different <u>adjectives</u> to describe the subjects: *langweilig, nicht nützlich, schlecht, doof, schwer, etc.*
- Vary the <u>word order</u> to describe the subjects: *Mathe ist super; Super finde ich auch Mathe.*
- Use <u>a variety of qualifiers</u>: *ziemlich, sehr, nicht so.*

3 What is your usual school day like?

- Use the <u>present tense</u> to say what you usually do: *In der Pause spiele ich mit meinen Freunden.*
- Add a little <u>extra detail</u> to make your answer more interesting: *Ich fahre mit dem Rad zur Schule; Die Fahrt dauert zehn Minuten.*
- Use words to <u>link</u> your sentences together: *In der ersten Stunde habe ich Mathe, und dann ...; Dienstags habe ich nur fünf Stunden, aber ... .*

4 What kind of extra-curricular activities do you do at school?

- If you don't do (m)any extracurricular activities, <u>make up the details</u>: *Fußballverein, Turnklub, Orchester.*
- Say <u>when</u> you do the activities: *jeden Montag Nachmittag, mittwochs.*
- Say how long you've been doing them for: *Ich bin seit zwei Jahren Mitglied; Ich habe dieses Jahr angefangen.*
- Mention <u>as many activities as possible</u> and why you like them.

5 What is your opinion of your school?

- Give your <u>overall opinion</u>, and then talk about specific positive and negative aspects: *Im Allgemeinen finde ich meine Schule toll, aber manche Fächer gefallen mir nicht und das Gebäude ist alt und dreckig.*
- Use *weil* or *denn* to <u>justify your opinions</u>.
- <u>Vary your opinions</u>: *... ist ein Problem; ... finde ich gut/ schlecht.*
- Mention as many <u>details</u> as you can.

GRADE TARGET

To reach Grade C, you need to:
- speak clearly with a good accent
- use the present tense correctly
- use adjectives correctly.

To aim higher than a C, you need to:
- use a greater variety of tenses (e.g. use the imperfect to give an opinion about something in the past or a conditional to say what you would like)
- use link words to create longer, more complex sentences
- use a range of expressions of time or frequency.

To aim for an A or A*, you need to:
- use a greater variety of vocabulary
- use subordinating conjunctions (e.g. *weil, denn, dass, wenn*) with the correct sentence order
- use superlatives (e.g. *Mathe ist das interessanteste Fach; Ich finde Kunst am schlechtesten.*).

TASK: Changes you'd like to make to your school

Write about changes you'd like to make to your school for your partner school's magazine.

You could mention the following points:

- timetable
- homework
- uniform
- school facilities
- problems.

1 THINK !

Start by noting down a few key facts:
1 **Timetable:** *Stundenplan; Pausen; Länge der Unterrichtsstunden*
2 **Homework:** *jeden Tag; genug, zu wenig/viel; zu einfach/schwierig*
3 **Uniform:** *Warum? Warum nicht?*
4 **School activities:** *Sportmöglichkeiten, Informatik, Kantine, Schülervertretung, AGs*
5 **Problems:** *Mobbing, Leistungsdruck, Stimmung in der Schule, Verhältnis zwischen Lehrern und Schülern*

2 PLAN !

- **Read the model text.**

Ich heiße Patrick und ich gehe auf eine Realschule. Ich gehe in die 8. Klasse. Ich finde, der Unterricht beginnt zu früh, denn er beginnt schon um acht Uhr. Ich muss mit dem Bus zur Schule fahren und die Fahrt dauert 45 Minuten. Das heißt, ich muss schon um halb sieben aufstehen – das ist zu früh, denke ich! Früher in der Grundschule musste ich erst um acht Uhr aufstehen. Und an manchen Tagen ist der Unterricht erst um halb drei zu Ende. Meiner Meinung nach ist das ein zu langer Schultag! Ich finde es auch nicht gut, dass wir am Samstag Schule haben.

Ich bin außerdem der Meinung, dass wir zu viele Hausaufgaben machen müssen. Ich muss jeden Nachmittag zwei Stunden lang lernen. Ich finde, dass ist zu viel. Ich bin auch dafür, dass alle Schülerinnen und Schüler eine Uniform tragen – so wie in England. Das wäre fairer, denn viele Schüler haben kein Geld für teure Markenklamotten. Mit Uniform sind alle in der Klasse gleich – das ist besser.

Ich wünsche mir bessere Sportmöglichkeiten an unserer Schule. Wir haben keine Turnhalle und müssen zum Sportunterricht mit dem Bus in eine andere Schule fahren.

Ich wünsche mir auch mehr AGs in der Schule, denn es gibt nur eine Sport-AG am Dienstag und eine Musik-AG Freitag nachmittags. Die kann ich aber nicht machen, weil ich an diesen Nachmittagen einen Nebenjob habe. Eine Schülervertretung wäre eine andere gute Idee, weil wir keine an unserer Schule haben. Eine Schülervertretung ist nützlich, denn dann können die Schüler zusammen mit den Lehrern Schulprobleme lösen. Und es gibt einige Probleme in unserer Schule, die mich stören: Mobbing ist zum Beispiel ein großes Problem und ich bin der Meinung, dass die Lehrer nicht genug dagegen tun. Ein anderes Problem ist der Leistungsdruck, den viele Schüler haben – vor allen vor großen Klausuren. Es wäre besser, wenn wir öfter kleinere Tests schreiben würden, denn dann ist der Leistungsdruck nicht so groß.

Wir haben glücklicherweise eine gute Kantine in der Schule. Das ist super, denn ich kann mittags eine warme Mahlzeit essen. Ich nehme manchmal Brötchen oder belegte Brote mit zur Schule, aber danach bin ich immer noch hungrig ... Mit einer warmen Mahlzeit kann ich mich danach im Unterricht richtig konzentrieren und keine Fehler machen.

- **Read the text again and note down any opinions or adjectives that you could use. Add these to your list from Step 1.**
- **Look carefully at the verbs used and make a note of any you could reuse:**
  - ☐ modal verbs for what you have to/can't do: *ich muss, ich kann nicht.*
  - ☐ the conditional for what you would like: *ich würde, es wäre.*

3 ACTION!

Now prepare what you will write. Use the bullet points below to help you and use your list of useful words and phrases from Steps 1 and 2. Aim to write about 200 words.

1 Timetable
- Use the <u>present tense</u> to describe what your timetable is like now, and the <u>imperfect tense</u> to say what it used to be like: *Früher musste ich um 7 Uhr aufstehen.*
- Give a little <u>extra detail</u>: *Ich fahre mit dem Bus zur Schule. Die Fahrt dauert ... .*
- Use <u>linking words</u> to create longer and more complex sentences: *Ich finde, ..., denn ... .*

2 Homework
- <u>Vary</u> how you give <u>your opinion</u>: *Ich finde ...; Ich bin außerdem der Meinung, dass ... .*
- Use <u>modal verbs</u> to say what you have to do: *Ich muss ... .*

3 Uniform
- Use <u>weil</u> to explain your opinion: *Ich finde Uniformen schlecht, weil man jeden Tag dasselbe tragen muss.*
- Use a <u>variety of phrases</u> to give your opinion: *Ich bin der Meinung ...; Meiner Meinung nach ... .*

- Give <u>reasons</u> to explain your opinion: *Das ist fairer, denn viele Schüler haben kein Geld für teure Markenklamotten.*

4 School facilities
- Use the <u>conditional</u> to say what you would like to have: *Ich würde gern ... .*
- Use a variety of <u>conjunctions</u> to join sentences together: *denn, dass, weil, außerdem.*
- Vary your <u>word order</u>: *Eine andere gute Idee ist eine Schülervertretung/Eine Schülervertretung ist eine andere gute Idee.*

5 Problems
- Vary your sentences by using <u>relative clauses</u>: *Es gibt Probleme, die ... .*
- Use the <u>conditional</u> to say what you would change: *Es wäre besser, wenn ... .*
- <u>Make up details</u> if there aren't any problems at your school.

GRADE TARGET

To reach Grade C, you need to:	To aim higher than a C, you need to:	To aim for an A or A*, you need to:
• use the present tense correctly • include explanations and opinions, using *weil* • check all spellings.	• use a wide variety of phrases to express your opinion • use link words to create longer, more complex sentences (e.g. *denn, dass*) • use a range of expressions of time or frequency (e.g. *am Samstag, Freitag nachmittags, jeden Mittwoch.*) • use a variety of different tenses.	• use a greater variety of tenses, e.g. the conditional, to say what you would like • use relative clauses (e.g. *Der Lehrer, der alt ist ...*) • use a greater variety of verbs: modal verbs (e.g. *sollen, können, müssen*) and reflexive verbs (e.g. *sich für ... interessieren, sich freuen*) • use adverbs to give more weight to your opinions (e.g. *wirklich, ehrlich.*).

Wie man sagt, was in der Schule los ist

das Fach *nn* Fächer	subject
der/die Ingenieur/in *nm/f*	engineer
die Note –n *nf*	mark, grade
die Pause –n *nf*	break
die Stunde –n *nf*	hour, class, lesson time
das Wahlfach –fächer *nn*	option subject
brauchen *vb*	to need
dauern *vb*	to last
kriegen *vb*	to get
wissen *vb*	to know

Wie man das Schulleben in verschiedenen Ländern vergleicht

das Abitur *nn*	school exams equivalent to A-levels
die Berufsschule –n *nf*	job/career-focused secondary school
die Fachhochschule –n *nf*	technical university
die Ganztagsschule *nf*	all-day school
die Gesamtschule –n *nf*	comprehensive
die Grundschule –n *nf*	primary school
das Gymnasium – *nn*	grammar school (equivalent)
die Hochschule –n *nf*	higher education institution
der/die Koch/Köchin *nm/f*	cook
die Prüfung –en *nf*	exam
die mittlere Reife *nf*	school exams equivalent to GCSEs
der Schulabschluss *nm*	graduation
der/die Zahntechniker/in *nm*	dental assistant
das Zeugnis *nn*	certificate, report
ausreichend *adj*	sufficient
befriedigend *adj*	satisfactory
mangelhaft *adj*	unsatisfactory
ungenügend *adj*	fail (not enough)

Wie man eine gute Schule definiert

das Abitur *nn*	school exams equivalent to A-levels
die Hausaufgaben *npl*	homework
der Kfz-Mechaniker *nm*	car mechanic
die Klausur –en *nf*	exam
der Leistungsdruck *nm*	pressure to achieve
die schriftliche Beurteilung –en *nf*	written assessment
das Schulgeld *nn*	school fees
der Unterricht *nm*	teaching, instruction
das Zeugnis *nn*	certificate, report
im Durchschnitt	on average
(sich) übergeben *vb*	to vomit
sitzen/bleiben *vb*	to fail, repeat a year
(sich) Sorgen machen	to worry

Wie man über Probleme in der Schule spricht

der Anführer – *nm*	leader
die Angst *nf* Ängste	fear
die Atemübung –en *nf*	breathing exercise
die Ballsportart –en *nf*	ball game
der Bauchschmerz –en *nm*	stomach ache
die Beleidigung –en *nf*	insult
der Dauerstress *nm*	constant stress
die Entspannungsübung –en *nf*	relaxation exercise
der Erwachsene –n *nm*	adult
der Fehler – *nm*	mistake
der/die Gärtner/in *nm/f*	gardener
das Handy –s *nn*	mobile phone
das Lampenfieber *nn*	stage fright
die Lösung –en *nf*	solution
das Medikament *nn*	medicine
das Mobbing *nn*	harassment, bullying
die Nachhilfe *nf*	private tutoring
der Schuldirektor *nm*	headmaster
das Studium *nn*	(course of) study
der/die Tierpfleger/in *nm/f*	(animal)keeper
faul *adj*	lazy
gemein *adj*	mean
schlau *adj*	clever
streng *adj*	strict
ungerecht *adj*	unfair
unglücklich *adj*	unhappy
aus/lachen *vb*	to laugh at someone
erklären *vb*	to explain
schaffen *vb*	to manage to do something
schwänzen *vb*	to play truant
(sich) an/strengen *vb*	to make an effort
(sich) bewegen *vb*	to get moving
verprügeln *vb*	to beat up
Ärger haben/bekommen	to get into trouble
lahme Ente	a slowcoach

Wie man Schule und Nebenjob kombinieren kann

der Ausflug –flüge *nm*	outing
der Buchladen –läden *nm*	bookshop
das Kontra *nn*	argument against
der Nebenjob *nm*	part-time job
das Pro *nn*	argument for
die Reitstunde *nf*	riding lesson
das Taschengeld *nn*	pocket money
der Vergnügungspark *nm*	amusement park
(sich) entscheiden *vb*	to decide
vollenden *vb*	to complete
vor/schlagen *vb*	to suggest
echt *adj*	real
dafür *adv*	for it
gleich *adv*	same
zu einem Konflikt führen	to lead to conflict

4B Die Arbeitswelt

Weißt du schon, wie man ...

- ☐ eine interessante Arbeit findet?
- ☐ einen Lebenslauf schreibt?
- ☐ ein Vorstellungsgespräch überlebt?
- ☐ über Ausbildung und Berufe spricht?
- ☐ über die Vor- und Nachteile von Berufen spricht?

Welche Berufe findest du spannend?

Controlled assessment

- Have a conversation about the work experience you did last year
- Write about what you plan to do after leaving school

Kompetenzen

Beim Schreiben

In German, how do you ...
- check for errors as you write?
- use a variety of phrases?
- use intensifiers?

Beim Lesen

How do you ...
- use context for getting the gist of a passage?

Aktive Grammatik

As part of your German language 'toolkit', can you ...
- use the formal and informal forms of address correctly?
- use the correct word order after conjunctions?
- use the future tense?

G „wenn" + Wortstellung W Anzeigen, Stellen suchen, Jobeinzelheiten K zusammengesetzte Wörter

NEBENJOBS FÜR JUGENDLICHE

Nachhilfelehrer/in* gesucht

Unsere Kinder brauchen Hilfe in den Fächern Mathe und Naturwissenschaften, um ihre Noten zu verbessern.
Nachmittags 2x die Woche 2 Stunden, 12€/Std.

H. und Fr. Schwarz Tel. 9375

Aushilfe im Kino

Sie verkaufen Popcorn und Getränke und kontrollieren die Eintrittskarten. Alter*: 16+

Nachmittags- und Abendvorstellungen*. 5€ die Stunde. Gesundheitszeugnis* erforderlich*.

Mittelwell - Kino Tel. 78 4 560

Der perfekte Nebenjob!

Haben Sie Zeit? Arbeiten Sie gern mit Computern? Wir haben einen interessanten Job für Sie in unserem Büro. Sie machen Telefondienst und ein paar Schreibarbeiten am Computer.

Schicken Sie uns eine E-Mail:
Bürodienst@schreibagentur.com

Kurierfahrer/in

Beschreibung:
Sie bringen (meist geschäftliche) Päckchen und Briefe von A nach B.

Sie müssen den Führerschein und ein eigenes Auto haben, also 18+ sein.

Gehalt:
Sie bekommen ab 10 Euro die Stunde.

Arbeitszeit:
Sie werden oft früh aufstehen müssen und mindestens vier Stunden am Tag arbeiten. Schicken Sie uns Ihren Lebenslauf!

E-Mail: Kurierservice@diepost.com

Ein Blogger fragt...

Ich bin 13 und würde gern einen Nebenjob in einem Büro haben. Geht das in meinem Alter? Meine Aufgaben wären Anrufe annehmen und ein paar Computerarbeiten machen.

Dr. Melius antwortet auf eure Fragen:

Nein, Kinderarbeit ist in Deutschland verboten. Mit 14 Jahren kannst du Zeitungen, Zeitschriften oder Werbeprospekte* austragen, aber einen Bürojob zu machen, das geht zu weit. Erst wenn du 15 oder 16 Jahre alt bist, kannst du ein paar Stunden am Tag im Büro arbeiten, aber nur als Hilfskraft (Jugendarbeitsschutzgesetz).

Lies den Blog und beantworte die Fragen auf Englisch.

1 What is the gist of the young blogger's enquiry?
2 What is the gist of the advisor's response?
3 Can you translate the sentence with *wenn*?
4 What further details do you learn?
5 What four words make up *Jugendarbeitsschutzgesetz*? What do you think this word means?

---

* die Nachhilfe – *private tutoring*
  das Alter – *age*
  die Vorstellung – *(film) showing*
  das Gesundheitszeugnis – *health certificate*
  erforderlich – *required*
  der Werbeprospekt – *advertising brochure*

1a 👥 📄 Partnerarbeit. Lest die Stellenanzeigen* auf Seite 138 und schreibt Notizen auf Englisch. Die Tipp-Box unten hilft euch dabei.

Beispiel:

Job:	private tutor
Age range:	(not stated)
Days and times:	twice a week, 2 hours in afternoons
Duties:	tutor children in maths and science
Requirements:	good in maths and science; maybe show school report?
Pay:	€12 per hour

> * die Stellenanzeige – *job advert*

TIPP

Reading

Bring together everything you know about the topic and use the numbers, layout, pictures, etc. to make good inferences. Take apart compound words in German to make a clever guess at their meaning.

1b 👥 🌓 Partnerarbeit. Wie sagt man auf Deutsch …?

a per hour – *die Stunde*
b driving licence
c small packages
d from A to B
e your own car
f entrance tickets

2a 🏹 🕐 Wie war das Praktikum oder der Job? Hör gut zu und schreib Notizen auf Englisch.

Beispiel: **1**

How was it found?	father
Where?	father's office
What kind of work?	checking data on computer
Hours:	9–4 for 3 weeks
Opinion:	interesting
Why?	likes computer work

2b 👥 🧗 Partnerarbeit. Hört noch einmal zu. Wie sagt man auf Englisch …?

a im Internet – *on the internet*
b in der Zeitung
c Animateurin im Kinderheim
d die Lehrstelle
e die Autofabrik
f die Baufirma

GRAMMATIK

Revision: *wenn*

The word ***wenn*** can mean 'if' or 'whenever'. Remember to use the correct word order after ***wenn***.

Wenn du Geld **hast**, **klappt** alles besser. – *If you have money, everything works out better.*

Wenn dein Taschengeld nicht **ausreicht**, **solltest** du einen Nebenjob finden. – *If your pocket money isn't enough, you should find a part-time job.*

3a ✏️ Schreib ganze Sätze.

a Wenn du Geld verdienen willst, …
b Wenn du eine Arbeit machst, die dich wirklich interessiert, …
c Wenn du gute Noten bekommst, …
d Wenn ein Jugendlicher einen Job sucht, …

3b ✏️ Schreib sechs Sätze mit *wenn*. Benutze die Anzeigen auf Seite 138.

Beispiel: Wenn du 18 Jahre alt bist, kannst du einen Job als Kurier annehmen.

3c 👥 🌓 Partnerarbeit. Lest eure Sätze aus Übung 3b vor. Überprüft euren Tonfall und die Rechtschreibung.

4 👥 📄 Partnerarbeit. Findet mindestens sechs zusammengesetzte Wörter auf Seiten 138–139. Wie heißen die Einzelwörter auf Englisch?

Beispiel: Nebenjob = neben + Job – *'side job', part-time job*
Arbeitszeit = Arbeit + Zeit – *'work time', working hours*

Jetzt seid ihr dran!

5a 👥 🌓 Work in groups of 4–5. Play the 'if' story chain game about where to find a job or work experience placement and about the hours, work, pay, etc. Each person starts a sentence with *wenn*, picking up from what the previous person said.

Beispiel: Wenn du ein Praktikum machen willst, kannst du bei deinem Vater arbeiten. Wenn dein Vater keine Arbeit hat, musst du im Internet suchen.

5b ✏️ Write a short *wenn*-story about finding a job, as in the groupwork activity in activity 5a.

G „Sie" statt „du" **W** der Lebenslauf **K** schriftliche Arbeit überprüfen

Lebenslauf*

Nachname:	Klett
Vorname:	Johannes
Alter:	16
Geburtsdatum:	10.12.92
Geburtsort:	Salzburg, Österreich
Staatsangehörigkeit:	österreichisch
Adresse:	Jettaweg 14 A-6010 Innsbruck
Telefonnummer:	(43) 512 27945
Schulbildung*:	1998–2002: Untersberger Grundschule seit 2003: Hauptschule Andreas Hofer
Qualifikationen:	Schulabschluss
Hobbys, Interessen:	Skifahren, Bergsteigen*, Wandern
Berufswunsch*:	Bergtourleiter*, Skifabrikant*

Ferienjob

Wir suchen Jugendliche, die im Juli–Aug. 2 Std. pro Tag bei der Inventur helfen. Schicken Sie uns Ihre Vorstellungs-E-Mail*.

Firma Schmidt Super-Ski

schmidtsuperski@abenteuerurlaub.com

● ○ ○

Hallo, Herr Schmidt!

Ich heiße Hansi und ich habe deine Anzeige im Internet gesehen. Ich will bei deiner Firma eine Stelle für den Sommer haben. Ich kann gut arbeiten und kann gut Fußball spielen. Ich kann gut arbeiten. Ich rufe dich morgen an, ja?

Alles Gute*,

Hansi

1a Lies den Lebenslauf von Johannes oben und beantworte die Fragen auf Englisch.

a Where was Johannes born?
b What date is his birthday?
c Where did he go to school?
d What does (43) mean in his telephone number?
e What are his interests and hobbies?
f What other information is given in his CV?
g What do *Bergtourleiter* and *Skifabrikant* mean?

1b Der Vater von Johannes übt* mit seinem Sohn die Fragen, die ihm ein Arbeitgeber* stellen* wird. Füll die Lücken aus und schreib dann ganze Sätze.

a Name: W_____ heißen Sie?
b Geburtsdatum: W_____ sind Sie geboren?
c Geburtsort: Wo sind Sie g_____?
d Adresse: W_____ wohnen Sie?
e Schulbildung*: Welche S_____ haben Sie besucht?
f Qualifikationen: Haben Sie Ihren S_____?
g Interessen: W_____ sind Ihre Interessen?
h Berufswunsch: W_____ möchten Sie gern als Beruf machen?

WORTSCHATZ

* der Lebenslauf – *CV*
  die Bildung – *education*
  das Bergsteigen – *mountain climbing*
  der Berufswunsch – *career aim*
  der Leiter – *leader*
  der Fabrikant – *maker, producer*
  die Vorstellungs-E-Mail – *email introducing yourself*
  alles Gute – *all the best*
  üben – *to practise*
  eine Frage stellen – *to ask a question*
  der Arbeitgeber – *employer*

1c Partnerarbeit. Rollenspiel. Stellt einander Fragen aus Übung 1b und gebt Antworten für Johannes.

Revision: formal and informal address

Young people speak and write to each other using the informal forms *du* (one person) and *ihr* (more than one person):

Machst **du** ein Praktikum? Macht **ihr** ein Praktikum?

When speaking or writing to someone older or not well known to you or in a position of authority, use the formal *Sie* form, which is the same for one and more than one persons:

Arbeiten **Sie** in einem Büro, Herr Meier? – *Do you work in an office, Mr Meier?*

Arbeiten **Sie** zusammen, Herr und Frau Meier? – *Do you work together, Mr and Mrs Meier?*

NB Johannes' father used the formal *Sie*-form when practising with Johannes because of the formality of the situation. Johannes must use *Sie* with an employer. (See *Aktive Grammatik*, page 149.)

2a Partnerarbeit. Verwandle **du**-Sätze in **Sie**-Sätze und umgekehrt.

Beispiel: Arbeitest du in einem Büro? → Arbeiten Sie in einem Büro?

Sehen Sie sich den Brief an. → Sieh dir den Brief an.

a Wie heißt du?
b Um wie viel Uhr können Sie anfangen?
c Gefällt es Ihnen, hier zu arbeiten?
d Du hast dir mit dieser Arbeit viel Mühe gegeben*.
e Interessieren Sie sich für eine Stelle in unserer Firma?

2b Schreib die Sätze aus Übung 2a in dein Heft. Überprüfe, ob alles richtig ist. Die Tipp-Box unten hilft dir dabei.

Writing

Research has shown that if you check for errors as you go along, you will have better results than if you only check at the end. Pay particular attention to word order and adjective endings.

3a Schreib deinen eigenen Lebenslauf. Benutze das Format von Johannes Lebenslauf.

Beispiel: Name: (*your name*)
Geburtsdatum: (*your birthdate*)

3b Partnerarbeit. Stellt und beantwortet die Fragen aus Übung 1b für euch. Gibt es auch andere Fragen, die ein Arbeitgeber stellen könnte?

Beispiel: Haben Sie gute Noten in der Schule bekommen?

3c Schreib das Rollenspiel aus Übung 3b in dein Heft.

4 Partnerarbeit. Johannes hat eine Jobanzeige im Internet gefunden. Er hat eine Vorstellungs-E-Mail geschrieben, aber sein Vater findet diese E-Mail schrecklich. Sie ist viel zu informell. Lest die E-Mail von Hansi auf Seite 140 und macht eine Liste von Problemen auf Englisch.

Beispiel: 1 'Hallo' is a very informal way to start a formal email introducing yourself.

Jetzt seid ihr dran!

5 Here is a more formal introductory email by Johannes. With a partner, read it aloud to each other in German, then translate it into English.

Sehr geehrter Herr Schmidt!

Ich heiße Johannes Klett. Ich bin 16 Jahre alt. Ich habe dieses Jahr meinen Schulabschluss gemacht. Ich interessiere mich für die Stelle als Inventurhelfer in Ihrer Firma. Ich bin begeisterter Sportler und möchte später bei einer Sportartikelfirma arbeiten. Ich bin pünktlich* und freundlich, und ich gebe mir Mühe bei der Arbeit. Ich hoffe, Sie werden positiv zurückschreiben*.

Mit freundlichen Grüßen,

Ihr Johannes Klett

* pünktlich – *punctual*
zurückschreiben – *to write back*

6 Read the email in activity 5 and then write your own formal email in German to a business or company where you would like to work, or in response to one of the job adverts on page 138.

G Wiederholung: Konjunktionen und Wortstellung **W** sich vorstellen **K** Konjunktionen/Wortstellung benutzen, um Sätze zu verstehen

Der Traumjob*

Sie träumen* davon, im Zoo zu arbeiten? Bei uns können Sie das als Praktikant/in* jeden Tag nach der Schule. 2 Wochen lang ausprobieren*. Rufen Sie uns an: 87 886.

WORTSCHATZ

* der Traum – *dream*
träumen – *to dream*
der/die Praktikant/in – *someone on work experience*
ausprobieren – *to try out*
zum Erfolg führen – *to lead to success*
zukünftig – *future*
selbstsicher – *self-confident*
der Vorstellungstext – *a prepared text to introduce yourself formally*
die Charaktereigenschaften – *personal characteristics*

1a 📖 👥 Partnerarbeit. Lest und übersetzt die Stellenanzeige oben ins Englische.

10 Tipps zum Erfolg!

Sie haben Ihren Traumjob gefunden und möchten sich nun telefonisch vorstellen? Was werden Sie machen? Wir geben Ihnen zehn Tipps, die zum Erfolg führen*.

1 Beim ersten Kontakt mit Ihrem zukünftigen* Arbeitgeber sollten Sie selbstsicher* und kommunikativ sein.

2 Sie brauchen also einen kurzen Vorstellungstext*. Im Text schreiben Sie:

3 Ihren Namen und wie alt Sie sind;

4 den Namen oder die Beschreibung der Stelle, für die Sie sich interessieren;

5 wo Sie die Stellenanzeige gesehen haben oder von wem Sie von der Stelle gehört haben;

6 warum Sie sich für diese Arbeit interessieren.

7 Machen Sie als Nächstes eine Liste Ihrer Qualifikationen und Charaktereigenschaften*.

8 Schreiben Sie einige Fragen auf, die Sie dem Arbeitgeber/der Arbeitgeberin stellen möchten.

9 Lesen Sie Ihren Text durch, um zu überprüfen, ob alles stimmt.

10 Zum Schluss: Lesen Sie Ihren Vorstellungstext ein paarmal vor, bis Sie sich selbstsicher und kommunikativ fühlen!

Gisela beschreibt ihr Praktikum

1b 📖 👥 Partnerarbeit. Lest und übersetzt die zehn Tipps oben ins Englische. Habt ihr andere Tipps? Schreibt sie auf Deutsch und auf Englisch in eure Hefte.

Beispiel: **1** When you first contact your future employer, you should be self-confident and communicative.

2a Gisela möchte im Zoo arbeiten und schreibt ihren Vorstellungstext für ein Telefongespräch mit dem Zoodirektor. Füll die Lücken aus.

Guten Tag! Ich heiße Gisela und ich bin 16 Jahre alt. Ich _____ mich für die Praktikantenstelle* im Zoo, die ich in einer Anz_____ in der Zeitung gesehen habe. Ich habe Erfahrung* mit Haus_____, weil ich einen _____, eine _____ und zwei _____ habe. Ich habe sehr viel über wilde Tiere gelesen und im Fern_____ gesehen, aber ich möchte mehr darüber lernen. Obwohl ich noch zur _____ gehe, kann ich nachmittags oder samstags _____. Ich bin flexibel und kann mit dem Computer umgehen.

> * die Praktikantenstelle − *work experience placement*
> die Erfahrung − *experience*

2b Partnerarbeit. Lest Giselas Vorstellungstext vor. Überprüft euren Tonfall.

GRAMMATIK

Revision: word order after conjunctions

Common conjunctions that do **not** affect word order are: *und, oder, aber, sondern, denn.*

Ich heiße Gisela **und** ich bin 16 Jahre alt.

Frequent subordinating conjunctions you have used are: *wenn* and *weil.*

Other useful subordinating conjunctions are: *ob* (whether), *während* (during), *obwohl* (although), *was* (which, that), *damit* (so that).

Gisela will ihr Praktikum im Zoo machen, **obwohl** sie keine Erfahrung mit wilden Tieren hat. − *Gisela wants to do her work experience at the zoo, although she has no experience with wild animals.*

Weil sein Taschengeld nicht **ausreicht**, **sucht** Jack einen Nebenjob. − *Because his pocket money isn't enough, Jack is looking for a part-time job.*

3a Finde Beispiele von Konjunktionen in Übung 2a.

3b Partnerarbeit. Verbindet die Sätze mit den Konjunktionen in Klammern. Überprüft jeden Satz.

Beispiel: **a** Wenn du einen Vorstellungsbrief schreibst, musst du immer „Sie" benutzen.

a Du schreibst einen Vorstellungsbrief. Du musst immer „Sie" benutzen. (wenn)

b Du hast Geld. Du kannst trotzdem Arbeit suchen. (obwohl)

c Du gehst noch zur Schule. Du kannst einige Stunden in der Woche arbeiten. (während)

d Du hast die Zeitung gelesen. Du hast deinen Traumjob gefunden. (und)

e Du schreibst und übst einen Vorstellungstext. Du kannst selbstsicher sprechen. (damit)

4 Hör gut zu, sieh dir die Bilder auf Seite 142 an und füll die Lücken mit den Wörtern im Kasten aus.

Gisela beschreibt ihr Praktikum

Ich habe mein Praktikum im Zoo gemacht. Jeden Tag nach der _____ habe ich dort von vier bis _____ Uhr gearbeitet. Obwohl ich nur zwei _____ am Tag gearbeitet habe, _____ die Arbeit hart. Als Erstes habe ich die _____ gefüttert*, dann die Kamele. Bei den Affen konnte es _____ sein! Anschließend _____ ich die Käfige der Vögel sauber gemacht. Das war hart. Eine richtige Dreckarbeit*! Als _____ musste ich die Daten über die Tiere im _____ speichern*. Mein Praktikum war _____, und ich habe viel gelernt.

> Schule   Stunden   Elefanten   gefährlich*   sechs
> habe   Letztes   war   toll   Computer

> * füttern − *to feed*
> die Dreckarbeit − *dirty job*
> speichern − *to enter and save data*
> gefährlich − *dangerous*

Jetzt seid ihr dran!

5 Write a telephone interview text in German to introduce yourself, based on the tips on page 142, to apply for a job or work experience placement you would like.

Example: Guten Tag! Ich heiße Tom und ich bin 16 Jahre alt. Ich interessiere mich für die Stelle als …

6 Role-play. Carry out a job interview in German. Find out as much as possible from each other about the job and the candidate.

G Futur **W** Ausbildung und Berufe; Probleme **K** Ausdrücke

Die Zukunft

Max

Ich habe mein Praktikum bei BMW gemacht, und das ging ganz gut. Ich werde nach meinem Schulabschluss eine Lehrstelle* bei BMW suchen. Ich werde zur gleichen Zeit auf die Fachschule gehen.

Adam

Ich möchte Friseur werden. Drei Tage in der Woche werde ich auf die Berufsschule gehen und an den anderen zwei Tagen werde ich als Lehrling* im Friseursalon arbeiten. Das werde ich drei Jahre lang machen.

Lena

Ich habe vor, Tierarztassistentin zu werden. Nach der Gesamtschule und meinem Abitur hoffe ich einen Studienplatz* an einer Technischen Hochschule zu finden.

Steffen

Ich möchte einen Beruf in der Politik. Nach dem Schulabschluss werde ich in die Oberstufe gehen und nach zwei Jahren mein Abitur machen. Dann werde ich auf die Universität gehen, wo ich Politik und Geschichte studieren werde.

Sascha

Nach meinem Schulabschluss werde ich ein Jahr freiwillige Arbeit auf dem Abenteuerspielplatz in der Bergerstraße machen. Ich werde dort ein Jahr lang ein Arbeitspraktikum machen. Danach werde ich die Oberstufe besuchen und mein Abitur machen.

1 Was sind die Zukunftspläne dieser fünf Jugendlichen? Hör gut zu, lies mit links und finde die richtigen Ausdrücke unten für jede Person.

Beispiel: Max − Schulabschluss, Lehrstelle und Fachschule

a Max   c Lena   e Sascha
b Adam   d Steffen

GRAMMATIK

Future tense

Use the future tense to say what you plan or intend to do.

Ich **werde** ein Praktikum **machen**. − *I'll do work experience.*

Ich möchte eine Lehre machen. Ich **werde** auch auf die Berufsschule **gehen**. − *I want to do an apprenticeship. I'll also go to the Berufsschule.*

To form the future tense, use the present tense of the verb *werden* plus the infinitive, which goes to the end of the sentence:

ich werde	wir werden	
du wirst	ihr werdet	+ infinitive
er/sie/es wird	sie/Sie werden	

---

2 Finde jetzt alle Verben im Futur im Text and schreib sie auf.

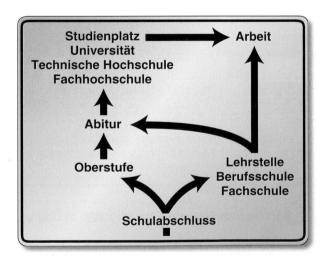

* die Lehrstelle − *apprenticeship placement*
der Lehrling − *apprentice*
der Studienplatz − *university place*

3 Ergänze die Sätze mit der passenden Form von **werden**.

a Katja _____ die Schule verlassen.
b Ich _____ eine Lehre machen.
c _____ du Informatik studieren?
d Wir _____ auf dem Gymnasium bleiben.
e Ina und Jan _____ ein Freiwilliges Soziales Jahr machen.
f Ihr _____ auf die Realschule gehen.

4 Schreib die Sätze im Futur auf.

a Ich mache Abitur.
b Clara geht auf die Universität.
c Wir machen den Realschulabschluss.
d Du machst deinen Abschluss.
e Ihr bekommt einen Studienplatz.
f Eva und Sascha studieren Medizin.

5a Gisela hat ein Interview. Hör gut zu und schreib Notizen auf Englisch.

Start of the work day: 4 o'clock
Pay:
Length of time worked there:
Work conditions:
Co-workers:
Opinion of the job:
Consequences of working there:

5b Partnerarbeit. Wie heißt das auf Deutsch? Schreibt die Fragen und Antworten aus Übung 5a in eure Hefte.

Beispiel: Um wie viel Uhr hat die Arbeit angefangen?
Die Arbeit hat um vier Uhr nachmittags angefangen.

6a Partnerarbeit. Lest die Sätze über die möglichen Vor- und Nachteile eines Praktikums und ordnet sie in die Tabelle ein.

a Man kann etwas über das Geschäft lernen.
b Man kann Probleme mit dem Chef haben.
c Die Arbeit kann langweilig sein.
d Du kannst gute Kontakte für die Zukunft knüpfen.
e Man braucht nicht zur Schule zu gehen.
f Man kann Ideen für einen zukünftigen Beruf bekommen.

Vorteile (+)	Nachteile (−)
Man kann etwas über das Geschäft lernen.	Man kann Probleme mit dem Chef haben.

6b Schreib fünf weitere Vor- und Nachteile in dein Heft.

Beispiel: Die Arbeit kann vielleicht Spaß machen.

Jetzt seid ihr dran!

7 With a partner write down the advantages and disadvantages of each of the possible directions taken after leaving school listed below. Then think of other possibilities, along with their advantages and disadvantages.

- Lehre
- Reisen
- Berufsschule
- Universität
- Oberstufe und Abitur
- Arbeit

	Vorteile (+)	Nachteile (−)
Lehre	viel lernen	wenig Urlaub, wenig Geld

8 Write an account of your plans for the future using the future tense, and use *weil* to say why you will do something.

Example: Ich werde nach dem Abitur ein Freiwilliges Soziales Jahr im Ausland machen, weil ich ... . Danach werde ich ..., weil ... .

TIPP

If you know a range of phrases that express a particular thought, make sure you use them all. You will gain more marks in your exam if you avoid unnecessary repetition.

(G) maskuline und feminine Formen von Berufen (W) Vor- und Nachteile von Berufe (K) Intonation

1a Vier Jugendliche sprechen über Berufe.
Hör gut zu und lies mit.

Ich heiße Tobias. Ich möchte später Informatiker werden, weil ich mich sehr für Computer interessiere. Die Arbeitsstunden sind für Informatiker flexibel, und man kann von zu Hause aus arbeiten – das finde ich gut. Aber man sitzt auch den ganzen Tag vor dem Computer, und die Arbeit ist manchmal ziemlich langweilig.

Mein Name ist Carolin und ich möchte gern Lehrerin werden. Ich möchte Französisch und Deutsch unterrichten – das sind meine Lieblingsfächer. Als Lehrerin muss man einfach Kinder mögen – das ist klar. Die Arbeit ist oft stressig, aber man hat lange Ferien. Auch die Arbeitsstunden sind gut: In Deutschland ist der Unterricht selten später als 13 oder 14 Uhr zu Ende.

Ich heiße Daniel. Mein Berufswunsch? Ich möchte gern Krankenpfleger werden. Man kann anderen Menschen helfen – das gefällt mir. Ein weiterer Vorteil ist, dass die Arbeit interessant ist – man macht jeden Tag etwas anderes. Aber man verdient leider nicht viel Geld. Und man muss Schichtarbeit machen. Das finde ich auch nicht so gut.

Mein Name ist Iris. Ich möchte später als Stewardess arbeiten. Das ist ein toller Beruf, finde ich. Man verdient sehr gut und man kann viel reisen. Aber es gibt auch Nachteile: Die Arbeitsstunden sind total schlecht für das Privatleben, weil man oft tagelang nicht zu Hause ist. Und die Arbeit als Stewardess kann auch anstrengend sein.

Intensifiers

Intensifiers are used in German to add emphasis to the adjective or adverb they accompany, e.g. 'totally' bad, 'not at all' good.

sehr – *very*	einfach – *simply*
total – *totally*	pur – *pure*
überhaupt – *at all*	kaum – *hardly*
ziemlich – *quite*	ein bisschen – *a little*
so – *so*	so viel – *so much*

1b Wie viele *Intensifier*-Wörter kannst du in den Texten auf Seite 146 finden?

1c Hör noch einmal zu und mach Notizen in der Tabelle.

	Job	Advantages	Disadvantages
Tobias			
Carolin			
Daniel			
Iris			

1d Hör noch einmal zu. Wer sagt …?

a   Ich interessiere mich für Fremdsprachen.
b   Man kann viel von der Welt sehen.
c   Ich möchte in einem Krankenhaus arbeiten.
d   Ich finde Computer interessant.
e   In diesem Beruf muss man nachmittags nicht arbeiten.
f   Ich möchte nicht in einem Büro arbeiten.
g   Die Arbeit ist oft nicht einfach.
h   Man muss oft spätabends arbeiten.

Jobs

Don't forget that you leave out *ein* or *eine* when saying what somebody's job is in German.

Sie ist Lehrerin. – *She is a teacher.*

Ich möchte Krankenpfleger werden. – *I would like to become a nurse.*

Remember that jobs have masculine and feminine forms. Feminine jobs usually end in -*in*, e.g. *Gärtner**in***.

Sometimes you also need to add an Umlaut for feminine forms: *Arzt* – ***Ä**rzt**in***.

Other times you change -*mann* to -*frau* at the end: *Bankkaufmann* – *Bankkauf**frau***.

2a Wie heißen diese Berufe auf Deutsch? Schreib die maskulinen und die femininen Formen auf.

a   vet
b   hairdresser
c   secretary
d   sales assistant
e   mechanic
f   policeman

2b Hör gut zu, um deine Antworten zu prüfen.

3 Hör gut zu. Drei Leute sprechen über ihre Berufe. Wer sagt … ?

a   Ich arbeite im Freien.
b   Ich arbeite gern im Team.
c   Ich habe einen Firmenwagen.
d   Ich bin in meinem Beruf kreativ.
e   Ich muss lange arbeiten.
f   Ich fange früh mit der Arbeit an.
g   Ich arbeite den ganzen Tag im Büro.
h   Ich lerne neue Leute kennen.
i   Ich arbeite oft allein.

Intonation

German intonation is quite simple: it always descends at the end of the sentence. In a longer sentence, the voice rises slightly as you reach a comma and then descends. Questions always rise at the end.

4 Partnerarbeit. **A** wählt einen Beruf von Übung 1 oder Übung 3, **B** stellt Fragen. Dann ist **B** dran.

Beispiel: **A** Was bist du von Beruf?
    B Ich bin Lehrer.
    A Was sind die Vorteile von deinem Beruf?

Jetzt seid ihr dran!

5 Choose a job from activity 2. Discuss the job with a partner in German, and then, on your own, write down as many advantages and disadvantages of it as you can. Compare your lists. Who has the longest?

6 Write a description of your dream job for your personal webpage. Give five advantages of the job – but also five disadvantages!

REVISION: FORMAL AND INFORMAL FORMS OF ADDRESS

Remember that, in German, young people speak and write to each other using the informal forms *du* (for one person) and *ihr* (for more than one person). Family members also usually call each other *du*. The common form of address in polite situations and with people older than you is the formal *Sie*.

The possessive pronouns for the informal 'your' are:

sing. Wo ist **dein** Büro? – *Where is your office?*

pl. Wo ist **euer** Büro? Wo sind **eure** Sachen? – *Where is your office? Where are your things?*

The reflexive and accusative pronouns are:

sing. Er hat **dich** interviewt. – *He interviewed you.*

pl. Ihr stellt **euch** vor. – *You introduce yourselves.*

The dative pronouns are:

sing. Er bietet **dir** die Stelle an. – *He offers you the position.*

pl. Die Firma gefällt **euch**. – *You like the company.*

The possessive pronoun for the formal 'your' is **Ihr** for both singular and plural:

Haben Sie **Ihren** Brief, Frau Meier? – *Do you have your letter, Mrs Meier?*

The reflexive and accusative pronouns for the formal **Sie** (singular and plural) is **sich**.

Ziehen Sie **sich** Ihren Mantel an, Herr Huber. – *Put on your coat, Mr Huber.*

The dative pronoun is **Ihnen**.

Gehört **Ihnen** dieser Hut, Herr Meier? – *Does this hat belong to you, Mr Meier?*

1 Write out the conjugations for the verbs below with *du, ihr* and *Sie*.

Example: du gehst, ihr geht, Sie gehen

a gehen e sich beschreiben
b sehen f sich gefallen (*dative!* – es gefällt **dir**)
c trinken g vorhaben
d bleiben h arbeiten

2 Write sentences with the verbs below using *du, ihr* and *Sie*.

Example: Du kaufst dir gerne neue Schuhe. Ihr …

a sich kaufen (*dat*)   d haben
b sich Mühe geben (*dat*)   e sein
c verdienen

GRAMMATIK

Revision: word order after conjunctions

The following coordinating conjunctions don't change the word order of the sentence they introduce: *und, oder, aber, sondern, denn.*

Ich bin Stewardess **und** ich wohne in Hamburg.

Subordinating conjunctions like *weil* send the verb to the end of the sentence they introduce:

Ich mag meinen Beruf, **weil** ich viel **reise**.

Other useful subordinating conjunctions are:

bevor – *before*   damit – *so that*
dass – *that*   ob – *whether*
obwohl – *although*   was – *which, that*
während – *during*   wenn – *if, whenever*

3 Make longer, more interesting sentences using the conjunctions in brackets to combine short sentences. Don't forget the comma.

a Ich finde es gut. Wir machen ein Praktikum. (dass)
b Du suchst im Internet. Du findest dort Jobanzeigen. (weil)
c Du sollst einen Bewerbungsbrief schreiben. Du sprichst mit dem Arbeitgeber. (bevor)
d Du kannst Fragen stellen. Du redest mit dem Arbeitgeber. (während)
e Ihr gefällt die Arbeit im Zoo. Es ist oft sehr kalt. (obwohl)
f Ich lerne jeden Tag. Ich bekomme gute Noten. (damit)

4 Translate these sentences into German, but take care – not all are subordinating conjunctions.

   a My mother is a doctor but my father is a nurse.

   b I like my work experience because I work with children.

   c I read the book although it is boring.

   d Tina is a pupil but Tom is a student.

   e I don't like it that I work long hours.

   f I read the job ads before I go to bed.

5 Create at least five complex sentences of your own using various coordinating and subordinating conjunctions. Read your sentences aloud with a classmate to practise saying and hearing complex sentences.

FUTURE TENSE

In German, the future tense is formed by using the auxiliary verb *werden* (meaning 'will' or 'shall') and the infinitive of the main verb. The infinitive always comes at the end of the phrase or sentence.

Ich werde meinen blauen Pullover **tragen**. – *I will wear my blue jumper.*

Here are all the forms of *werden*:

ich	werde	wir	werden	
du	wirst	ihr	werdet	+ infinitive form of the verb
er, sie, es, man	wird	sie	werden	
		Sie	werden	

6 Complete the sentences with the correct form of *werden*.

   a Ich _____ ein Praktikum in einem großen Supermarkt suchen.

   b Er _____ eine Lehre im Büro machen.

   c _____ du nächstes Jahr in Frankreich arbeiten?

   d Sabine und Natalie _____ bald ihr Abitur machen.

   e Wir _____ Mathematik studieren.

   f _____ ihr ein Freiwilliges Soziales Jahr machen?

7 Put the correct forms of the verbs in brackets in the sentences where they belong.

   a Was du als Praktikum? (werden, machen)

   b Er zur Universität. (werden, gehen)

   c Im Friseursalon du alles über das Haareschneiden. (werden, lernen)

   d Er sein Arbeitspraktikum bei der Polizei. (werden, machen)

   e Herr Paul ein guter Arbeitgeber. (werden, sein)

   f Wir in den Ferien in einer Fabrik. (werden, arbeiten)

8 Write new future sentences.

   a Ich finde einen Job im Tierheim.

   b Kathi sucht eine Lehrstelle als Krankenschwester.

   c Ich bekomme gute Noten im Abitur.

   d Ich habe einen Firmenwagen.

   e Wir verdienen viel Geld.

   f Tom und Jan reisen oft ins Ausland.

TASK: A conversation about work experience

You are going to have a conversation with your teacher about the (real or imaginary!) work experience you did last year.

Your teacher will ask you the following:

- Where did you work?
- When and for how long did you work there?
- What were your working hours?
- How much did you get paid?
- What did you do?
- What did you think of the work? Would you like to do it in the future?
- !

(! Remember: at this point, you will have to respond to something you have not prepared.)

The dialogue will last between 4 and 6 minutes.

1 THINK !

Read the phrases below. Write down any others that you might find useful for the speaking task.

☐ **Where:** *in einem Büro; einer Fabrik; einem Geschäft*

☐ **When/for how long:** *im Sommer; in den Herbstferien; für eine Woche; zehn Tage*

☐ **Working hours:** *vier Stunden pro Tag; von 9 Uhr bis15 Uhr*

☐ **Pay:** *Ich habe ... Euro pro Stunde in der Woche bekommen.*

☐ **Work:** *am Computer; im Freien; Regale einräumen; Akten ordnen*

! ***Can you predict what the unexpected question might be?***

☐ How did you get along with your colleagues?
☐ What is your dream job?

NB Add to your list any language you would need to answer these questions.

2 PLAN !

- **Listen to the model conversation.**
- **Listen again and note down any phrases you could use or adapt.**
  Add these to your list from Step 1.

3 ACTION!

Now prepare your answers. Use the bullet points below to help you and your list of useful words and phrases from Steps 1 and 2.

1 Where did you work?

- Use the <u>perfect tense</u> to say what you did: *Ich habe mein Praktikum in einem Sportgeschäft gemacht.*
- To show off your knowledge of German use <u>modal verbs in the imperfect</u>: *Ich wollte ein Praktikum in ... machen*, etc.
- Give <u>extra</u> information for added interest: *Das Sportgeschäft war in der Innenstadt.*

2 When and for how long did you work there?

- Give <u>as much information</u> on when and how long you worked <u>as possible</u>: *in den Sommerferien; im Juli vom ... bis zum ... Juli; zwei Wochen lang.*
- <u>Expand</u> your answers, e.g. *Im Sommer war es ziemlich heiß.*

3 What were your working hours?

- Say what your hours were and give your <u>opinion</u> using the <u>imperfect</u>: *Mein Arbeitstag war ziemlich lang.*
- Give <u>extra information</u> for added interest: *Die anderen Mitarbeiter haben auch sieben Stunden pro Tag gearbeitet.*

4 How much did you get paid?

- Say not only what you were paid <u>per hour</u>, but how much you got <u>altogether or per week</u>: *Das waren also pro Woche 140 Euro.*
- Add your <u>opinion</u> on your pay using the <u>imperfect</u>: *Das war nicht viel Geld, fand ich.*

5 What did you do?

- Give at least <u>three different activities</u> – invent them if you didn't do more than one.
- Use <u>relative clauses</u> to give extra information about your colleagues: *Frau Krause, die im Büro arbeitet.*
- Say <u>how often</u> or <u>frequently</u> you did these jobs: *oft, viel, manchmal, ab und zu.*

6 What did you think of the work?

- Use *weil* and *denn* to <u>explain your opinion</u>: *... weil das interessant war.*
- Use <u>a variety of qualifiers</u>: *ziemlich, überhaupt nicht so ...*
- Impress your teacher by using <u>*wenn*</u> at least once, but remember to use the correct word order, with the verb going to the end of the clause or sentence: *... wenn ich etwas nicht wusste, habe ich gefragt.*
- Use the <u>future tense</u> to say what you would like to do in the future: *Ich werde eines Tages einen interessanten Beruf haben.*

GRADE TARGET

To reach Grade C, you need to:
- speak clearly with a good accent
- use the perfect tense correctly
- use *weil* to justify your choices and give reasons

To aim higher than a C, you need to:
- use a greater variety of tenses (e.g. use the imperfect to give an opinion about something in the past)
- use link words to create longer, more complex sentences
- use a range of expressions of time or frequency
- use a variety of qualifiers

To aim for an A or A*, you need to:
- use relative clauses
- use modal verbs in the imperfect
- use *wenn* to make conditional sentences

TASK: What do you plan to do after school?

Write about what you plan to do after leaving school.
You could include the following:

- Whether you want to go on a gap year and why (not)
- Any work experience you have done in the past or hope to do in the future
- Whether you want to do an apprenticeship and why (not)
- Whether you want to go to university and why (not)
- What kind of career or job you would(n't) like to do and why (not).

1 THINK!

Start by noting down a few key facts:

1 **Gap year:** *ein Jahr lang reisen, ein Jahr lang durch Europa trampen*
2 **Work experience:** *ein Praktikum machen – in einer Fabrik/einem Kindergarten/einem Büro*
3 **Apprenticeship:** *eine Lehre – in einer Bank/einem Geschäft; als Verkäuferin/Kfz-Mechaniker*
4 **University:** *studieren/ein Studium machen; auf die Universität gehen*
5 **Job/career:** *Karriere machen; Arzt werden; als Friseurin arbeiten; im Ausland arbeiten*
6 **Advantages and disadvantages of studying and different careers:** *interessant, etwas über den Beruf/das Geschäft lernen, Geld verdienen*
7 **Disadvantages:** *Zeitverschwendung, zu teuer, langweilig, lange kein Geld verdienen*

2 PLAN!

- **Read the model text.**

Ich heiße Anna und ich möchte nach dem Abitur ein Jahr lang durch Asien reisen. Ich habe vor, mit meinem Freund Torben Indien und Thailand zu besuchen. So kann man gut andere Leute und Kulturen kennenlernen und viel erleben. Und man kann auch Ideen für einen zukünftigen Beruf bekommen – ich mache mir schon einige Sorgen um meine Zukunft.

Danach würde ich gern ein Praktikum in einem Kindergarten machen, weil ich Kinder gern mag und gerne mit Kindern arbeiten möchte. Ich habe schon einige Erfahrung darin, denn ich habe schon als Teenager viel Babysitting gemacht. Das Praktikum wird bestimmt interessant sein. Torben will kein Praktikum machen – er findet, dass ein Praktikum eine Zeitverschwendung ist. Er möchte lieber eine Lehre in einer Bank machen, weil er schneller eigenes Geld verdienen will. Seine Schwester macht

gerade eine Lehre in einer Bank und sie bekommt 1000 Euro pro Monat. Ich werde aber keine Lehre machen, denn ich will lieber studieren. Ein Nachteil ist natürlich, dass das Studium sehr lang ist und dass man kein Geld verdient. Aber ich will Lehrerin werden, und dazu muss man ein Studium machen, damit man später unterrichten kann. Ich möchte am liebsten Deutsch und Englisch studieren, um später in einem Gymnasium arbeiten zu können. Ich interessiere mich sehr für Fremdsprachen und ich möchte Lehrerin werden, weil die Arbeit abwechslungsreich ist und weil die Arbeitsstunden gut sind. Torben will lieber Karriere in der Bank machen, weil er viel Geld verdienen will. Das ist sicher ein Vorteil, aber die Arbeit in der Bank ist meiner Meinung nach langweilig und man muss oft sehr lange arbeiten.

- Read the text again and note down any opinions or adjectives that you could use. Add these to your list from Step 1.
- Look carefully at the verbs used and make a note of any you could reuse.

3 ACTION!

Now prepare what you will write. Use the bullet points below to help you and use your list of useful words and phrases from Steps 1 and 2. Aim to write 200–250 words.

1 Whether you want to go on a gap year and why (not):

- Use <u>modal verbs</u> to say what you want to do: *Ich möchte durch Europa reisen.*
- *Ich habe vor, ... zu ...* is a useful way to say what you plan to do in the future.
- Give at least <u>two reasons</u> for your choice.

2 Any work experience you have done in the past or hope to do in the future:

- Use the <u>conditional</u> to say what you would like to do: *Ich würde gern ein Praktikum machen.*
- Use the <u>perfect tense</u> to talk about what you have already done: *Ich habe schon ein Praktikum in einem Kindergarten gemacht.*
- Vary your <u>word order</u> when using linking words: *Ich würde danach ...; Danach würde ich ....*
- Give <u>reasons</u> using *weil* or *denn*.

3 Whether you want to do an apprenticeship and why (not):

- Give <u>extra detail</u> for added interest: *Seine Schwester macht gerade eine Lehre in einer Bank.*

- Use the <u>future tense</u> and the <u>conditional</u> to vary your choices: *Ich werde keine Lehre machen; Ich würde keine Lehre machen.*

4 Whether you want to go to university and why (not):

- Use a variety of <u>linking words</u> to make your sentences longer and more complex: *Aber ich will ..., und ..., damit ....*
- Use *um ... zu* to say what you need to do for your chosen career: *Ich möchte studieren, um Lehrer zu werden.*
- Use *man* instead of *ich* to <u>vary your answers</u>: *Man muss ein Studium machen.*

5 What kind of career or job you would(n't) like to do and why (not):

- If you haven't decided on a future job or career, <u>make one up</u>.
- Give at least <u>three reasons</u> for your choice.
- Don't just give the advantages of your chosen profession – give at least <u>one disadvantage</u> as well.

GRADE TARGET

To reach Grade C, you need to:
- include explanations and opinions, using *weil* and *Ich finde, dass ...*
- use modal verbs correctly
- check all spellings.

To aim higher than a C, you need to:
- use link words to create longer, more complex sentences (e.g. *und, aber*)
- use the correct sentence order after subordinating conjunctions, such as *dass* and *wenn*
- use comparatives correctly to compare alternatives (e.g. *lieber, schneller*).

To aim for an A or A*, you need to:
- use a greater variety of tenses (e.g. the future tense or the conditional)
- use reflexive verbs to express feelings and opinions (e.g. *Ich interessiere mich für Fremdsprachen; Ich mache mir Sorgen um meine Zukunft.*)
- use the correct case after prepositions (e.g. *in einer Bank* and *für einen Beruf*).

Wie man eine interessante Arbeit findet

die Animateurin *nf*	hostess
die Aushilfe -n *nf*	help, assistant
die Autofabrik *nf*	car factory
die Baufirma *nf*	construction company
das Büro -s *nn*	office
die Eintrittskarte -n *nf*	admission ticket
der Führerschein *nm*	driving licence
das Geschäft -e *nn*	business
das Gesundheitszeugnis *nn*	health certificate
die Hilfskraft *nf* -kräfte	assistant
das Jugendarbeitsschutzgesetz *nn*	young workers' protection law
das Kinderheim *nn*	children's home
der Lebenslauf *nm*	CV
die Lehrstelle -n *nf*	apprenticeship
die Nachhilfe *nf*	private tutoring
der Nebenjob *nm*	part-time job
die Schreibarbeit -en *nf*	written work
die Stellenanzeige -n *nf*	job advert
die Vorstellung -en *nf*	(film) showing
verbieten *vb*	to forbid
geschäftlich *adj*	business
verboten *pp*	forbidden
mindestens *adv*	at least
oft *adv*	often
im Freien	outside

Wie man einen Lebenslauf schreibt

der Arbeitgeber - *nm*	employer
der Berufswunsch *nm*	career aim
die Bildung *nf*	education
der Lebenslauf *nm*	CV
die Staatsangehörigkeit *nf*	nationality
die Vorstellungs-E-Mail *nf*	email introducing oneself
üben *vb*	to practise
wandern *vb*	to hike

Wie man eine Vorstellungsgespräch überlebt

die Dreckarbeit *nf*	dirty job
die Erfahrung -en *nf*	experience
der Erfolg -e *nm*	success
der Käfig -e *nm*	cage
der/die Praktikant/in *nm/f*	someone on work experience
die Praktikantenstelle -n *nf*	work experience placement
der Traumberuf -e *nm*	dream job, dream career
das Vorstellungsgespräch -e *nn*	interview
aus/probieren *vb*	to try out
füttern *vb*	to feed (animals)
stinken *vb*	to stink
träumen *vb*	to dream
gefährlich *adj*	dangerous

zukünftig *adj*	future
anschließend *adv*	after that
dann *adv*	then
als Erstes	first
als Letztes	last
als Nächstes	next
Daten speichern	to save data
mit dem Computer um/gehen können	to be computer literate

Wie man über Ausbildung und Berufe spricht

die Ausbildung *nf*	training, education
der Beruf -e *nm*	career
der/die Friseur/in *nm/f*	hairdresser
die Lehre -n *nf*	apprenticeship
die Lehrstelle -n *nf*	apprenticeship placement
der Studienplatz *nm* -plätze	place at university
die Zukunft *nf*	future
der Zukunftsplan -pläne *nm*	future plan
freiwillig *adj*	voluntary

Wie man über die Vor- und Nachteile von Berufen spricht

die Arbeitsstunde -en *npl*	hours of work
der/die Bankkaufmann/frau *nm/f*	bank clerk
der Berufswunsch *nm*	preferred choice of career
der Firmenwagen *nm*	company car
der/die Gärtner/in *nm/f*	gardener
der/die Grafiker/in *nm/f*	graphic designer
der/die Informatiker/in *nm/f*	computer scientist
der/die Krankenpfleger/in *nm/f*	nurse
der/die Mechaniker/in *nm/f*	mechanic
der Nachteil -e *nm*	disadvantage
der/die Polizist/in *nm/f*	policeman/woman
das Privatleben *nn*	private life
die Schichtarbeit *nf*	shift work
der/die Steward/ess *nm/f*	air stewardess
der/die Tierarzt/ärztin *nm/f*	vet
der Unterricht *nm*	teaching, instruction
der/die Verkäufer/in *nm/f*	salesman/woman
der Vorteil -e *nm*	advantage
verdienen *vb*	to earn
abwechslungsreich *adj*	varied, full of variety
anstrengend *adj*	demanding, strenuous
pur *adj*	pure
stressig *adj*	stressful
selten *adv*	seldom
leider *adv*	unfortunately
ein bisschen	a little
es gefällt mir	I like it

1 Four people are talking about their favourite food.

Who says the following? Choose the correct two answers for each person below.

A They don't like meat.

B Their favourite food is fast food.

C They like to eat pasta every day.

D Their favourite food is ice cream.

E They don't like eating fruit and vegetables.

F They love drinking hot chocolate.

G Their favourite food is fruit.

H They like drinking orange juice.

1 Lara		
2 Thomas		
3 Maja		
4 Adam		

(4 marks)

2 Read the text below.

Choose the four sentences which are true.

A Peter eats chocolate for energy.

B He ate no chocolate yesterday.

C He eats only vegetables in the evenings.

D He doesn't like eating fat.

E Hanne eats only a little.

F She doesn't like eating chocolate.

G She doesn't eat a lot of meat.

H She's allergic to pralines.

(4 marks)

Was essen die Stars?

Peter G (Skimeister)

Ich esse gern Schokolade, weil ich viel Energie brauche. Ich bin stundenlang auf den Pisten und ich habe nicht viel Zeit zum Essen. Es muss deshalb sehr schnell gehen und voller Energie sein. Dafür ist Schokolade sehr gut. Gestern habe ich zwei Tafeln Schokolade gegessen und zwei Dosen Cola getrunken. Abends esse ich Fleisch mit Gemüse und Kartoffeln. Das Einzige, was ich nicht mag, ist Fett. Außer Schokolade esse ich sehr wenig Fett.

Hanne B (Sängerin)

Ich muss sehr schlank bleiben und ich darf daher nicht viel essen. Ich liebe Schokolade, aber ich darf sie nicht oft essen. Ich singe auf vielen Konzerten und manchmal singe ich auch im Fernsehen. Meine Fans und mein Manager erwarten, dass ich schlank bleibe. Ich esse Knäckebrot, Obst, Salat, Gemüse und sehr wenig Fleisch und Fett. Gestern habe ich eine Praline gegessen und danach war mir richtig schlecht!

1A Hören und lesen: Higher

1 Listen to the interview with a nutritional expert and answer the questions in **English**.

1 How much should children drink each day?

2 What drinks are best?

3 Why can they eat pasta every day?

4 What else should they eat with pasta?

5 Of what should they eat five portions a day?

6 Why are dark green vegetables so healthy?

(6 marks)

2 Complete each of the following texts with one of the words which follow.

Für den Start in den Tag braucht dein Körper Kraft und Energie. Eine Schale Müsli, Käsebrot, Joghurt, Tee und das am besten alles schön gemütlich, ganz ohne Stress. Keine Frage: das _____ ist eine wichtige Mahlzeit.

A	Abendessen
B	Frühstück
C	Mittagessen

„Ich mag kein Gemüse!" sagen viele Kinder. Vor allem grüner Salat und Broccoli sind bei den meisten unbeliebt. Aber so schlimm ist das nicht: Wie wäre es zum Beispiel mit Äpfeln oder Bananen? Denn _____ ist genauso gesund wie Gemüse.

A	Fleisch
B	Brot
C	Obst

„Fleisch gehört jeden Tag auf den Teller!" Das sagen Mütter oft, wenn ihre Kinder Vegetarier sind. Zweimal pro Woche ist Fleisch gut − nicht öfter. Und vegetarisches Essen ist genau so _____ , wenn man stattdessen viele Milchprodukte, Eier, Kartoffeln und Getreide isst.

A	gesund
B	lecker
C	ungesund

(3 marks)

1 🎧 Listen to four people introducing themselves. Choose the four correct statements.

A Florian lives in Germany.

B He has a brother called Micky.

C Elke lives with her parents in Switzerland.

D She's small and very friendly.

E Gülcin lives in Germany.

F She has only a small family.

G Thomi is quite tall and overweight.

H He doesn't live with his real father.

(4 marks)

2 📖 Read the quiz. Choose the correct letter for each missing word.

A Probleme

B Freund

C Familie

D treiben

E Freizeit

F Schlafzimmer

G Geschwister

H Freien

(8 marks)

Quiz: Du und deine Familie

3 Wie muss ein guter _____ sein? Nenne drei Adjektive.

4 Wie wichtig sind _____ für dich? Warum?

5 Verbringst du das Wochenende lieber mit deinen Freunden oder mit deiner _____ ? Warum?

6 Diskutierst du deine _____ mit deiner Familie oder mit deinen Freunden? Warum?

1 Was machst du in deiner _____ am liebsten?

  a Sport _____

  b lesen

  c Computerspiele

2 Was ist dein Lieblingszimmer?

  a dein _____ : dort kannst du allein sein

  b das Wohnzimmer: dort kannst du mit anderen reden

  c der Garten: du bist gern im _____

1 🎧 Listen to four teenagers describing themselves for a dating blog.

Choose the four sentences which are true.

A Käthe is nice and funny but she doesn't like animals.

B She is looking for a boyfriend with whom she can chat and go for walks.

C Monika is small and has blonde hair.

D She wants a boyfriend who does things for her.

E Sylvie likes sports and listening to music.

F She wants to spend all her time with her boyfriend.

G Pia is gentle and likes daydreaming.

H Her boyfriend has to have specific good looks.

(4 marks)

2 📖 Read the text and answer the questions in **English**.

1 How old is Stefan?

2 Why is he writing to the magazine?

3 What is the problem with his classmates?

4 What is the problem with the girls in his class?

5 How does he describe himself?

(5 marks)

Hallo,

ich habe nächste Woche meinen 15. Geburtstag und möchte gern eine Geburtstagsparty machen. Aber ich habe ein Problem. Ich habe noch keine Freundin. Alle meine Freunde haben Freundinnen, mit denen sie auf Partys oder ins Kino gehen, aber ich bin immer noch solo. Aber die Mädchen in meiner Klasse sind so launisch und interessieren sich nur für Kleider und Make-up und solchen Quatsch! Man kann sich mit ihnen gar nicht richtig unterhalten. Ihre Lieblingssendungen im Fernsehen sind doofe Seifenopern wie „Mein Herz ist verloren". Und Sport treiben sie auch nicht. Ich weiß wirklich nicht, was ich noch machen soll. Ich sehe doch gar nicht so schlecht aus, oder? Ich bin ziemlich klein, aber sehr sportlich. Ich chatte gern im Internet und höre stundenlang Musik. In der Schule bin ich ganz gut, vor allem in Englisch.

Bitte helfen Sie mir.

Ich freue mich, bald von Ihnen zu hören.

Stefan Huber

1 🗣 Listen to the following four people talking about their plans for the weekend.

Choose the correct two answers for each person below. Who will ...

A ... visit his brother by train?

B ... go dancing with a friend?

C ... go to a party at a youth centre?

D ... play tennis with their father?

E ... be away for the whole weekend?

F ... go to the cinema?

G ... go to the open-air swimming pool?

H ... do sports in the park?

1	Melanie
2	Peter
3	Ines
4	David

(4 marks)

2 📖 Read the text. Choose the four sentences which are true.

A Millions of people in Germany, Switzerland and Austria use eBay.

B Young people buy mainly sports goods on eBay.

C Daniel often buys computer games on eBay.

D Daniel buys computer games on eBay because he can find rare ones there.

E Daniel's sister buys her books only in bookshops.

F Daniel's sister intends to sell her books on eBay when she doesn't need them any more.

G You can also buy new goods on eBay.

H Dirk uses eBay to buy records and posters.

(4 marks)

Hier gibt es alles!

Egal, was du suchst – du findest es bei eBay. Die große Versteigerungsseite hat Millionen von Kunden in den deutschsprachigen Ländern.

Bei eBay kann jeder Artikel verkaufen, die er nicht mehr braucht oder nicht mehr will. Bei Jugendlichen sind Artikel wie Handys, DVDs oder Computerspiele beliebt.

„Bei eBay finde ich oft Computerspiele für 20 Euro, die im Laden noch 50 oder 60 Euro kosten würden", sagt Daniel aus Leipzig. „Da spare ich viel Geld."

Seine ältere Schwester studiert Medizin an der Uni und hat viele Bücher gekauft. „Die Bücher für das Studium sind extrem teuer", sagt sie, „und die Buchhandlungen in der Stadt haben oft keine Exemplare. Ich habe viele bei eBay gefunden und eine Menge Geld gespart. Wenn ich mit dem Studium fertig bin, kann ich sie weiter verkaufen."

Aber bei eBay kann man nicht nur gebrauchte Artikel kaufen – viele Firmen verkaufen jetzt neue Artikel über eBay.

Dirk hat einen speziellen Musikladen in Tübingen. „Wir verkaufen alte Schallplatten, Poster und Musik. Mein Geschäft ist klein, und ich kann mir keine eigene Webseite leisten. Durch eBay bekomme ich viele neue Kunden."

1 🎤 Listen to two teenagers talking about their television viewing habits.

Choose the four sentences which are true.

A Finn watches a lot of television.

B Finn mainly watches TV on the weekend.

C Finn's favourite programmes are documentaries.

D Finn also likes sports programmes.

E Gina used to watch music programmes.

F Gina watches the news every evening.

G Gina loves watching soap operas.

H Gina is not interested in quiz shows.

(4 marks)

2 📖 Read the text. Are these sentences **T** (true), **F** (false) or **N** (not in the text)?

1 The festivals take place over three days.

2 The festivals started 20 years ago.

3 Sonia thinks the festivals provide value for money.

4 Sonia doesn't like to stay on the campsite.

5 Visitors can stay on the campsite or in other accommodation nearby.

6 It never rains during the festivals.

7 There is internet access for the visitors.

8 The festivals are well-organised.

(8 marks)

Rock in Deutschland

An einem Wochenende im Juni finden die zwei größten Musikfeste Deutschlands statt: „Rock am Ring" in der Stadt Nürburg in Rheinland-Pfalz und „Rock im Park" in Nürnberg im Bundesland Bayern. Die Feste dauern drei Tage, und jährlich besuchen 15 000 Musikfans aus ganz Europa diese Festivals. Die meisten Bands spielen auf beiden Festivals, die drei Tage dauern.

Der Eintritt kostet ab 125 Euro für Frühbucher, inklusive Parken und einem Zeltplatz. Sonia kommt schon seit drei Jahren zum „Rock im Park"-Fest. „Die Rockfestivals sind einfach die besten Musikfeste in Deutschland", sagt sie. „Die besten Bands aus aller Welt spielen hier. Ich finde das Fest recht günstig – man kann für das Geld 10 oder 12 Bands sehen. Es herrscht auch immer eine gute Stimmung. Ich komme mit einer Gruppe von Freunden und wir bringen ein Zelt mit. Es gibt immer Partys auf dem Campingplatz und es macht Spaß." Ist der Campingplatz die einzige Unterkunft? „Nein", sagt Sonia. „Es gibt natürlich auch

Hotels und eine Jugendherberge in Nürnberg. Aber der Campingplatz ist neben dem Stadion und es ist sowohl praktisch als auch billig, hier zu schlafen. Das einzige Problem hat man, wenn es regnet – das kann dann ziemlich unangenehm werden. Doch es ist immer gut organisiert, und es gibt auch viele Toiletten und Duschen. Aber es stimmt, dass man manchmal lange warten muss, weil so viele Leute hier sind."

1 🔊 Listen to three students talking about their holidays and answer the questions in **English**.

1 Where did Frank go on holiday?
2 What did he do?
3 Where did Annika go?
4 What does she think of her holidays?
5 What did Olaf do during the holidays?

(5 marks)

2 📖 Read the text and answer the questions in **English**.

1 What does *Du!* do?
2 Which activities are on offer?
3 Why did Thorsten go on holiday with *Du!*?
4 What did he think of the holiday?
5 What did he like about it?
6 What does he want to do next year?

(6 marks)

Urlaub ohne Eltern

Mit den Eltern in Urlaub zu fahren kann schon Spaß machen, aber als Teenager hat man oft andere Interessen als Mutti und Vati. Du! organisiert Reisen ohne Eltern für Jugendliche zwischen 12 und 18. Betreuer sorgen für ein großes Freizeitangebot wie Basteln, Fotografie, Feten und Feiern. Abenteuer kann auch dabei sein mit Segeln, Zelten oder Kajaktouren.

Thorsten hat letztes Jahr eine Woche im österreichischen Ferienort Maria Alm verbracht. „Meine Eltern machen gern kulturelle Sachen im Urlaub oder wollen einfach nur am Strand liegen", sagt er. „Ich wollte was anderes machen. Ein Freund von mir hatte schon Urlaub mit Du! gemacht und hat es mir empfohlen."

Thorsten war in einem Jugendhotel untergebracht. Dort teilte er mit drei anderen Jungen ein Zimmer und knüpfte auch Freundschaften. Tagsüber nahm er an verschiedenen Aktivitäten teil, und abends gab es Feste und Spiele. „Es hat wirklich Spaß gemacht", erklärt er. „Ich habe viele neue Aktivitäten wie Kajakfahren ausprobiert, und ich habe auch neue Freunde gewonnen. Ich habe immer noch Kontakt zu anderen Jugendlichen von der Reise. Nächstes Jahr wollen wir wieder eine Jugendreise zusammen machen."

2B Hören und lesen: Higher

1 🗣 Listen to three teenagers talking about their exchange visit to England.

Answer the questions in English.

1 What does Torben say about young people in England?
2 What does Tanja say about food at school?
3 What's her opinion on the students' diet?
4 Why does Alex think English people aren't interested in the environment?
5 What does he say about cars?

(5 marks)

2 📖 Read the text and answer the questions in **English**.

1 Why did Ute want to go to Costa Rica?
2 Where exactly did she work?
3 How did she improve her language skills?
4 What kinds of jobs did she do?
5 Where did she stay and what did she think of it?
6 What impact has this stay had on her future plans?

(6 marks)

IM URLAUB: LERNEN UND WAS GUTES TUN!

Ute Dreschler, die Geografie an der Universität Heidelberg studiert, wollte in den Uniferien etwas anderes machen als nur am Strand sitzen. Daher hat sie sich um einen Platz als freiwillige Mitarbeiterin in einem Naturschutzgebiet in Costa Rica beworben und den letzten Sommer dort verbracht.

Für Ute was es einfach ein tolles Erlebnis. „Jeden Tag hatte ich zuerst eine Spanischstunde", sagt sie. „Ich hatte Spanisch in der Schule gelernt, aber vieles vergessen. Danach habe ich im Naturschutzgebiet unterschiedliche Sachen gemacht. Ich habe die Wanderwege gepflegt, Eintrittskarten an Besucher verkauft und – das Beste von allem – habe geholfen, Meeresschildkröten zu schützen."

Ute hat bei einer Familie gewohnt und hat während ihres Aufenthalts auch andere Freiwillige aus aller Welt kennengelernt. „Es war toll, bei einer Familie aus dem Ort zu wohnen", sagt sie. „Ich habe wirklich gesehen, wie die Leute dort leben. Jetzt

hoffe ich, nach dem Studium im Bereich Umweltschutz zu arbeiten. Und ich würde sehr gern wieder nach Costa Rica fahren."

3A Hören und lesen: Foundation

1 🎧 Listen to four people talking about public transport.

Choose the correct letter for each answer.

1 Frau Klein gets into town by
- **A** car
- **B** bus
- **C** tram.

2 She prefers that mode of transport
- **A** because it's cheap.
- **B** because she never has to wait long.
- **C** because it's quickest.

3 Herr Weiß usually gets into town
- **A** on foot or by bike
- **B** by tram
- **C** by bike or by tram.

(3 marks)

2 📖 Read the texts and answer the questions in **English**.

1 What does Ann-Cathrin say about public transport in her town?

2 Why does she prefer using the CallBikes?

3 What does she have to do in order to use one of the CallBikes?

4 What does Nick say about public transport in his town?

5 What does he say about using the bus?

6 Why does he prefer taking the train?

(6 marks)

Nick

Ich wohne in einem kleinen Dorf nicht weit von Freiburg, und wenn ich meine Freundin in Freiburg treffen will, kann ich mit dem Bus oder mit dem Zug fahren. Die Busse fahren ziemlich regelmäßig, aber ich fahre lieber mit dem Zug, weil es billiger ist. Ich habe eine BahnCard und bekomme eine Schülerermäßigung. Das finde ich toll. Züge sind außerdem viel umweltfreundlicher als Busse.

Ann-Cathrin

Wie ich die öffentlichen Verkehrsmittel in Freiburg finde? Also, ganz cool, eigentlich. Ich finde die Deutsche Bahn CallBikes besonders gut, weil sie umweltfreundlicher sind als Busse. Man kann ganz einfach ein Fahrrad per Telefon mieten und wieder abgeben. Es kostet nicht viel and es ist sehr gut für die Umwelt. In Wieslau, wo ich früher gewohnt habe, konnte man das nicht machen.

1 🎧 Listen to Anja describing her town and answer the questions in **English**.

Choose the correct letter for what she says about each place.

1 the theatre
2 the castle
3 the museum
4 the café
5 the cinema

A	it is small
B	it is quite interesting
C	it is very big and quite modern
D	there isn't one
E	it is old and beautiful

(5 marks)

2 📖 Read the text. Then read the sentences and the names of the cities below and choose the sentence which describes each city.

1 In dieser Stadt spricht man Deutsch mit einer Dialekt.
2 Eine Automarke hat diese Stadt bekannt gemacht.
3 Das ist die Stadt, in der Mozart geboren wurde.
4 In dieser Stadt kann man in einem See schwimmen.
5 Die Stadt liegt an einem Fluss.

A	Salzburg
B	Frankfurt
C	Basel
D	Stuttgart
E	Zürich

(5 marks)

Bekannte Städte

Salzburg ist die Geburtsstadt von einem ganz bekannten Musiker und Komponisten. Er spielte schon mit sechs Jahren Klavier, Orgel und Violine. Der Film „Amadeus" zeigt sein Leben. Die Stadt liegt in Österreich, aber sie ist nicht die Hauptstadt von Österreich.

Frankfurt liegt an einem Fluss, der Main heißt. In der Stadt gibt es viele Banken. Besonders bekannt ist sie durch den großen Flughafen. Es ist der größte Flughafen in Deutschland. Es gibt auch eine Wurst, die genauso wie die Stadt heißt.

In Basel gibt es zwei Bahnhöfe, einen schweizer und einen deutschen Bahnhof, weil die Stadt an der deutschen Grenze liegt. Es gibt auch einen kleinen Flughafen am Rande der Stadt, der einen französischen, einen schweizer und einen deutschen Terminal hat. Es ist eine schweizer Stadt, deshalb spricht man dort Schwyzerdütsch. Das ist Deutsch mit schweizer Dialekt.

Stuttgart liegt in Südwestdeutschland und ist für ihre Autoindustrie bekannt. Hier produziert man Mercedes. Man kann das Mercedes-Benz-Museum besichtigen, das sehr interessant ist.

Zürich ist eine bekannte schweizer Stadt. Sie liegt an einem See, der den gleichen Namen wie die Stadt hat. Die Stadt liegt in der Nordschweiz.

Basel

Salzburg

Zürich

Frankfurt

Stuttgart

1 🔊 Listen to three teenagers describing how they protect the environment.

Choose the correct sentence for each person.

1 Jana

   A doesn't do much for the environment

   B separates her rubbish

   C would like to do more recycling.

2 Jana

   A uses public transport

   B cycles everywhere

   C tries to walk everywhere.

3 Boris

   A tries not to waste energy

   B switches the heating off at night

   C only shops in the supermarket.

4 Boris goes to school by

   A car

   B tram

   C bicycle.

5 Svenja

   A likes to take a bath

   B only uses cold water

   C saves water.

6 Svenja

   A uses plastic bags

   B uses bags made from cloth

   C only uses recycled bags.

(6 marks)

2 📖 Read the text. These young people are writing about the environment.

Maja

Es ist sehr wichtig, die Umwelt zu schützen. Nicht nur für uns, sondern auch für unsere Kinder und Enkelkinder.

Thomas

Der Verkehr und Flugzeuge sind das größte Problem. Wir müssen weniger Auto fahren und mehr öffentliche Verkehrsmittel benutzen.

Susi

Ich interessiere mich nicht für die Umwelt. Das ist nicht mein Problem – ich will Spaß haben und will machen, was ich will.

Frank

Wir produzieren zu viel Abfall – ganz klar. Und Plastikbeutel sind ein Problem, weil man sie nicht recyceln kann.

Catrin

Umweltschutz ist wichtig, aber kann ich alleine etwas für die Umwelt tun? Ich glaube nicht, dass ich einen Unterschied machen kann.

Kai

Ich habe Angst vor Atomstrom. Ich weiß aber auch, dass wir zu viel Energie verbrauchen – ich habe keine Lösung für dieses Problem …

Who says what? Choose the correct name for each sentence.

1 Who thinks too much waste is the biggest problem?

2 Who isn't interested in the environment?

3 Who is thinking of the future generations?

4 Who doesn't think they alone can make a difference?

5 Who wants us to use more buses and trains?

6 Who thinks that our energy resources are a problem?

(6 marks)

1 Listen to three students talking about how they protect the environment at school.

Are the statements T (true), F (false) or N (not in the text)?

1 Jan's school does a lot of recycling.

2 Once a week the students clean the classrooms.

3 Heike's school has banned vending machines.

4 They save energy by not using any computers.

5 They also do environmentally-friendly workshops.

6 In Torben's school most pupils use public transport.

7 Most teachers come by car.

8 Torben's school also saves water in water butts.

(8 marks)

2 Read Axel's email. Which sentences are correct?

A The players and trainers used to come by bus.

B Now they all walk or cycle.

C They separate all their waste.

D They are thinking about starting a compost heap.

E They collect rainwater for watering the turf and for the toilets.

F They switch off the heating and the lights.

G They painted the fences green.

H They planted new trees.

(4 marks)

Hallo Craig!

Dieses Jahr macht auch unser Fußballverein etwas für die Umwelt! Wir machen mit bei der Um-Weltmeisterschaft „Grünes Tor" – das ist eine Aktion der FIFA WM. Früher sind die meisten Spieler – und Trainer – mit dem Auto zum Training und zu den Spielen gefahren. Aber jetzt gehen wir zu Fuß oder fahren mit dem Fahrrad – das ist viel besser für die Umwelt! Im Vereinsheim und im Stadion trennen wir jetzt unseren Müll, und wir kompostieren unseren Biomüll auf dem Vereinsgelände. Wir sparen auch Wasser – wir sammeln das Regenwasser für den Rasen und für die Toiletten. Nach dem Training und nach den Spielen stellen wir die Heizung runter und machen überall das Licht aus. Ach ja, und wir haben das Vereinsgelände grüner gemacht. Wir haben an einem Wochenende 20 neue Bäume gepflanzt. Gibt es diese FIFA-Aktion auch in Großbritannien?

1 Listen to four young people talking about their favourite subjects.

Who says each of the following sentences?

1 I like to learn about other countries.
2 I find this language too boring.
3 I'd like to work in a laboratory.
4 My teacher is too old and boring.
5 I don't find this subject easy.
6 I'm interested in what happened in the past.
7 I'm not good at sports.
8 This is my favourite subject because I like the teacher.

(8 marks)

2 Read the text and answer the questions in **English**.

1 Who is this advert aimed at?
2 What is being offered?
3 What are the goals?
4 How old do you have to be to take advantage of their offer?
5 When do sessions take place?
6 How can you contact them?

(6 marks?)

Brauchst du Hilfe bei deiner Schularbeit?

Wir sind für dich da und bieten dir Folgendes an:

- Hausaufgabenhilfe
- eigene Lernmaterialien für deine Prüfungen
- individuelle Lernstrategien

Das heißt: ein ganz individuelles Lernprogramm!

Ziel:	Verbesserung deiner Noten
	Hilfe bei Problemen, z.B. bei Stress mit Lehrern oder bei bestimmten Fächern
Alter:	12–16 Jahre
Wann?	Wie vereinbart, hauptsächlich nachmittags nach der Schule
Wer?	Einzeln oder in kleinen Gruppen
Wie?	Einfach anrufen!

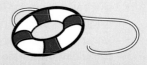

Hilfe!
fur deine Hausaufgaben und deine Vorbereitungen auf die Examen

1 Listen to Fritz talking about his school day and answer the questions in **English**.

1 When does the first lesson begin?
2 How many lessons does he have each day?
3 What does he say about the break?
4 When does school finish?
5 What does he say about his favourite subject?
6 What does he say about his least favourite subject?

(6 marks)

2 Read the text.

Choose the correct ending for each sentence.

Dein Schülerrat braucht dich!

Jede Klasse wählt jedes Jahr zwei Klassensprecher. Alle Schüler wählen dann von diesen Klassensprechern insgesamt acht als Schülervertreter – das ist dann der Schülerrat.

Was macht der Schülerrat?

Der Schülerrat hat folgende Aufgaben:

- die Vertretung der Interessen der Schüler gegenüber den Lehrern und der Schule
- Vorschläge für Verbesserungen von Schuleinrichtungen und Neuanschaffungen
- die Organisation von Veranstaltungen in der Schule, z.B. Schulfeste
- die Unterstützung von Schülern bei Konflikten innerhalb der Schule, z.B. mit anderen Schülern und Lehrern
- die regelmäßige Herausgabe der Schülerzeitung
- die Vertretung der Schule außerhalb der Schule, z.B. im Frühling bei der Organisation des städtischen Schülerfests im Stadtpark.

Diese Aufgaben können wir nur ausführen, wenn ihr uns sagt, was ihr wollt und was eure Meinungen sind!

1 Each year every class elects
  A two teachers
  B two spokespersons
  C two new subjects.

2 The student council consists of
  A eight students
  B two students
  C eight teachers.

3 The student council represents and helps
  A the school
  B the teachers
  C the students.

4 It also organises
  A school trips
  B events
  C free meals.

5 It is also responsible for
  A the school magazine
  B the computer maintenance
  C the library.

6 It represents the school
  A on trips abroad
  B for only six months
  C at events outside the school.

(6 marks)

1 🎙️ Listen to a radio newsreader talking about the most popular jobs for young people in Germany and the order in which they are ranked.

Write down the correct order for each job (1, 2 or 3).

No.	Boys	No.	Girls
	policeman		nurse
	bank clerk		vet
	car mechanic		teacher

(6 marks)

2 📖 Read the sentences and choose the correct letter for each missing word.

1 Ich habe mein Praktikum in einem _____ gemacht: Ich habe Schuhe verkauft und nachmittags habe ich manchmal das Lager aufgeräumt.

  A Büro

  B Geschäft

  C Sportzentrum

2 Die Arbeit als Krankenpfleger ist ziemlich _____, weil man Schichtdienst machen muss und die Arbeitsstunden lang sind.

  A interessant

  B einfach

  C anstrengend

3 Ich suche einen _____ für jeden Samstag, weil ich etwas Geld verdienen will. Ich möchte am liebsten etwas mit Kindern machen.

  A Nebenjob

  B Beruf

  C Ausbildungsplatz

4 Nach dem Abitur möchte ich gern Deutsch und Englisch _____, weil ich Lehrer an einem Gymnasium werden will.

  A lernen

  B studieren

  C sprechen

5 Mein Praktikum war ziemlich _____: Ich habe jeden Tag nur Akten geordnet und Kaffee für die Kollegen gekocht.

  A interessant

  B schwer

  C langweilig

6 Mein Traumberuf ist _____, denn ich möchte gern kranken Menschen helfen. Ich möchte später am liebsten mit Babys arbeiten.

  A Mutter

  B Ärztin

  C Babysitter

(6 marks)

1 Listen to three teenagers talking about the work experience they are going to do.

Read the sentences below. Choose the correct name (Ruth, Uwe, Eva) to answer each question.

Who ...

1 ... will be working in a sports shop?

2 ... will be working for a fortnight?

3 ... will be working with children?

4 ... will be working in the summer?

5 ... wants to design houses for a living?

6 ... will be working in winter?

(6 marks)

2 Read the text.

Ich heiße Sandra. Ich bin seit zwei Jahren bei der Jugendfeuerwehr. Es gibt noch zehn andere Jugendliche, die da mitmachen. Wir haben einen Ausbilder und von ihm lernen wir alles über die Feuerwehr.

Wir lernen viel über Chemie und Physik. Das ist sehr interessant, obwohl das in der Schule nicht meine besten Fächer sind! Aber die praktischen Übungen – das ist die Arbeit mit Schläuchen, Pumpen und den Feuerlöschern – gefallen mir am besten. Und ich fahre gern mit dem Feuerwehrauto.

Wir treffen uns jeden Samstag von 10 bis 16 Uhr. Die Arbeit bei der Jugendfeuerwehr ist eine freiwillige Arbeit, aber ich möchte später eine Lehre bei der Berufsfeuerwehr machen.

Are the sentences T (true), F (false) or N (not in the text)?

1 Sandra is a member of the youth fire brigade.

2 Her sister is also in her group.

3 Her favourite subjects are chemistry and physics.

4 She prefers to work with the fire hoses and extinguishers.

5 She doesn't like driving on the fire engine.

6 All the teenagers in her group get on well.

7 Her group meets every Saturday for six hours.

8 She wouldn't like to work as a professional firewoman.

(8 marks)

Exam Practice

Listening – Unit 1

- There are 35 marks in the Foundation listening exam and 40 marks in the Higher one. This unit counts for 20% of the final mark.
- No dictionaries are allowed but you will hear each recording twice.
- At Foundation level the test lasts for 30 minutes and at Higher 40 minutes. You will be allowed to have five minutes before the recording is played to read the question paper.
- All instructions will be given in English and there may sometimes be an example of the type of answer required.
- Each tier (Foundation or Higher) contains a variety of items of differing lengths. You may be required to fill in a box, complete a form or write fuller answers (these will be in English).
- Three of the texts at Foundation level are the same as the first three texts at Higher level.

Foundation tier

At this level, many of the tasks will require you to understand short announcements, conversations, instructions, short news items and telephone messages. There will also be some longer items which refer to past, present and future events. You will be expected to identify main points and extract details and opinions.

Higher tier

At Higher level you will hear longer texts which contain some complex unfamiliar language. You will need to be able to understand the gist of what you have heard as well as specific details. You will also have to use the context or other clues to work out an answer and to draw conclusions.

Practice listening questions

Foundation level

Family and home
Gabi talks about her family and her home. You will hear each statement twice.

Choose the correct letter each time.

> **Example:** How old is Gabi?
> **A** 13
> **B** 14
> **C** 15
> **Answer**: C

1   How many brothers and sisters does Gabi have?

2   Where does Gabi live?

3   How many bedrooms do they have?
   A 3
   B 4
   C 5

4   What kind of pet does Gabi have?

(4 marks)

Going to the beach
Give the required information in **English**.

> **Example:** What's the weather like?
> **Answer:** Sunny

5   Where are they going?

6   How are they travelling?

7   Where can they buy tickets?

8   What must they remember to take?   (4 marks)

Jobs and careers

Gabi talks about her mother's work. Choose the correct letter to answer each question.

9 What does Gabi's mother do?

10 Where does Gabi's mother work?

11 What time does Gabi's mother get home from work?
- **A** 6 pm
- **B** 7 pm
- **C** 8 pm

12 What does Gabi's mother think of the work?
- **A** boring
- **B** interesting
- **C** exhausting

(4 marks)

Arranging to meet

Answer the following questions in **English**.

> **Example:** Who is Susie arranging to meet?
> **Answer:** Anja

13 What do they decide not to do?

14 What do they decide to do?

15 Where will they meet?

16 When will they meet? (4 marks)

Healthy lifestyle

Choose the correct letter.

17 Andreas likes to play ...

18 In winter he also does ...

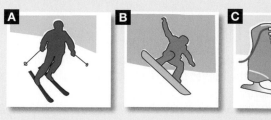

19 He eats lots of ...

20 He doesn't drink ...

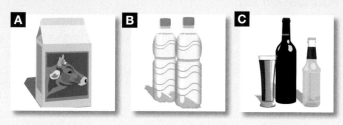

21 He's allergic to ...

(5 marks)

Future plans

What do the following people want to do in the future? Answer the questions in **English**.

> **Example:** Katrin
> **Answer:** Wants to learn to be a bank clerk.

22 Rick

23 Lola

24 Phillip (6 marks)

Hobbies

Jens talks about his hobby.
Choose the correct letter.

> **Example:** The main instrument that Jens plays is the ...
> **A** piano
> **B** saxophone
> **C** clarinet
> **Answer:** B

25 Jens has been playing since he was...
    A six
    B ten
    C sixteen

26 At the beginning, Jens learnt ...
    A from a teacher
    B from his mum
    C on his own

27 Jens mostly plays...
    A in an orchestra
    B in a jazz band
    C solo

28 He plays with them...
    A regularly
    B occasionally
    C in the holidays

29 Jens gives concerts...
    A in his local concert hall
    B at the youth club
    C at his home

30 For concerts Jens is given...
    A a lot of money
    B not very much money
    C free food and drink   (5 marks)

Higher level

Questions 1–9 are the same as Foundation-level questions 22–30.

Leisure activities

Maria and Stefan talk about their leisure activities. Answer each question in **English**.

10 What does Maria find boring?

11 What does Stefan want to do?

12 Why is Maria against his idea?

13 What does Stefan have to do?

14 What does Maria suggest?

15 What time does their showing start?

16 What does Stefan say he will do before leaving?   (7 marks)

Work experience

Choose the correct letter.

17 Christina found the placement ...
    A boring and exhausting
    B interesting but strenuous
    C exciting but challenging

18 Christina thought Frau Michaelson was ...
    A scary
    B strict
    C nervous

19 The children were ...
    A enthusiastic
    B friendly
    C noisy

20 Christina helped the children with ...
    A drawing and painting
    B reading and writing
    C project work

21 In the afternoon, the children did ...
    A art
    B music
    C dance   (5 marks)

Talking about holidays

Answer the questions in **English**.

22 Where did Jutta go and what did she do?

23 Where did Susanne go and what did she think of the holiday?

24 Where did Paul go and what was his opinion?

25 What did Marc do and what did he think of it?   (12 marks)

A school project

Answer the questions in **English**.

26 What was the aim of the project?

27 Whose idea was it?

28 What suggestions did the students have?
    Give **three** details.

29 What did they decide on in the end? Give **three** details.
    (8 marks)

Reading — Unit 2

- There are 35 marks in the Foundation tier reading exam and 45 marks in the Higher. This unit counts for 20% of the final mark.
- No dictionaries are allowed.
- At Foundation level the test lasts for 30 minutes and at Higher 50 minutes.
- All instructions will be given in English.
- Each tier (Foundation or Higher) contains a variety of question types requiring a non-verbal response (filling in boxes) or responses in English.
- There are a number of questions which are common to both tiers.

Foundation tier

This paper will test your understanding of short items such as notices, instructions and advertisements, as well as longer extracts from sources such as brochures, websites and newspapers. These longer items may include reference to past, present and future events and will contain some unfamiliar language. You will be required to identify key points and some specific details.

Higher tier

At this level there will be some items which include complex language, in a range of registers, including non-factual and narrative material. You will be expected to use your knowledge of grammar and structure to understand the gist of the text as well as specific details. You will also have to be able to recognise views, attitudes and emotions from what you have read, and to draw conclusions.

Practice reading questions

Foundation level

Answer **all** questions in English.

Holidays
What do these people want to do on holiday? Give the correct name for each picture.

Name	Ferienwünsche
Sonia	Im Meer schwimmen
Maria	Städtetouren machen
Meike	Schlafen
Uwe	In der Sonne liegen

(4 marks)

1    2

3    4

Food/Restaurants
Match the following statements to the signs below.

5   Ich esse sehr gern Süßigkeiten.

6   Ich bin Vegetarierin.

7   Ich liebe die italienische Küche.

8   Ich esse am liebsten Fastfood.   (4 marks)

A	**PIZZA- UND PASTA-RESTAURANT „NAPOLI"**
B	**Bäckerei Marquard – Kaffee & Kuchen ab 14 Uhr!**
C	*Fitness-Küche – ohne Fleisch!*
D	Grill am Markt – Bratwurst mit Pommes

Free time
Choose the correct answer from the list below.

Example: Am Sonntag bin ich ins Theater _gegangen_ .

9   Am Freitag Abend bin ich zu Hause _____ . Das war langweilig.

10 Samstag _____ habe ich ausgeschlafen. Ich war so müde!

11 Am Abend habe ich mit meiner Freundin in der Disco _____ .

12 Sonntag habe ich den ganzen Tag vor meinem _____ gesessen.   (4 marks)

A	morgen	**E**	geblieben
B	getanzt	**F**	Kinofilm
C	Computer	**G**	gefahren
D	nachmittag	**H**	~~gegangen~~

Sports

Some students are describing their favourite sports. Choose the correct letter from the list below for each description.

13 Man macht diesen Sport im Winter, wenn es schneit.

14 Für diesen Sport braucht man einen Ball.

15 Man ist immer im Wasser – manchmal auch unter Wasser.

16 Dieser Sport ist etwas für Tierfreunde.

17 Man hat einen Schläger und einen Ball.

18 Für diesen Sport braucht man gute Schuhe.

A Tennis
B Skifahren
C Jogging
D Fußball
E Schwimmen
F Reiten

(4 marks)

Future plans

These pupils are writing about their plans for next year.

> **Hannah**
> Ich will in der Oberstufe bleiben und später Französisch studieren. Ich will Lehrerin werden.
>
> **Richard**
> Mathe ist mein Lieblingsfach, aber ich will es nicht studieren. Ich will lieber eine Lehre als Bankkaufmann machen.
>
> **Michaela**
> Ich werde nach dem Abitur ein Praktikum in einem Kinderheim machen, weil ich später als Kindergärtnerin arbeiten möchte.
>
> **Svenja**
> Ich interessiere mich sehr für Computer und ich will Informatik studieren, denn ich möchte später als Computerfachfrau arbeiten.
>
> **David**
> Ich möchte nach dem Abitur ein Jahr lang durch Europa reisen. Danach werde ich Medizin studieren, weil ich gern Arzt werden möchte.

Choose the correct name.

19 Who wants to go travelling after school?

20 Who doesn't want to go to university?

21 Who wants to work with children?

22 Who wants to work in IT? (4 marks)

Holiday activities

Read the brochure about a holiday activity.

Abseilen in der Schweiz

Hier ist etwas Neues für Sie!

Abseilen – ein wunderbares Erlebnis! Vielleicht machen Sie das nur einmal im Leben oder Sie machen das regelmäßig! Machen Sie mit!

Man kann Amden gut mit dem Auto oder mit öffentlichen Verkehrsmitteln erreichen. Von dort aus gehen wir zu Fuß und erreichen in fünf Minuten die Staumauer. Von hier aus hat man einen herrlichen Blick auf den Walensee und die Glarner Berge. Nicht weit von hier, in Betlis, ist der höchste Wasserfall der Schweiz! Der Seerenbachfall ist 350 Meter hoch.

Der Führer sagt Ihnen, wie Sie die Abseilgurte richtig anziehen und wie Sie sich selbstständig abseilen können.

Viel Spaß!

23 Choose four sentences which are correct.

A You can only do abseiling once.
B It is easily accessible by car and public transport.
C You don't need to walk to reach the final destination.
D The site offers great views of the surrounding landscape.
E The site is near the biggest waterfall in Switzerland.
F It is over 3000 metres high.
G The instructor will show you how to fasten your gear correctly.
H He will then go abseiling down the wall with you.

(4 marks)

Family

Read Annelore's description of her family.

Mein Name ist Annelore, ich bin sechzehn Jahre alt und ich möchte meine Familie vorstellen. Mein Vater heißt Heinrich und er ist zweiundvierzig Jahre alt. Meine Mutter heißt Uschi und sie ist neununddreißig Jahre alt. Meine Eltern wohnen nicht mehr zusammen, da sie geschieden sind. Ich wohne in Hamburg mit meiner Mutter und meinem Stiefvater, der Erich heißt. Er ist dreiundvierzig Jahre alt. Er hat zwei Töchter, die meine Stiefschwestern sind. Sie sind Zwillinge und sie heißen Gabrielle und Susanne. Ich habe auch einen Halbbruder, der Bernd heißt und der sieben Jahre alt ist. Mein Vater Heinrich wohnt mit seiner Freundin Ulla und ihrem Sohn Konrad, der acht ist.

Which member(s) of her family is Annelore describing? Give the correct name(s) each time.

A Heinrich
B Uschi
C Erich
D Gabrielle und Susanne
E Bernd
F Ulla
G Konrad

24 He lives with his girlfriend and her son.
25 They are the same age and they are her half-sisters.
26 He is the youngest member of her extended family.
27 She is divorced and lives with her daughter and her new husband.

(4 marks)

Higher level

Questions 1–9 at this level are the same as questions 19–27 on the Foundation paper.

Environment

Read the blog about the environment.

Franziska: Es ist sehr wichtig, die Umwelt zu schützen. Sonst wird das Leben für unsere Kinder und Enkelkinder sehr schwierig sein.

Michael: Ich tue mein Bestes für die Umwelt, aber ich glaube nicht, dass man als Einzelperson einen Unterschied machen kann.

Paul: Ich interessiere mich nicht für die Umwelt. Ich möchte Spaß haben und will mir nicht die ganze Zeit darüber Sorgen machen.

Katja: Das Wichtigste ist, dass wir die richtigen Verkehrsmittel benutzen: wir sollten nicht so oft mit dem Auto fahren und versuchen, nicht zu fliegen, wenn wir mit dem Zug fahren könnten.

Jörg: Plastiktüten sind ein großes Problem. Wir sollten den Supermärkten verbieten, Plastiktüten auszuteilen. So könnten wir vermeiden, dass Plastik auf Stränden landet und das Meer verschmutzt.

Choose the correct name.

10 Who thinks that shops ought to use packaging more responsibly?
11 Who thinks that our actions today will have an impact on future generations?
12 Who believes that transportation is the key issue?
13 Whose priorities do not include behaving in an environmentally-friendly way?

(4 marks)

Cinema
Read the film advertisement.

Keinohrhasen

Die neue romantische Komödie aus Deutschland mit Til Schweiger als Ludo Decker und Nora Tschirner als Anna Gotzlowski in den Hauptrollen.

Regie: Til Schweiger

Drehbuch: Til Schweiger und Anika Decker

Erscheinungsjahr: 2007

Länge: 111 Minuten

Frei ab 12 Jahren

Ludo Decker arbeitet als Journalist. Bei seiner Arbeit hat er etwas Illegales gemacht. Das Gericht sagt, dass er als Strafe 300 Stunden in einem Kindergarten arbeiten muss. Dort trifft er Anna Gotzlowski. Anna und Ludo haben als Kinder in der gleichen Stadt gewohnt und damals war Ludo nicht nett zu Anna. Jetzt ist Anna nicht nett zu Ludo. Aber am Ende des Films weiß Ludo, dass er Anna sehr wichtig findet, und es gibt ein Happyend.

Are the sentences T (true), F (false) or N (not in the text)?

14 The film is a romantic comedy.

15 It is set in Northern Germany.

16 The lead actor also directed the film.

17 The lead actor didn't write the screenplay.

18 Children have to be 12 years or older to see the film.

19 The film took over two years to make.

20 The main male character works at a newspaper.

21 His female counterpart has no children.

(8 marks)

Healthy lifestyles
Read the article about sportspeople and food.

Ernährung für Sportler
Fitness-Futter

Man liest in Werbungen und Sportzeitschriften, dass Sportler besondere Sachen essen müssen, um genug Energie zu bekommen. Aber ist das wahr? Sind Sportler anders als andere Menschen? Was sollten sie wirklich essen, um fit zu bleiben?

Der Körper braucht viel Energie, wenn man Sport treibt, und das ist normal so: das Blut fließt schneller, das Herz pumpt stärker, man atmet schneller. All das verbraucht Kalorien. Um Energie aufzutanken, muss ein Hobbysportler nicht unbedingt mehr essen als andere Leute, die sich regelmäßig bewegen. Wenn man drei bis vier Stunden in der Woche Fitnesstraining macht, zum Beispiel Skaten oder Joggen, verbraucht man ca. 2000 Kalorien mehr pro Woche, als wenn man die ganze Zeit nur herumsitzt. Aber das entspricht nur ein paar zusätzlichen Käsebroten oder Currywürsten – warum soll man sich also Sorgen machen, wie man die verbrannten Kalorien ersetzt?

Für den Sportler ist es nicht *wie viel*, sondern *was er isst*, das wichtig ist, damit der Körper und die Muskeln optimal funktionieren können. Die zusätzlichen 2000 Kalorien müssen von Nahrungsmitteln kommen, die viele Kohlenhydrate, hochwertiges Eiweiß und Vitamine haben, aber wenig Fett. Es ist auch sehr wichtig, genug Flüssigkeit – vor allem Wasser – zu trinken, damit der Körper nicht austrocknet. Man sollte also ein bisschen überlegen, bevor man bei Heißhunger nach dem Fußballspiel ein paar salzhaltige Käsebrote oder Currywürste isst!

Answer the questions in **English**.

22 What does advertising say about sportspeople and food?

23 What effects does sports have on the body?

24 What is the truth about sportspeople and food?

25 What is the equivalent of 2000 calories?

26 What is the most important thing of all?

(10 marks)

Speaking – Unit 3

- There are 60 marks for the speaking assessment (30% of the total GCSE marks).
- You have to do two tasks under controlled conditions.
- Both tasks will be in the form of a dialogue, e.g. conversation or interview.
- You are not allowed to do the same task for both speaking and writing.
- Each task will last between 4 and 6 minutes and may be recorded. You are allowed to prepare for the tasks and to use a dictionary in the preparation. However, you are not allowed to use a dictionary when you are actually doing the task itself.
- The tasks are marked by your teacher and moderated by the exam board.
- Each task is marked for the following:
  1 Communication (the content of what you say) – 10 marks
  2 Range and accuracy of language (Do you use a variety of vocabulary and structures? Is what you say correct or are there mistakes?) – 10 marks
  3 Pronunciation and Intonation (How German do you sound?) – 5 marks
  4 Interaction and Fluency (How responsive are you? Do you hesitate?) – 5 marks

Examples of assessment tasks

Example 1: Context: Home and Environment – interview

During your exchange trip to Germany, your host's parent asks you about your home town. Your teacher will play the part of the parent. He/She will ask you:

- What kind of town/village you come from
- What the main attractions are and what is not so attractive
- How the town has changed in recent years
- What are the advantages/disadvantages of living there
- How it compares with other towns/areas
- What you think your town will be like in the future
- ! (You will have to respond to something you have not prepared)

Example 2: Cross context: Home and Environment/Leisure/Lifestyle – conversation

You are talking to your German exchange partner on the phone about your imminent visit to his/her home. Your teacher will play the part of your exchange partner. He/She will ask you:

- What your home is like
- What your family is like
- How you will be travelling
- What you want to see/do during your stay
- Whether there is anything you don't like to eat/drink
- What kinds of programmes you like watching on TV
- What you've done recently in your free time
- ! (You will have to respond to something you have not prepared)

Example 3: Context: Lifestyle – interview

You have taken part in an international school sport competition in Austria and are being interviewed after the event. Your teacher will play the part of the interviewer. He/She will ask you:

- Who you are (personal details)
- What your training regime is like
- Why you chose this sport originally and when you starting doing it
- What your experience of previous sporting competitions is
- Whether you think that international sporting events are important and why
- Whether you think that leading a healthy lifestyle is important and why
- What you hope to achieve in your chosen sport in the future
- ! (You will have to respond to something you have not prepared)

Example 4: Context: Leisure – interview

You are making a telephone call to Germany to make a hotel reservation. Your teacher will play the part of the receptionist. He/She will ask you:

- What kind of room you want to reserve
- When you would like to stay
- How many nights you will be staying for
- Whether you want half board or full board
- How/Where you heard about the hotel
- What time you will arrive
- ! (You will have to respond to something you have not prepared)

Example 5: Context: Home and Environment – interview

You are being interviewed about recycling for a German radio programme. Your teacher will play the part of the interviewer. He/She will ask you:

- Why you think recycling is important
- What you recycle at home and at school
- Whether recycling facilities have improved in recent years
- How recycling in Britain compares to recycling in Germany
- What other things you plan to do to protect the environment in the future
- ! (You will have to respond to something you have not prepared)

Example 6: Context: Work and Education – conversation

You are discussing your work experience on the phone with your German penfriend. Your teacher will play the part of your penfriend. He/She will ask you:

- Where you worked
- What you had to do
- What your colleagues were like
- What your hours were
- What you thought of it and why
- Whether you would like to do a similar job in the future
- ! (You will have to respond to something you have not prepared)

Writing – Unit 4

- There are 60 marks for the writing assessment – 30% of the total GCSE marks.
- You have to do two tasks under controlled conditions. Each task must be of a different type to ensure that you use language for a different purpose (e.g. letter, report, story, interview, blog entry, article, etc.). The tasks may be based on the contexts below or your teacher may devise a task based on a context relating to your personal interest:
  Context 1: Lifestyle
  Context 2: Leisure
  Context 3: Home and Environment
  Context 4: Work and Education
- Research for the task may take place outside the classroom and you are allowed access to the internet, coursebooks and dictionaries. You are allowed to use a dictionary during the test itself.
- You are allowed no more than 60 minutes for writing the final version of the task.
- If you are aiming for grades A*–C you must write 400–600 words across the two tasks and for grades D–G you must write 200–350 words.

Example tasks

Example 1: Context 1: Lifestyle – letter

You want to take part in a new German reality series for teenagers. Write an application letter telling the production company about yourself and your home life.

Grades G–E
- Who you are and why you are writing
- Where you live
- Who there is in your family

Grades D–C
- What your daily routine is like
- What your hobbies are
- Which activities you have done recently

Grades B–A*
- Why you want to take part in the programme
- Why you would be an ideal candidate
- What your ideal house and housemates would be like

Example 2: Context 1: Lifestyle – report

You have recently adopted a much healthier diet and lifestyle and you write an account of it on your fitness blog.

Grades G–E
- Who you are
- What your diet is like now
- What you do to keep fit

Grades D–C
- What your diet was like before
- What your lifestyle was like before
- How it compared to your friends' lifestyles

Grades B–A
- The importance of healthy eating and the dangers of poor diet
- The benefits of a healthy lifestyle
- Your resolutions and plans for the future to become even healthier

Example 3: Context 2: Leisure and entertainment – article

You are writing an article for your German exchange school's magazine about a film you saw recently.

Grades G–E
- Some basic information, such as title, genre, actors
- Description of main character(s)
- Simple account of the plot

Grades D–C
- More detailed descriptions of characters/plot
- Information about the main actor
- Your opinion of the film and why you liked/disliked it

Grades B–A*
- Comparison with other films that you have seen
- Whether you would like to see other films by the same director
- Details of other films that you are going to see soon and what you think they will be like

Note this could also be about a film/TV programme/concert/play, etc.

Example 4: Context 2: Leisure and entertainment – report

You have been to a festival (music/religious/cultural) in Germany or Switzerland. You write an account of it on your blog.

Grades G–E
- Name and type of festival
- Description of the festival – what you can see/do there
- Your accommodation – what's good/bad about it and why you think so

Grades D–C
- Where you went/when/why
- What you saw/did
- Details of the journey there/back
- Your opinion of the festival and why you think so

Grades B–A*
- Whether you would recommend this event to a friend
- How this festival compared to others you have been to
- Whether you intend to go to this festival again, and your plans to go to other festivals in the future

Example 5: Cross context: Home and Environment/Work and Education – letter
You have returned from an exchange visit and are writing a letter to thank your exchange partner and his/her family.

Grades G–E
- Why you are writing
- What you like about the place you visited
- What you are doing now you are back home

Grades D–C
- What you liked in general about your stay
- A specific incident you liked/disliked and why
- Details of your journey home

Grades B–A*
- What you found most useful about the exchange and why
- Your impressions of your exchange partner's town/school and how it compares to your own
- What you will do when your exchange partner comes to visit
- The value of exchanges

Example 6: Context 4: Work and Education – article
You have been asked to write an article about your school for your German partner school's website.

Grades G–E
- Where your school is
- What kind of school it is
- How many pupils and teachers there are

Grades D–C
- The school's history
- What the facilities are like
- Your opinion of the teachers

Grades B–A*
- What you would like to change about your school and why
- How you think the school will develop in the future
- How your school compares to others you have visited

Grammar Bank

1 Cases

There are four cases in German. They show what part a noun or pronoun plays in a sentence:

nominative – subject of a verb (*Das Essen ist fertig.*)

accusative – direct object of a verb (*Ich nehme einen Kuchen.*)
– after certain prepositions (*Er läuft durch den Park.*)

genitive (this case is less common)
– shows possession (*das Auto meines Freundes.*)
– after certain prepositions (*während des Spiels.*)

dative – indirect object of a verb (to convey the idea of 'to someone') (*Er hat ihm ein Buch gegeben.*)
– after certain prepositions (*Ich spreche mit meinen Freunden.*)
– after certain verbs (e.g. *geben, sagen, erzählen, zeigen, passen, helfen* and *gefallen*) (*Der Rock passt meiner Schwester nicht.*)

> **1.1 Identify the case (N, A, G or D) of the underlined words.**
>
> 1 <u>Diese Wurst</u> schmeckt sehr gut mit <u>Senf</u>.
> 2 Ich erzähle <u>dir</u> morgen <u>eine Geschichte</u>.
> 3 <u>Das Rad</u> <u>ihres Bruders</u> ist sehr alt.
> 4 Kommst <u>du</u> nach <u>der Schule</u> zum <u>Jugendklub</u>?
> 5 <u>Meine Freundin</u> hat <u>einen guten Film</u> gesehen.
> 6 Können <u>Sie</u> <u>mir</u> bitte helfen?

2 Nouns

What is a noun?

A noun is the name of a person, place or thing. If you can put **the** or **a** in front of a word, then it is a noun. In German, all nouns must begin with a capital letter.

> **2.1 Which of the following words are nouns?**
>
> | | | | |
> |---|---|---|---|
> | 1 | das | 7 | Deutschland |
> | 2 | Wasser | 8 | sprechen |
> | 3 | der | 9 | mein |
> | 4 | Tag | 10 | schön |
> | 5 | diese | 11 | Turnschuhe |
> | 6 | Schokolade | 12 | Programmierer |

Gender

In German, all nouns have a gender – masculine, feminine or neuter.

For people this is usually easy: *Bruder, Mann, Vater, Direktor, Arzt* are masculine; *Schwester, Frau, Mutter, Direktorin, Ärztin* are feminine. There are some exceptions: *Mädchen, Fräulein, Baby* are neuter. This is because of the kind of word and not because of the person.

For objects, you need to learn the gender of each noun. There are some patterns that make this easier.

Masculine:
– most nouns ending in **-er** for people (exceptions: *Mutter* (f), *Schwester* (f), *Tochter* (f), *Zimmer* (n))
– many nouns ending in **-el**, **-en**

Feminine:
– most nouns ending in **-e**, **-in**
– most nouns ending in **-ik**, **-ion**
– nouns ending in **-heit**, **-keit**, **-schaft**, **-ung**

Neuter:
– most nouns ending in **-en**
– many nouns ending in **-el**, **-er**
– all nouns ending in **-chen** or **-lein**
– many nouns adopted from another language (e.g. *Baby, Mountainbike*)

> **2.2 What gender are these nouns? What do they mean? Check in a dictionary.**
>
> | | | | |
> |---|---|---|---|
> | 1 | Politik | 7 | Zeichnen |
> | 2 | Bauer | 8 | Portion |
> | 3 | Bedienung | 9 | Museum |
> | 4 | Kaninchen | 10 | Lehrerin |
> | 5 | Schale | 11 | Zeitung |
> | 6 | Schnitzel | 12 | Großvater |

Singular and plural

Nouns in German form the plural in different ways. There are some patterns to this:
– most feminine nouns add **-n** or **-en** (*Pflanzen, Prüfungen*)
– many foreign words add **-s** (*Büros*)
– most masculine nouns add **-e** and many put an umlaut on the main vowel as well (*Arme, Stühle*)
– most neuter nouns add **-er** and put an umlaut on the main vowel (*Schlösser*)
– most masculine and neuter nouns ending in **-el**, **-en**, **-er**, **-chen** and **-lein** stay the same (*Onkel, Fräulein*)
– some masculine nouns ending in **-el**, **-en**, **-er** just add an umlaut (*Väter*)

In the dative plural, all nouns add an extra **-n** or **-en** to the plural form (unless they already end in **-n** or **-s**). (*den Häusern, den Hotels*)

Most masculine and neuter nouns add **-s** or **-es** in the genitive singular (*die Mutter des Kindes*).

> **2.3 Write nouns 1–6 in the plural and 7–12 in the singular. Check in a dictionary.**
>
> | | | | |
> |---|---|---|---|
> | 1 | Mädchen | 7 | Häuser |
> | 2 | Lampe | 8 | Direktorinnen |
> | 3 | Buch | 9 | Äpfel |
> | 4 | Garten | 10 | Schwestern |
> | 5 | Hotel | 11 | Lehrer |
> | 6 | Tag | 12 | Beine |

Nouns from adjectives and adverbs

In German, nouns can be made from adjectives and adverbs: *deutsch – ein Deutscher* (German – a German), *gut – das Gute* (good – the good), *jugendlich – die Jugendlichen* (youthful – young people).

Such nouns are often made from the superlative form of the adjective or adverb: *das Beste* (the best), *das Schlechteste* (the worst), *das Längste* (the longest).

2.4 Form nouns from these adjectives and adverbs.

1 nervös (a nervous person)
2 höchst (the highest)
3 grau (the greyness)
4 grün (the Greens)
5 fleißig (a hard-working girl)
6 alt (the old lady)

Weak nouns

Some masculine nouns are known as 'weak' nouns. They add **-n** or **-en** in all except the nominative singular. Weak nouns are easy to identify because they are usually people and occasionally animals. They often designate men in particular positions or professions, e.g. *Herr, Junge, Mensch, Neffe, Affe, Löwe, Kollege, Kamerad, Student, Polizist, Tourist, Name.*

They follow this pattern:

	singular	plural
Nominative	der Junge / Student	die Jungen / Studenten
Accusative	den Jungen / Studenten	die Jungen / Studenten
Genitive	des Jungen / Studenten	der Jungen / Studenten
Dative	dem Jungen / Studenten	den Jungen / Studenten

2.5 Complete the sentences with the correct endings for the weak nouns.

1 Der Jung__ hat seinen Nam__ geschrieben.
2 Die Tourist__ haben einen Löw__ gesehen.
3 Ich gebe Herr__ Schmidt meine Hausaufgaben.
4 Ich habe einen Schulkamerad__. Er ist der Sohn eines Polizist__.
5 Meine Mutter spricht mit ihren Kolleg__.
6 Nicht alle Student__ sind fleißige Mensch__.

3 Determiners

What is a determiner?

A determiner is a word such as 'the', 'a', 'my' and 'this' when used in front of a noun. It changes according to the gender, number and case of the noun.

'the' (definite article)

The words for 'the' follow this pattern:

	singular			plural
	masculine	feminine	neuter	
Nominative	der	die	das	die
Accusative	den	die	das	die
Genitive	des	der	des	der
Dative	dem	der	dem	den

'a' (indefinite article) and 'no'

The words for 'a' follow the pattern below. There is no plural of 'a' but *kein* ('not a', 'no') follows the same pattern and it does have a plural.

	singular			plural
	masculine	feminine	neuter	
Nominative	ein / kein	eine / keine	ein / kein	keine
Accusative	einen / keinen	eine / keine	ein / kein	keine
Genitive	eines / keines	einer / keiner	eines / keines	keiner
Dative	einem / keinem	einer / keiner	einem / keinem	keinen

3.1 Complete the sentences with the correct form of *der* (etc.), *ein* and *kein*. The case is given in brackets.

1 D__ Schule beginnt um 8 Uhr. (nom.)
2 Ich wohne in d__ Stadtmitte. (dat.)
3 Wir haben ein__ alten Wagen, aber er läuft gut. (acc.)
4 Ich nehme d__ Bus, weil er billig ist. (acc.)
5 E__ Glas Saft ist gut für d__ Gesundheit. (nom., acc.)
6 Ich esse k__ Fleisch und k__ Süßigkeiten. (acc.)

'my', 'your' etc. (possessive adjectives)

Possessive adjectives are *mein* (my), *dein* (your), *sein* (his, its), *ihr* (her, its, their), *unser* (our) and *Ihr* (your). They follow the same pattern as *ein* and *kein*.

	singular			plural
	masculine	feminine	neuter	
Nominative	mein / ihr	meine / ihre	mein / ihr	meine / ihre
Accusative	meinen / ihren	meine / ihre	mein / ihr	meine / ihre
Genitive	meines / ihres	meiner / ihrer	meines / ihres	meiner / ihrer
Dative	meinem / ihrem	meiner / ihrer	meinem / ihrem	meinen / ihren

'this', 'every' (demonstrative adjectives)

Demonstrative adjectives are *dieser* (this) and *jeder* (each, every).
They follow a similar pattern to der.

| | singular | | | plural |
	masculine	feminine	neuter	
Nominative	dieser	diese	dieses	diese
Accusative	diesen	diese	dieses	diese
Genitive	dieses	dieser	dieses	dieser
Dative	diesem	dieser	diesem	diesen

'which' (interrogative adjective)

The interrogative adjective *welcher* (which) is used in questions.
It follows the same pattern as *dieser*.

| | singular | | | plural |
	masculine	feminine	neuter	
Nominative	welcher	welche	welches	welche
Accusative	welchen	welche	welches	welche
Genitive	welches	welcher	welches	welcher
Dative	welchem	welcher	welchem	welchen

> **3.2 Complete the sentences with the correct form of the possessive, demonstrative or interrogative adjective.**
>
> 1 Mein__ Freund isst dies__ Brot nicht.
> 2 Jed__ Schüler soll Verständnis für sein__ Klassenkameraden haben.
> 3 Welch__ Schwimmbad ist das Beste in eur__ Stadt?
> 4 Heute gibt es in unser__ Kantine mein__ Lieblingsessen.
> 5 Mit welch__ Lehrern haben dein__ Eltern gesprochen?
> 6 Mein__ Schwester und ihr__ Freund spielen jed__ Woche in einer Band.

4 Prepositions

What is a preposition?

Prepositions are words that say something about the position of a noun or pronoun. They change the case of the noun or pronoun. It is often difficult to give one translation for prepositions and they are best learnt as phrases.

mit meinem Freund – **with** *my friend*

mit dem Bus – **by** *bus*

Prepositions with the accusative case

These prepositions are always followed by the accusative case:

durch	through	*um*	around, about
für	for	*wider*	against (contrary to)
gegen	against (position, versus)	*entlang*	along
ohne	without		

Wir gehen ohne den Hund durch die Stadt das Flussufer entlang.

We're going through the town along the riverbank without

> **4.1 Translate these phrases into German.**
>
> 1 through a window
> 2 for his brother
> 3 along the street
> 4 around the corner
> 5 against the wall
> 6 without my parents

Prepositions with the dative case

These prepositions are always followed by the dative case:

aus	out of	*seit*	since, for (time)
außer	except for	*von*	from, of, by
bei	at the house of	*zu*	to, at
mit	with, by	*gegenüber*	opposite
nach	to, after		

Er kommt aus einer Kleinstadt und fährt immer mit dem Bus. Er sitzt mir gegenüber. – *He comes from a small town and always travels by bus.*

Note that *gegenüber* sometimes goes <u>after</u> the noun or pronoun. *Bei dem* and *von dem* can be shortened to *beim* and *vom*.
Zu dem and *zu der* can be shortened to *zum* and *zur*.

There is a special use of *seit* with the present and imperfect tenses:

Ich **wohne** hier **seit** 10 Jahren. – *I **have lived** here **for** 10 years.* (present tense in German, past tense in English)

Er **spielte** schon **seit** zwei Stunden. – *He **had already been playing for** two hours.* (imperfect tense in German, pluperfect in English)

> **4.2 Complete the sentences with the correct preposition and the dative case.**
>
> 1 Wir sehen b__ mein__ Freund fern.
> 2 N___ ein__ Stunde ist Anna a__ d__ Supermarkt gekommen.
> 3 Die Sporthalle liegt g_____ ein__ Park.
> 4 Ich habe 20 Euro v__ mein__ Schwester bekommen.
> 5 Das ist ein Buch v__ mein__ Lieblingsautor.
> 6 Wir gehen in den Ferien z__ unser__ Großeltern.

Prepositions with the accusative or dative case

These prepositions can be followed by the accusative or the dative case, depending on the context:

an	at, on(to)	*über*	over
auf	on(to)	*unter*	under
hinter	behind	*vor*	before, in front of
in	in(to)	*zwischen*	between
neben	next to, near		

They take the accusative if there is a change of place (motion) or state.

They take the dative if there is no change of place or state.

Sie legt das Buch auf den Tisch. – *She's putting the book on the table. (change of place)*

Das Buch ist auf dem Tisch. – *The book is on the table. (no change of place)*

In dem and *an dem* can be shortened to *im* and *am*.
In das and *an das* can be shortened to *ins* and *ans*.

4.3 Choose the correct word in brackets.

1 Leg deine Jacke auf (das / dem) Bett!
2 Es gibt einen Parkplatz hinter (die / den) Geschäften.
3 In (meine / meiner) Stadt gibt es viel zu tun.
4 Wir gehen gern in (den / dem) Park und spielen auf (den / dem) Fußballplatz.
5 Linda sitzt zwischen Markus und (mich / mir).
6 Fahren Sie über (die / der) Brücke dann links in (die / der) Hauptstraße.

A few prepositions are followed by the genitive case:

außerhalb	outside	*während*	during
statt	instead of	*wegen*	because of
trotz	despite		

Trotz des schlechten Wetters... – *Despite the bad weather...*
Während der Pause... – *During break...*

4.4 Translate the sentences into English.

1 Wegen des kalten Wetters bleiben wir neben dem Heizkörper.
2 Sie hat uns zur Party im Jugendklub eingeladen.
3 Während des Tages sind wir in den Bergen Ski gefahren.
4 Ich gehe ans Fenster und setze mich auf den Stuhl.
5 Ihr Foto hängt an der Wand über dem Fernseher.
6 Trotz seiner Krankheit ist er mit dem Rad in die Stadt gefahren.

5 Adjectives

What is an adjective?

An adjective is a 'describing word' – it tells you more about a noun. It usually changes its ending to match the noun it is attached to. This 'agreement' depends on three factors:

- the gender and number of the noun
- the case of the noun
- the determiner used.

Adjectives used after a noun

If an adjective is used by itself after a noun, it does not change.

Der Lehrer ist alt. Die Häuser sind alt. – *The teacher is old. The houses are old.*

Adjectives with the definite article

These are the endings with the definite article:

	singular			plural
	masculine	**feminine**	**neuter**	
Nominative	der alt**e** Hund	die alt**e** Katze	das alt**e** Pferd	die alt**en** Tiere
Accusative	den alt**en** Hund	die alt**e** Katze	das alt**e** Pferd	die alt**en** Tiere
Genitive	des alt**en** Hundes	der alt**en** Katze	des alt**en** Pferdes	der alt**en** Tiere
Dative	dem alt**en** Hund	der alt**en** Katze	dem alt**en** Pferd	den alt**en** Tieren

There are only two different endings – most are **-en** and the rest are **-e**.

The same pattern applies with these determiners: *dieser, jeder, welcher.*

Adjectives with the indefinite article

These are the endings with the indefinite article (and the negative):

	singular			plural
	masculine	**feminine**	**neuter**	
Nominative	ein alt**er** Hund	eine alt**e** Katze	ein alt**es** Pferd	keine alt**en** Tiere
Accusative	einen alt**en** Hund	eine alt**e** Katze	ein alt**es** Pferd	keine alt**en** Tiere
Genitive	eines alt**en** Hundes	einer alt**en** Katze	eines alt**en** Pferdes	keiner alt**en** Tiere
Dative	einem alt**en** Hund	einer alt**en** Katze	einem alt**en** Pferd	keinen alt**en** Tieren

There are only three changes from the definite article pattern (masculine nominative; neuter nominative and accusative).

The same pattern applies with all the possessive adjectives: *mein, dein, sein,* etc.

5.1 Complete the following sentences with the correct adjective ending.

1 Hamburg ist eine faszinierend__ Stadt.
2 Das modern__ Verkehrssystem läuft sehr gut.
3 Ich mag die freundlich__ Leute.
4 Die Elbe ist ein wichtig__ Strom.
5 Die Alster ist der groß__ See in der lebendig__ Stadtmitte.
6 Es gibt keinen besser__ Ort als dieses beliebt__ Reiseziel.

Adjectives with no determiner

Sometimes an adjective is used by itself with a noun ('black coffee', 'good food', etc.). The adjective then takes the endings that the definite article would have had (with slight changes in the neuter and the genitive):

	singular			plural
	masculine	**feminine**	**neuter**	
Nominative	hart**er** Käse	warm**e** Milch	kalt**es** Wasser	heiß**e** Würste
Accusative	hart**en** Käse	warm**e** Milch	kalt**es** Wasser	heiß**e** Würste
Genitive	hart**en** Käses	warm**er** Milch	kalt**en** Wassers	heiß**er** Würste
Dative	hart**em** Käse	warm**er** Milch	kalt**em** Wasser	heiß**en** Würsten

Adjectives used as nouns

After words such as *wenig* (a little), *etwas* (something), *viel* or *sehr* (a lot) and *nichts* (nothing) you can use adjectives as nouns – just add a capital letter and the neuter endings from **Adjectives with no determiner** (above).

Nominative	etwas Gutes
Accusative	nichts Besonderes
Genitive	etwas Neues
Dative	wenig Interessantem

You can also use adjectives as nouns after *alles* (all, everything), but this changes in a different way – *alles* behaves like *das* (neuter definite article) and you add a capital letter and the correct endings to the adjective.

Nominative	alles Gute
Accusative	alles Gute
Genitive	alles Guten
Dative	allem Guten

5.2 Choose the correct word each time.

1 (Kalt / Kalter) Kaffee schmeckt mir nicht.
2 (Teure /Teuren) Restaurants gefallen meiner Freundin.
3 Ich esse gern (gebratener / gebratenen) Fisch.
4 Ich möchte etwas (Interessantes / Interessantem) essen.
5 Wir können uns nichts (Fettiges / Fettigen) leisten.
6 Er hat uns alles (Mögliches / Mögliche) angeboten.

Comparative adjectives

Add *-er* to an adjective in German, e.g. *cooler* or *kreativer*, to say that something is 'cooler' or 'more creative'.

Some short adjectives also add an umlaut (*alt – älter, dumm – dümmer*).

There are a few common irregular comparatives:

gut – besser
hoch – höher
viel – mehr

If the comparative adjective comes before the noun, it has to have the same endings as other adjectives (see above).

eine schöne Aussicht – eine schönere Aussicht

mit einem guten Freund – mit einem besseren Freund

You compare two things by saying *X ist (nicht) cooler **als** Y (or X ist (nicht) **so** cool **wie** Y)*.

5.3 Change the adjectives to the comparative form.

1 Dieser Berg ist <u>hoch</u>.
2 Von hier aus haben wir eine <u>gute</u> Aussicht.
3 Wir haben den <u>langen</u> Weg genommen.
4 Ein <u>alter</u> Mann ist unterwegs krank geworden.
5 Das war für ein <u>junges</u> Mädchen ziemlich erschreckend.
6 Ich möchte mit <u>freundlichen</u> Leuten reisen.

Superlative adjectives

Add **-st** or **-est** to an adjective in German, e.g. *längst* or *interessantest* to say that something is 'the longest' or 'the most interesting'.

Some short adjectives add an umlaut in the same way as the comparative.

There are a few common irregular superlatives:

gut – besser – best-
hoch – höher – höchst-
viel – mehr – meist-
nah – näher – nächst-

When used with a noun, a superlative adjective adds the same endings as other adjectives (see above).

die bessere Wahl, das neuste Buch

When used by itself after a noun, the superlative takes this form:

am *längsten,* **am** *besten,* **am** *interessantesten,* etc.

Sein Rad ist gut, aber mein Rad ist am besten.

5.4 Choose the sentences that include a superlative and translate them into English.

1 Ich glaube, dass Heidi Klum ein schönes Model ist.
2 Ich habe den interessantesten Film über die Baader-Meinhoff-Gruppe gesehen.
3 Deutsche sind nicht immer die berühmtesten Schauspieler der Welt.
4 *Das Boot* ist ein sehr langer deutscher Film.
5 Es ist einer der besten deutschen Filme.
6 Wolfgang Petersen ist berühmter Dirigent geworden.

6 Adverbs

What is an adverb?

Adverbs tell you more about a verb – they describe when, how or where something happened. They can be one word (*schnell, pünktlich*), or they can be a whole adverbial phrase (*um 7 Uhr, mit dem Bus*).

Most German adverbs look exactly the same as an adjective and they do not add any endings.

Sie ist eine **fleißige** Schülerin. – *She's a hard-working student.* (adjective)

Sie arbeitet **fleißig**. – *She works hard.* (adverb)

Das Spiel war **gut**. – *The game was good.* (adjective)

Wir haben **gut** gespielt. – *We played well.* (adverb)

Comparative and superlative adverbs

These are formed in the same way as for adjectives. There are also the same few irregular ones.

examples of adverbs	comparative	superlative
	add –er	put *am* in front of the adverb and add *-(e)sten to it*
schlecht (*badly*)	schlechter (*worse*)	**am** schlecht**esten** (*the worst*)
gut (*well*)	besser (*better*)	am besten (*the best*)
viel (*a lot*)	mehr (*more*)	am meisten (*the most*)

Liking and preferring

Liking and preferring can be difficult to translate into German. These adverbs are very useful:

gern (indicates **liking** and goes after the verb)	**lieber** (indicates **preferring** and goes after the verb)	**am liebsten** (shows what you **most like** and also goes after the verb, but may also be used at the beginning of the sentence or clause for emphasis)

Ich trinke gern Wasser, aber ich trinke lieber Saft. Am liebsten trinke ich Limonade.

I like drinking water, but I prefer juice. I like lemonade most of all.

6.1 Translate the following sentences into German.

1 She played really well.
2 Tea tastes better with milk.
3 You eat biscuits the fastest of all!
4 I like eating bananas.
5 I prefer to drink tea.
6 They like eating chocolate best of all.

Question words (interrogative adverbs and pronouns)

These 'w' words are placed at the beginning of a sentence to make it into a question. Remember to put the verb next (see Word order, below).

wann	when	*wie viel(e)*	how much (how many)
wie	how	*was*	what
wo	where	*wer (wen, wem)*	who (whom)
warum	why	*was für*	what sort of

6.2 Make these statements into questions.

1 Sie hat heute Geburtstag.
2 Du hast dieses Buch gelesen.
3 Wir kommen um 10 Uhr an.
4 Das T-Shirt kostet zu viel Geld.
5 Mein Bruder ist zum Stadion gegangen.
6 Er hat sich nach dem Spiel geduscht.

Adverbial phrases of time and place

Here are some common adverbs and adverbial phrases:

time

manchmal	sometimes
oft	often
nie	never
ab und zu	now and again
dann und wann	now and then
nächstes Wochenende	next weekend
nächsten Montag	next Monday
letztes Jahr	last year
letzte Woche	last week
vor drei Jahren	three years ago
jeden Tag	every day
sonntags	every Sunday, on Sundays

place

hier	here
dort	there

If there are two or more adverbs or adverbial phrases in a sentence, they have to go in a certain order. (See **Time manner place** in **Word order** section, page 191.)

6.3 Translate these phrases into German.

1 next Friday
2 last year
3 six months ago
4 on Saturdays
5 24 hours ago
6 last Thursday

Intensifiers

Intensifiers are used in German to add emphasis to the adjective or adverb they accompany, e.g. *ziemlich* schwierig (**quite** difficult), *gar nicht* sportlich (**not at all** sporty).

ein bisschen	a bit	*so*	so
ein wenig	a little	*total*	totally
einfach	simply	*überhaupt nicht*	not at all
ganz	quite, completely	*viel*	much
gar nicht	not at all	*ziemlich*	quite
kaum	hardly	*zu*	to
sehr	very		

6.4 Add a suitable intensifier to each phrase and say what it means.

1 Unsere Deutschlehrerin ist intelligent.
2 Meine Freundin hat fleißig gearbeitet.
3 Du bist ein sportlicher Junge.
4 Wir haben gestern gut gespielt.
5 Gemüse esse ich gern.
6 Vegetarier sind interessanter als andere Menschen!

7 Pronouns

What is a pronoun?

A pronoun is a short word that replaces a noun (or noun phrase) to avoid repetition. Like nouns, pronouns change their case depending on the part they play in a sentence.

Personal pronouns

Here are the personal pronouns in the most common cases:

nominative	accusative	dative	
ich	mich	mir	*I, me*
du	dich	dir	*you*
er	ihn	ihm	*he/it, him*
sie	sie	ihr	*she/it, her*
es	es	ihm	*it*
wir	uns	uns	*we, us*
ihr	euch	euch	*you (familiar plural)*
Sie	Sie	Ihnen	*you (polite)*
sie	sie	ihnen	*they, them*

Sie hat **mich** gesehen. – ***She saw me.***
Anja und Thomas, kommt **ihr** mit **uns** ins Kino? – *Anja und Thomas, are **you** coming to the cinema with **us**?*

You will often find the dative pronouns after verbs such as *geben, sagen, erzählen* and *zeigen*. Some verbs that are always followed by the dative are *passen, helfen* and *gefallen*.

Ich sage **dir** die Wahrheit. – *I'm telling **you** the truth.*
Das Buch gefällt **mir**. – *I like the book. ('The book pleases me.')*
Sie hilft **ihm** mit der Arbeit. – *She helps **him** with his work.*
Das Kleid passt **ihr** nicht. – *The dress doesn't fit/suit **her**.*

7.1 Complete the sentences with the correct pronoun.

1 Anja, hier ist ein Geschenk für (*you*).
2 Das ist mein neuer Computer. (*It*) ist toll.
3 Wo ist Max? Ich habe (*him*) nicht gesehen.
4 Wann seid ihr zu Hause? Ich will mit (*you*) telefonieren.
5 Können Sie (*me*) bitte helfen?
6 Sie hat (*us*) €20 gegeben.

Reflexive pronouns

Most reflexive verbs have the accusative case of a reflexive pronoun, e.g. *Ich ziehe **mich** an* – I get dressed (I dress **myself**). This is because *mich* is the direct object of the verb.

A few reflexive verbs take the dative case (which conveys the idea of 'to someone'), e.g. *Ich putze **mir** die Zähne* – I brush my teeth (I brush 'to me' the teeth.). These verbs always have another direct object (in this case, 'teeth').

Here are the reflexive pronouns in full:

subject	reflexive pronouns	
(nominative)	accusative	dative
ich	mich	mir
du	dich	dir
er, sie, es, man	sich	sich
wir	uns	uns
ihr	euch	euch
Sie	sich	sich
sie	sich	sich

These common verbs take the dative reflexive pronoun:
sich wünschen – to wish (for something) – *Ich wünsche **mir** einen neuen Computer.*
sich ansehen – to watch (something) – *Siehst du **dir** den Film an?*

7.2 Complete the sentences with the correct reflexive pronouns.

1 Erinnerst du _____ an deinen ersten Schultag?
2 Ich habe _____ eine neue Jeans gekauft.
3 Sie hat _____ lange für die Olympischen Spiele trainiert.
4 Mach _____ keine Sorgen!
5 Interessiert ihr _____ für Sport im Fernsehen?
6 Wir haben _____ heute sehr schnell angezogen.

Indefinite pronouns

Jemand (someone) and *niemand* (no one) usually change to *jemanden/niemanden* in the accusative, and to *jemandem/niemandem* in the dative.

Jemand ist vorbeigegangen, aber ich habe niemanden gesehen und mit niemandem gesprochen. – *Someone went by, but I saw no one and spoke to no one.*

Interrogative pronouns

Some pronouns are question words: *wer, wen, wem* (who, whom), *was* (what)

Wer kommt mit? *Who is coming with us?*

Wen hast du gesehen? *Whom did you see?*

Mit **wem** hast du gesprochen? *With whom did you speak? Who did you speak to?*

Was hast du gemacht? *What did you do?*

See **Adverbs: Question words** (page 186).

Relative pronouns

Relative pronouns are one way of joining two related sentences together. They mean 'that', 'which' or 'who'. They have to be the same gender, number and case as the noun they replace. Apart from the dative plural, they look just like the word for 'the'.

	Masculine	Feminine	Neuter	Plural
Nom.	der	die	das	die
Acc.	den	die	das	die
Dat.	dem	der	dem	denen

Relative pronouns send the verb to the end of their clause. (See **Word order**, below.)

Das ist die Band. Ich <u>habe</u> **die Band** gestern gesehen – *That is the band. I saw the band yesterday.*
= Das ist die Band, **die** ich gestern gesehen <u>habe</u>.
= *That is the band that I saw yesterday.*

Ich habe einen Freund. Ich <u>fahre</u> **mit meinem Freund** nach Berlin. – *I have a friend. I'm going with my friend to Berlin.*
= Ich habe einen Freund, **mit dem** ich nach Berlin <u>fahre</u>.
= *I have a friend with whom I'm going to Berlin.*

> **7.3 Complete the sentences with the correct relative pronoun.**
> 1 Das ist die Gruppe, ____ mir am besten gefällt.
> 2 Ich habe einen Lieblingssänger, ____ ein neues Album gemacht hat.
> 3 Das ist die CD, von ____ ich gesprochen habe.
> 4 Gleich kommen die Freunde an, mit ____ ich zum Konzert fahre.
> 5 Filme, ____ nicht lustig sind, gefallen mir nicht.
> 6 Die Kinder, ____ diese Sendung hilft, wohnen in Brasilien

8 Verbs

What is a verb?

Verbs describe the action (do, go, etc.) or situation (be, have, etc.) in a sentence or clause. They change in important ways depending on:
tense (past, present, future, etc.)
person (I, you, it, etc.)
number (singular, plural),

Most German verbs are 'weak' (regular), but some common ones are 'strong' (irregular) or 'mixed'.

The part given in a dictionary is the **infinitive** – this almost always ends in **-en** and means '**to** do', '**to** go', etc.

Formal and informal usage

Young Germans speak and write to each other using the informal forms *du* (one person) and *ihr* (more than one person). Family members also usually call each other *du*.

When speaking or writing to someone older or not well known to you or in a position of authority, use the formal *Sie* form, which is the same for one and for more than one person.

> **8.1 Write the correct form of the verb (and pronoun) using *du*, *ihr* or *Sie*.**
> 1 Anna und Jens, (kommen) ____ mit ins Kino?
> 2 Herr Meyer, (gehen) ____ gleich ins Lehrerzimmer?
> 3 Mutti, (haben) ____ meine Schultasche gesehen?
> 4 Oma und Opa, wann (bekommen) ____ (*your*) neues Auto?
> 5 Carla, wie (sich fühlen) ____ ____ jetzt?
> 6 Herr und Frau Schmidt, was (wollen) ____ in der Stadt sehen?

Impersonal verbs

Some common verbs are used only in the **es** form.

Es gibt... – There is/are...
Es tut mir Leid. – I am sorry.
Es geht mir gut. – I am well.
Es schmeckt mir. – I like the taste.
Es gefällt mir. – I like it.
Mir ist kalt/heiß/schlecht. – I feel cold/hot/sick.

Negative

To make a verb negative, add *nicht*. This usually goes at or near the end of a clause or sentence. It can also go before an adverb or adverbial phrase to give it emphasis.

Remember that *kein* + noun means 'not a...'. (See **Indefinite article** section on page 182.)

> **8.2 Identify the negative sentences, and then translate them into English.**
> 1 Es geht mir gar nicht gut.
> 2 Ich habe einen kleinen Bruder.
> 3 Wir fahren mitten in der Nacht los.
> 4 Heute treibt er keinen Sport.
> 5 Das Konzert hat noch nicht begonnen.
> 6 Es tut mir Leid, du darfst nicht mitkommen.

Modal verbs

Six irregular verbs are known as modal verbs:

dürfen (to be allowed to)
können (to be able to, 'can')
mögen (to like to)
müssen (to have to, 'must')
sollen (to be supposed to, 'ought')
wollen (to want to)

They normally need another verb to complete their meaning – this verb is in the infinitive and goes to the end of the clause. (See **Word order** section on page 191.)

Ich **kann** morgen nicht **arbeiten**. *I cannot work tomorrow.*

(See **Present**, **perfect**, **imperfect**, **conditional** sections on pages 189–190.)

8.3 Translate these sentences into German.

1 I can play rugby.
2 She wants to go to town.
3 I am not allowed to play tennis.
4 He is supposed to work today.
5 They have to watch television.
6 We don't have to study, but we want to learn.

Separable and inseparable verbs

In German, as in English, many verbs come in two parts. If the verb is separable, the two parts do not usually come next to each other in a sentence. If the verb is inseparable, they do.

*Ich **sehe** gern **fern**.* – I like watching television.
*Ich **be**komme eine Medaille.* – I get a medal.

Here are some common separable and inseparable verbs.

Separable

ankommen – to arrive
anrufen – to call (= telephone), phone
sich ansehen – to watch
zuhören – to listen to

Inseparable

bekommen – to receive, get
benutzen – to use
beschreiben – to describe
verstehen – to understand

8.4 Read the sentences and say whether the verbs are separable (S) or inseparable (I).

1 Ich bekomme 40 Euro pro Monat.
2 In der Woche stehe ich um 6.30 Uhr auf.
3 Ich verstehe nicht, warum die Schule so früh beginnt.
4 Mein Vater bereitet das Frühstück vor.
5 Gestern Abend habe ich mich ein bisschen ausgeruht.
6 Am Wochenende habe ich bei einem Freund übernachtet.

Reflexive verbs

Reflexive verbs need a pronoun to complete their meaning. Most take the accusative reflexive pronoun, but a few use the dative form (see Pronouns above).

Ich interessiere **mich** für Sport. – *I'm interested in sport.*
Ich mache **mir** Sorgen um Jochen. – *I'm worried about Jochen.*

The case of the pronoun is indicated in the dictionary entry for the verb, e.g. 'sich (*dat.*) vorstellen'.

Tenses

Present tense

Weak (regular) verbs form the present tense by taking **-en** from the infinitive (to give the stem) and adding these endings:

ich	-e	ihr	-t
du	-st	Sie	-en
er/sie/es/man	-t	sie	-en
wir	-en		

If the stem ends in **-t**, add an extra **-e** before the *du, er/sie/es/man* and *ihr* endings.
arbeit**en** – sie arbeit**et**

Strong (irregular) verbs almost all have the same endings as weak verbs, but there may be a change to the stem in the *du* and *er/sie/es/man* forms **only**. Some of these follow a pattern, but check in the **Verb table** (pages 195–196), e.g.

e → i (e.g. n**e**hmen – du n**i**mmst, sie n**i**mmt)
e → ie (e.g. s**e**hen – du s**ie**hst, es s**ie**ht)
a → ä (e.g. f**a**hren – du f**ä**hrst, er f**ä**hrt)
au → äu (e.g. l**au**fen – du l**äu**fst, er l**äu**ft)

The irregular verbs *haben, sein* and *werden* are widely used and need to be learnt.

	haben	sein	werden
ich	habe	bin	werde
du	hast	bist	wirst
er/sie/es/man	hat	ist	wird
wir	haben	sind	werden
ihr	habt	seid	werdet
Sie	haben	sind	werden
sie	haben	sind	werden

8.5 Write out the present tense of each verb in these four forms: ich; du; er/sie/es; wir.

1 antworten 4 lassen
2 bekommen 5 schlafen
3 halten 6 tun

Perfect tense

The perfect tense is the main tense used to talk about the past. The perfect tense of to buy (*kaufen*) can be translated as 'bought', 'have bought', 'did buy', etc.

There are two parts:
– the auxiliary (takes the normal position of the verb)
– the past participle (goes to the end of the clause).

Most verbs, including reflexives, form the perfect with the present tense of the auxiliary verb **haben** and a past participle.

- Weak verbs form the past participle from the stem with the prefix **ge-** and the ending **-t** (**ge**kauf**t**).
- For mixed verbs, the stem is often different, but the prefix and ending are the same (*bringen* – **ge**brach**t**).
- Strong verbs often have a changed stem, and take the **ge-** prefix and an **-en** ending (**ge**gess**en**, **ge**sung**en**, **ge**holf**en**).
- Separable verbs insert **-ge-** between the separable prefix and the verb stem.
- Inseparable verbs and those ending in **-ieren** do not take the **ge-** prefix (*verstanden, telefoniert*)

Some verbs form the perfect with the auxiliary **sein**. These mostly show a change of place or state.

*gehen – ich **bin** gegangen*
*aufwachen – du **bist** aufgewacht*
*werden – er **ist** geworden*
*bleiben – wir **sind** geblieben*
*sein – sie **sind** gewesen*

8.6 Rewrite these sentences in the perfect tense.

1 Wir spielen jeden Mittwoch Handball.
2 Ich arbeite am Wochenende für meine Mutter.
3 Wann siehst du Leon?
4 Zu Weihnachten isst meine Familie Gans.
5 Wir fahren im Februar nach Österreich.
6 Meine Großeltern bleiben zu Hause.

Imperfect tense (simple past)

In German, one of the easiest ways to talk about the past is by using the imperfect tense: *ich war* – I was; *sie hatten* – they had; *wir mussten* – we had to

Weak verbs add these endings to the stem:

ich	**-te**	ihr	**-tet**
du	**-test**	Sie	**-ten**
er/sie/es/man	**-te**	sie	**-ten**
wir	**-ten**		

Note that these are mostly similar to the present tense endings with **-(e)t-** inserted: *ich spielte; es machte; sie warteten*

Some regular (mixed) verbs have the same endings, but the stem may change:

bringen – ich brachte
haben – du hattest
müssen – er musste

Irregular (strong) verbs usually change the stem, and they have a different set of endings:

ich	**–**	ihr	**-t**
du	**-st**	Sie	**-en**
er/sie/es/man	**–**	sie	**-en**
wir	**-en**		

fahren – ich fuhr; sehen – er sah; nehmen – wir nahmen

8.7 Identify the sentences that are in the past tense.

1 Ich höre gern viele Musiksorten.
2 Mein Vater hatte eine tolle Sammlung von CDs.
3 Er musste sie verkaufen.
4 Andreas fährt zum *Cold-Play*-Konzert.
5 Das Konzert war total gut.
6 Wir sahen viele Freunde im Stadion.

Pluperfect tense

The pluperfect tense describes what **had happened** before another event in the past. It is formed like the perfect tense, but using the imperfect tense of *haben* or *sein* + past participle.

	haben	**sein**	
ich	hatte	war	
du	hattest	warst	
er/sie/es/man	hatte	war	+ past participle
wir	hatten	waren	
ihr	hattet	wart	
sie	hatten	waren	
Sie	hatten	waren	

wir hatten gespielt; sie war gegangen

8.8 Complete the sentences in the pluperfect tense.

1 Er arbeitete damals in Duisburg, aber vorher ___ er in München ___ (arbeiten)
2 Bevor ich nach Berlin kam, ___ ich nach Moskau ___ (fahren)
3 Die Mannschaft ___ jeden Tag ___ (trainieren)
4 Nachdem sie nach Hause ___ ___, haben sie ein bisschen ferngesehen. (gehen)
5 Er hatte Hunger, weil er sein Pausenbrot schon ___ ___ (essen)
6 Als Schülerin ___ sie nicht fleißig ___, aber als Studentin hat sie gute Noten bekommen. (sein)

Future tense

The future tense is formed using the present tense of **werden** plus the infinitive (at the end of the clause).

ich	werde	ihr	werdet
du	wirst	Sie	werden
er/sie/es/man	wird	sie	werden
wir	werden		

Ich **werde** Erdbeeren **vermeiden**. – *I will avoid strawberries.*

It is often sufficient to use the present tense to talk about the future, especially when combined with an expression of future time.

Nächstes Jahr fahre ich nach Deutschland. – ***I'm going** to Germany next year.*

8.9 Rewrite the sentences in the future tense.

1 Ich arbeite bei Volkswagen.
2 Thomas geht auf die Uni.
3 Hanif macht ein Praktikum bei Aldi.
4 Wir arbeiten in einem Frisörsalon.
5 Ich verlasse die Schule mit 16.
6 Ich kaufe ein großes Auto.

Conditional

The conditional means 'would do', 'would buy', etc. It is formed using würde + infinitive.

ich	würde	wir	würden	+ infinitive
du	würdest	ihr	würdet	
er/sie/es/man	würde	Sie/sie	würden	

Ich **würde** kein großes Auto **kaufen**. – *I **would** not buy a big car.*

Modal and auxiliary verbs usually use the imperfect subjunctive to express the conditional, especially in **wenn** (if) clauses, e.g.

haben – ich hätte   *sollen – ich sollte*
sein – ich wäre   *mögen – ich möchte*
können – ich könnte

Wenn ich reich **wäre**, **würde** ich mir einen besseren Computer **kaufen**. *If I **were** rich, **I'd buy** myself a better computer.*

(See **Word order** section, page 191.)

8.10 Identify which of these sentences are in the future tense (F) and which are conditional (C).

1 Ich werde später bei Volkswagen arbeiten.
2 Thomas würde gern an die Uni gehen.
3 Was würdest du machen, wenn du sehr reich wärst?
4 Hanif wird ein Praktikum bei Aldi machen.
5 Werdet ihr in einem Frisörsalon arbeiten?
6 Das würden wir nicht aushalten.

Infinitive constructions

Modal verbs are used with an infinitive (at the end of the clause).
Ich **muss** nach der Schule **arbeiten**. – *I have to work after school.*

For most other verbs you need to add *zu* before the infinitive.
Ich **versuche**, mit meinem Freund **zu telefonieren**. – *I'm trying to phone my friend.*

Some common expressions follow the same pattern:
um... zu... – in order to
ohne... zu... – without (doing something)
Sie wartete auf den Bus, **um** in die Stadt **zu fahren**. – *She waited for the bus (in order) to go into town.*

(See **Word order** section, page 191.)

8.11 Complete these sentences with *zu* where necessary.

1 Wir versuchen, gutes Deutsch __ lernen.
2 Frank muss fleißiger __ studieren, um gute Noten __ bekommen.
3 Ich will viel Geld __ verdienen, ohne lange Stunden __ arbeiten.
4 Wann hoffst du deine Stelle in Berlin an__fangen?
5 Das kann ich noch nicht __ sagen.
6 Um eine gute Stelle __ bekommen, sollst du eine Fremdsprache __ lernen.

The imperative

The imperative is used to give orders or instructions. Because there are three words for 'you' in German, there are three ways of forming the imperative:

- *du* form – take the **-st** off the du form of the verb and drop the *du*: du bleibst → **bleib**!
- *ihr* form – simply drop the *ihr*: ihr bleibt → **bleibt**!
- *Sie* form – simply invert the verb and the pronoun *Sie*: Sie bleiben → **bleiben Sie**!

The verb *sein* (to be) is irregular: *sei! seid! seien Sie!*

8.12 Change the following statements into commands.

1 Sie öffnen die Tür.
2 Du machst nicht so viel Lärm.
3 Ihr kommt mit ins Kino.
4 Du bist ruhig.
5 Sie fahren langsamer in der Stadt.
6 Ihr bringt alte Flaschen zum Recycling.

9 Word order

Main clauses

The main verb is always the second idea (though not necessarily the second word) in a German sentence.

If the subject of the verb does not start the sentence, it must go immediately after the verb.

Am Ende des Schultags **gehe** ich gern ins Café.

9.1 Rewrite these sentences with the phrase in brackets at the beginning.

1 Wir machen Fitness-Training. (jeden Abend)
2 Ich fahre sehr gern Rad. (am Wochenende)
3 Gesundes Essen ist sehr wichtig. (für Sportler)
4 Man kann im Freibad schwimmen. (im Sommer)
5 Meine Mutter hat viel Tennis gespielt. (als Teenager)
6 Mein Vater und ich sehen Sport im Fernsehen. (zweimal in der Woche)

Time – Manner – Place

If there are several adverbs or adverbial phrases after a verb, they must be in this order: time (when?); manner (how?); place (where?).

Wir fahren <u>jeden Tag</u> <u>mit dem Rad</u> <u>durch die Stadt</u>. – *Every day we cycle through town.*

9.2 Rewrite these jumbled-up sentences.

1 bin – freitags –in der Schule– sehr müde – ich
2 mit dem Zug – sind – gefahren – nach Berlin – gestern –wir
3 für ein Diplom – meine Mutter– in der Hochschule – studiert – seit drei Jahren
4 nach Salzburg – viele Touristen – mit Reisebussen – kommen – im Sommer
5 arbeitet – im Restaurant – meine Schwester – jeden Abend – sehr schwer
6 in China – 2008 – 16 Goldmedaillen – deutsche Sportler – gewannen

Joining sentences – coordinating conjunctions

Coordinating conjunctions are used to join two sentences of equal importance:

Max spielt gern Fußball. Seine Freundin treibt keinen Sport.
Max spielt gern Fußball, **aber** seine Freundin treibt keinen Sport.

Common coordinating conjunctions are: *und* – and; *aber* – but; *oder* – or; *denn* – for, because.

They do not affect the word order but are just added between the two clauses. There is usually a comma to separate each clause.

9.3 Join the sentences using the coordinating conjunction in brackets.

1 Ich will Klempner werden. Ich suche ein gutes Praktikum. (und)
2 Nach der Schule arbeite ich im Supermarkt. Ich will das nicht als Beruf machen. (aber)
3 Du bleibst zwei Stunden hier. Du gehst sofort nach Hause. (oder)
4 Bodo möchte Rennfahrer werden. Er kann schon sehr gut fahren. (denn)
5 Steffi hat kein Geld. Sie will einen Hamburger essen. (*your choice*)
6 Wir können etwas Gesundes essen. Es gibt Pommes mit Würstchen. (*your choice*)

Subordinate clauses

Subordinating conjunctions introduce a clause that adds more information to the main sentence:

Max spielt in einem Verein. Er spielt gern Fußball.
Max spielt in einem Verein, **weil** er gern Fußball spielt.

Common subordinating conjunctions are:

als – when	*obwohl* – although
damit – so that	*während* – whilst
dass – that	*wenn* – if, whenever
ob – if, whether	*weil* – because

They send the verb to the **end** of the clause and there is always a comma to separate each clause.

If the verb is separable, the two parts join together again.

Er **steht** um 7 Uhr **auf**.
Ich weiß, **dass** er um 7 Uhr **aufsteht**.

If there is a modal verb with an infinitive, the modal verb goes after the infinitive.
Sie kann heute nicht kommen, **weil** sie noch arbeiten **muss**.

If a sentence starts with a subordinate clause, that counts as the first part and must be followed by the main verb (verb second rule). This gives the pattern verb – comma – verb.
This is common with *wenn* (if, whenever).

Wenn ich mit der Schule fertig **bin**, **fahre** ich mit Freunden durch Europa.

9.4 Join the sentences using the subordinating conjunction in brackets.

1 Ich fühle mich gut. Ich habe zu viel Schokolade gegessen. (obwohl)
2 Ich will nicht Volleyball spielen. Ich habe Bauchschmerzen. (wenn)
3 Asif sieht ziemlich nervös aus. Er hat ein Vorstellungsgespräch gehabt. (weil)
4 Es ist mir klar. Er muss heute zum Training kommen. (dass)
5 Ich bleibe gesund. Ich esse viel Obst. (damit – *start the first sentence with this*)
6 Es regnet an einem Schultag. Ich nehme immer den Bus. (wenn – *start the first sentence with this*)

Relative pronouns (see **Pronouns**, page 187) send the verb to the end of the clause, just like subordinating conjunctions.

Das ist die Sportlerin, **die** viele Medaillen gewonnen **hat**. – *That's the sportswoman who's won lots of medals.*
Der Ball, **mit dem** wir jetzt **spielen**, ist viel zu alt. – *The ball that we're playing with is much too old.*
Das Spiel, **das** gerade **anfängt**, sollte sehr gut sein. – *The game which is just beginning should be very good.*

9.5 Use a relative pronoun to make one sentence from each pair of sentences.

1 Ich mag den Sänger. Er hat letztes Jahr einen Preis gewonnen.
2 Wie findest du die CD? Reinhard Mey hat die CD gemacht.
3 Ich mag Musik. Die Musik macht mich glücklich.
4 Wir besuchen ein Filmstudio. In diesem Filmstudio dreht man viele Filme und Fernsehsendungen.
5 Im Filmpark Babelsberg gibt es viele Attraktionen. Sie sind alle sehr interessant.
6 Eine Show zeigt tolle Stunts aus der Filmwelt. Die Show ist 30 Minuten lang.

10 Numbers, dates and times

Numbers

Numbers are mostly written as one word. Although you rarely have to write larger numbers in words, you need to be able to say them. The bold in the following list shows how there are slight variations to the patterns (e.g. *siebzehn*).

Notice that a comma is not used to separate large numbers – a space is used instead.

0	null		
1	eins	11	elf
2	zwei	12	zwölf
3	drei	13	dreizehn
4	vier	14	vierzehn
5	fünf	15	fünfzehn
6	sechs	16	sechzehn
7	sieben	17	siebzehn
8	acht	18	achtzehn
9	neun	19	neunzehn
10	zehn	20	zwanzig

21	einundzwanzig
22	zweiundzwanzig
30	drei**ß**ig
40	vierzig
50	fünfzig
60	**sech**zig
70	**sieb**zig
80	achtzig
90	neunzig
100	(ein)hundert
101	(ein)hunderteins
159	(ein)hundertneunundfünfzig
570	fünfhundertsiebzig
1000	(ein)tausend
1001	(ein)tausend(ein)eins
5432	fünftausendvierhundertzweiunddreißig
1 000 000	**eine M**illion
6 000 000	sechs Million**en**

Remember that telephone numbers are usually given in pairs of numbers (e.g. 24 36 … = *vierundzwanzig sechsunddreißig* …).

German uses a comma instead of a decimal point:
1,5 – eins Komma fünf – 1.5 – *one point five*

Prices

Prices are also written with a comma. The currency is the same in the singular and plural and it is said in between the numbers (as in English):

€1,50 (1,50 Euro) – ein Euro fünfzig

€10,90 (10,90 Euro) – zehn Euro neunzig

Ordinal numbers

To form **ordinal numbers** (first, second etc.), add **-t** to numbers from 2–19, and **-st** to 20 and above. The only exceptions are *erst-* (first) and *dritt-* (third).

The words thus formed are now adjectives and need the appropriate endings (see **Adjectives**, page 184): *der erste Tag; in der zehnten Klasse; zum hundertsten Mal; das einundzwanzigste Jahrhundert.*

To abbreviate ordinals, just add a dot after the number:

erst- (1.) *first (1st)*
zweit- (2.) *second (2nd)*
dritt- (3.) *third (3rd)*
zwanzigst- (20.) *twentieth (20th)*

You can also use the ordinals to form fractions: 4 = *vier*, 4th = *viert-*; 1/4 = *ein Viertel*.

Note the use of a capital letter as this is now a noun.

There is one exception to this rule: 1/2 – *eine Hälfte* and *halb- (ein halber Liter)*.

Dates

For dates, use the ordinal numbers (see above) with the appropriate endings. There is no need to say 'of' in dates in German:

(01/05) **Der erste** Mai ist ein Feiertag. – *The first of May is a holiday.*

To say 'on' a date use *am* + dative. To say 'from' one date 'to' another use *vom* and *(bis) zum*:

*Ich habe **am neunzehnten** März Geburtstag.*

***Vom zweiten bis zum sechzehnten** August sind wir im Urlaub.*

Times

As in English, there are two ways of saying the **time**:

The simplest way is just to use the hours and the minutes. For 24-hour clock times you must use this form:

> *1.20 Uhr (written) – ein Uhr zwanzig (spoken)*
>
> *2.45 Uhr – zwei Uhr fünfundvierzig*
>
> *19.05 Uhr – neunzehn Uhr fünf*

The other way is to use *nach* (past) and *vor* (to).

1.00 ein Uhr

1.05 fünf nach eins

1.10 zehn nach eins

1.15 Viertel nach eins

1.20 zwanzig nach eins

1.25 fünfundzwanzig nach eins

1.30 halb zwei

1.35 fünfundzwanzig vor zwei

1.40 zwanzig vor zwei

1.45 Viertel vor zwei

1.50 zehn vor zwei

1.55 fünf vor zwei

2.00 zwei Uhr

12.00 Mittag/Mitternacht

Pay particular attention to the way in which you say 'half past' the hour in German: it is halfway to the next hour: *halb zwei* means half past one.

Note how to say 'it is' and 'at' a time:

Wie spät **ist es**?/Wie viel Uhr **ist es**? – **Es ist** 4 Uhr. – *It is 4 o'clock.*

Wann kommst du nach Hause? – **Um** 5 Uhr. – *At 5 o'clock.*

Verb Tables

The 3rd person singular (*er/sie/es/man*) form is given in the verb table. This allows you to work out the other forms.

Compounds of these verbs (e.g. **ver**bringen, **auf**stehen, etc.) follow the same pattern as the main verb, although the auxiliary changes in some cases. Separable verbs are indicated by /.

Infinitive	Meaning	Present	Imperfect	Perfect
Regular (weak) verbs				
arbeiten	*to work*	arbeitet	arbeitete	hat gearbeitet
hören	*to hear*	hört	hörte	hat gehört
machen	*to do/make*	macht	machte	hat gemacht
sagen	*to say*	sagt	sagte	hat gesagt
spielen	*to play*	spielt	spielte	hat gespielt
Irregular (strong) verbs				
an/kommen	*to arrive*	kommt an	kam an	ist angekommen
an/nehmen	*to accept, assume*	nimmt an	nahm an	hat angenommen
aus/gehen	*to go out*	geht aus	ging aus	ist ausgegangen
beginnen	*to begin/start*	beginnt	begann	hat begonnen
bekommen	*to receive, get*	bekommt	bekam	hat bekommen
beschreiben	*to describe*	beschreibt	beschrieb	hat beschrieben
bieten	*to offer*	bietet	bot	hat geboten
bleiben	*to stay, remain*	bleibt	blieb	ist geblieben
brechen	*to break*	bricht	brach	hat gebrochen
bringen	*to bring*	bringt	brachte	hat gebracht
denken	*to think*	denkt	dachte	hat gedacht
dürfen	*to be allowed to*	darf	durfte	hat gedurft
essen	*to eat*	isst	ass	hat gegessen
fahren	*to go (= travel)*	fährt	fuhr	ist* gefahren
fallen	*to fall*	fällt	fiel	ist gefallen
fern/sehen	*to watch TV*	sieht fern	sah fern	hat ferngesehen
fliegen	*to fly*	fliegt	flog	ist* geflogen
geben	*to give*	gibt	gab	hat gegeben
gehen	*to go (= walk)*	geht	ging	ist gegangen
gewinnen	*to win*	gewinnt	gewann	hat gewonnen
haben	*to have*	hat	hatte	hat gehabt
halten	*to hold, stop*	hält	hielt	hat gehalten
heißen	*to be called*	heißt	hieß	hat geheißen
helfen	*to help*	hilft	half	hat geholfen
kennen	*to know (people)*	kennt	kannte	hat gekannt
kommen	*to come*	kommt	kam	ist gekommen
können	*to be able to, "can"*	kann	konnte	hat gekonnt
lassen	*to let, leave (s.th)*	lässt	ließ	hat gelassen
laufen	*to run*	läuft	lief	ist gelaufen

Infinitive	Meaning	Present	Imperfect	Perfect
leihen	to lend	leiht	lieh	hat geliehen
liegen	to lie (be lying down)	liegt	lag	hat gelegen
mögen	to like (to)	mag	mochte	hat gemocht
müssen	to have to, "must"	muss	musste	hat gemusst
nehmen	to take	nimmt	nahm	hat genommen
rufen	to call (= shout)	ruft	rief	hat gerufen
scheinen	to shine	scheint	schien	hat geschienen
schlafen	to sleep	schläft	schlief	hat geschlafen
schlagen	to hit	schlägt	schlug	hat geschlagen
schließen	to close	schließ	schloss	hat geschlossen
schreiben	to write	schreibt	schrieb	hat geschrieben
schwimmen	to swim	schwimmt	schwamm	ist geschwommen
sehen	to see	sieht	sah	hat gesehen
sein	to be	ist	war	ist gewesen
senden	to send	sendet	sandte	hat gesandt
sitzen	to sit (= be sitting)	sitzt	saß	ist* gesessen
sollen	to be supposed to, "should"	soll	sollte	hat gesollt
sprechen	to speak	spricht	sprach	hat gesprochen
stehen	to stand	steht	stand	hat gestanden
steigen	to climb	steigt	stieg	ist gestiegen
sterben	to die	stirbt	starb	ist gestorben
treffen	to meet (by intention)	trifft	traf	hat getroffen
trinken	to drink	trinkt	trank	hat getrunken
tun	to do	tut	tat	hat getan
verbieten	to forbid	verbietet	verbot	hat verboten
verlassen	to leave (= place)	verlässt	verließ	hat verlassen
verlieren	to lose	verliert	verlor	hat verloren
verstehen	to understand	versteht	verstand	hat verstanden
waschen	to wash	wäscht	wusch	hat gewaschen
werden	to become, get	wird	wurde	ist geworden
werfen	to throw	wirft	warf	hat geworfen
wissen	to know (facts)	weiß	wusste	hat gewusst
wollen	to want to	will	wollte	hat gewollt
ziehen	to pull	zieht	zog	hat gezogen
zu/nehmen	to grow (= get bigger)	nimmt zu	nahm zu	hat zugenommen
zurück/kommen	to come back	kommt zurück	kam zurück	ist zurückgekommen

* these verbs use *haben* as the auxiliary if they have a direct object (e.g. *Er hat den Bus gefahren.*).
To form the future tense, take the conjugated part of the verb *werden* plus the infinitive (see page 190):
Ich werde zurückgommen. − I'll come back.
To form the conditional, use *würde* plus infinitive (see page 190):
Er würde zu viel Zeit verlieren. − He'd lose too much time.

Vokabular Deutsch-Englisch

A

abbiegen*† *sep vb* to turn off (e.g. to the right)

der **Abend -e** *nm* evening

aber but

das **Abenteuer -** *nn* adventure

abfahren*† *sep vb* to leave, to depart

das **Abgas** *nn* exhaust

abhängig *adj* to be dependent

das **Abitur** *nn* A-levels (German equivalent)

abnehmen *vb sep* to lose (weight)

die **Abreise -n** *nf* departure

abschreiben* *sep vb* to copy out

der **Affe -n** *nm* monkey, ape

ähnlich *adj* similar

keine **Ahnung!** no idea!

allgemein *adj/adv* generally

als than

also so, therefore; *adv* so; (interjection) well

alt *adj* old

andere(r, s) *adj* other

der **Anfang -fänge** *nm* beginning, start

anfangen* *sep vb* to begin

der **Anführer -** *nm* leader

das **Angebot** *nn* offer

die **Angst/Ängste** *nf* fear

ängstlich *adj* anxious

ankommen* *sep vb* to arrive

die **Anlage -n** *nf* facility

anrufen* *sep vb* to call, to telephone

sich **anschauen** *sep vb* to have a look at

anstrengend *adj* tiring, strenuous

die **Antwort -en** *nf* answer

antworten *vb* to answer

die **Anzeige -n** *nf* small ad

die **Arbeit -en** *nf* work, job

arbeiten *vb* to work

der/die **Arbeitgeber/in -** *nm/f* employer

arbeitslos *adj* unemployed

ärgerlich *adj* annoyed, annoying

arm *adj* poor

der **Arm -e** *nm* arm

die **Art -en** *nf* kind, sort, type

der **Artikel -** *nm* article

atemberaubend *adj* breathtaking

die **Atemübung -en** *nf* breathing exercise

der **Atomstrom** *nm* nuclear energy

auf Deutsch in German

auf Wiederhören goodbye (on phone)

der **Aufenthalt -e** *nm* stay

die **Aufgabe -n** *nf* task, job

etwas **aufhaben*** *sep vb* to have something to do; to have on

aufhängen *sep vb* to hang up (e.g. the washing)

aufhören *vb sep* to stop

aufnehmen* *sep vb* to pick up; to record, to tape

aufpassen *sep vb* to watch out, be careful

aufschreiben* *sep vb* to write down

aufstehen*† *sep vb* to stand up, get up

die **Ausbildung -en** *nf* education

der **Ausdruck -drücke** *nm* expression

ausdrücken *sep vb* to express

der **Ausflug -flüge** *nm* trip, excursion

ausführen *sep vb* to carry out; to take out (e.g. a dog for a walk)

ausfüllen *sep vb* to fill out

ausgeben* *sep vb* to spend (money)

auslachen *vb sep* to laugh at

das **Ausland** *nn* foreign countries

im **Ausland** abroad

der **Ausländer -** *nm* (male) foreigner

die **Ausländerin -nen** *nf* (female) foreigner

ausmachen *sep vb* to turn off

ausprobieren *sep vb* to try out

die **Ausrede -n** *nf* excuse

die **Aussage -n** *nf* statement

ausschlafen* *sep vb* to have a good sleep

aussehen* *sep vb* to look (e.g. good)

das **Aussehen** *nn* appearance

aussterben *vb sep* to become extinct

außerdem moreover

außergewöhnlich *adj* unusual

außerhalb (+dat) outside

äußern *vb* to express

die **Aussprache** *nf* pronunciation

aussuchen *sep vb* to pick out

der **Austausch** *nm* exchange

austragen* *sep vb* to deliver

auswählen *sep vb* to pick (out)

das **Auto -s** *nn* car

B

backen *vb* to bake

das **Bad/Bäde** *nn* bath

die **Bahn -en** *nf* track; railway

bald *adv* soon

die **Band -s** *nf* (music) band

die **Bank/Bänke** *nf* bench

die **Bank -en** *nf* bank

der **Bärengraben** *nm* bear pit

die **Bauarbeiten** *npl* (construction) works

die **Bauchschmerzen** *npl* stomach ache

der **Bauer -n** *nm* (male) farmer

die **Bäuerin -nen** *nf* (female) farmer; farmer's wife

beantworten *vb* to answer

bedeuten *vb* to mean

die **Bedeutung -en** *nf* meaning

begabt *adj* gifted

begeistert *adj* enthusiastic

beginnen* *vb* to begin

begründen *vb* to give reasons for (an opinion)

begrüßen *vb* to greet

behalten* *vb* to keep

beheizt *adj* heated

behindert *adj* disabled

das **Bein -e** *nn* leg

das **Beispiel -e** *nm* example

zum **Beispiel** for example

bekannt *adj* well-known

bekommen* *vb* to receive

die **Beleidigung -en** *nf* insult

benachteiligen *vb* to discriminate against

benutzen *vb* to use

bequem *adj* comfortable

der **Berg -e** *nm* hill, mountain

der **Beruf -e** *nm* profession, occupation

beruflich *adj* professional

sich **beruhigen** *vb* to calm down

jdm **Bescheid sagen** to let someone know

beschreiben* *vb* to describe

sich **beschweren** *vb* to complain

besichtigen *vb* to view

besondere(r, s) *adj* special

besonders *adv* especially

besprechen* *vb* to discuss

besser *adj/adv* better

bestätigen *vb* to confirm

bestehen aus *vb* to consist of

am **besten** *adv* best

bestimmt *adj* certain, particular; *adv* certainly

bestrafen *vb* to punish

der **Besuch -e** *nm* visit

besuchen *vb* to visit

außer **Betrieb** out of order

das **Bett -en** *nn* bed

sich **bewegen*** *vb* to move

sich **bewerben*** **um** *vb* to apply for (e.g. a job)

biegen*† *vb* to turn

bieten* *vb* to offer

das **Bild -er** *nn* picture

bilden *vb* to form, to shape; to educate

billig *adj* cheap

bis until

bis bald! see you soon!

ein **bisschen** a little

bitte please

bitten* **um** *vb* to ask for

blau *adj* blue

bleiben*† to stay, to remain

blöd *adj* silly

die **Blume -n** *nf* flower

(keinen) **Bock haben** to fancy/not fancy

der **Boden/Böden** *nm* floor, ground; soil

brauchen *vb* to need

breit *adj* wide

der **Brief -e** *nm* letter

bringen* *vb* to bring, to take

die **Brücke -n** *nf* bridge

der **Bruder/Brüder** *nm* brother

der **Brunnen** fountain, well

buchen *vb* to book
das **Buch/Bücher** *nn* book
das **Bücherregal -e** *nn* bookshelf
der **Buchstabe -n** *nm* letter (of the alphabet)
buchstabieren *vb* to spell (out)
bummeln *vb* to hang out
der **Bürgermeister -** *nm* mayor
das **Büro -s** *nn* office

C

die **Charaktereigenschaft -en** *nf* character trait
die **Charakterschwäche -n** *nf* personal weakness
der **Computer -s** *nm* computer

D

ich **dachte** I thought (from **denken**)
daher *adv* that is why
die **Dame -n** *nf* lady
danach *adv* after that, afterwards
dank thanks to
vielen **Dank!** thank you!
danken *vb* to thank
dann then
ich **darf** I am allowed to (from **dürfen**)
dass that
das **Datum/Daten** *nn* date
dauern *vb* to last
denken* an *vb* to think of
denn because; *adv* then (emphasis)
derselbe/dieselbe/ dasselbe/dieselben the same
deshalb for that reason
deutsch *adj* German
der/die/die **Deutscher/Deutsche/ Deutschen** *nm/nf/npl* German(s)
Dezember December
dick *adj* fat
Dienstag *nm* Tuesday
das **Ding -e** *nn* thing
diskutieren *vb* to discuss
Donnerstag *nm* Thursday
doof *adj* daft
das **Dorf/Dörfer** *nn* village
dort there
draußen outside
dreckig *adj* filthy
dritte(r, s) *adj* third
dünn *adj* thin
das **Durcheinander** *nn* mess
dürfen* *vb* to be allowed

E

echt *adj/adv* genuine(ly), real(ly)
die **Ecke -n** *nf* corner
das ist mir **egal** I don't mind
ehrlich *adj/adv* honest(ly)
eigen *adj* own
eigentlich *adv* actually
der **Einbauschrank -schränke** *nm* built-in wardrobe
einfach *adj/adv* easy; easily, simply; single (ticket)
einig sein* to agree, to be in agreement
einige(r, s) *adj* a few
einkaufen *sep vb* to do the shopping
das **Einkaufszentrum -zentren** *nn* shopping centre/mall
einmalig *adj* one-off
einordnen *sep vb* to (put in) order
der **Eintrag -träge** (written) entry
eintragen* *sep vb* to enter (e.g. data)
die **Einweisung** *nf* introduction, admission
der **Einwohner** *nm* inhabitant
die **Einzelheit -en** *nf* detail
einzig *adj/adv* only, sole(ly)
die **Eltern** *npl* parents
empfangen* *vb* to receive
empfehlen* *vb* to recommend
endlich *adv* finally
das **Endspiel -e** *nn* final
eng *adj* narrow, tight
englisch *adj* English
englischsprachig *adj* English-speaking
die **Ente -n** *nf* duck
entlang along
sich **entscheiden (über)** *vb* to decide (on)
entschuldige bitte!/ entschuldigen Sie bitte! excuse me, please
sich **entspannen** *vb* to relax
die **Entspannungsübung -en** *nf* relaxation exercise
entstehen*† to arise
entweder ... oder either ... or
entwerfen *vb* to design
entziffern *vb* to decipher
die **Erdbeere -n** *nf* strawberry
die **Erfahrung -en** *nf* experience
erfinden* *vb* to make up, to invent
der **Erfolg -e** *nm* success
das **Ergebnis -se** *nn* result
erkennen* *vb* to recognise

erklären *vb* to explain
die **Erklärung -en** *nf* explanation
erleben *vb* to experience
das **Erlebnis -se** *nn* experience; event
erneuerbar *adj* renewable
ernst *adj* serious
erraten* *vb* to guess
erreichen *vb* to reach
erscheinen* *vb* to appear
erschöpft *adj* exhausted
ersetzen *vb* to replace
erste(r, s) *adj* first
erstens in the first place
erster Klasse first class
der/die/das **Erwachsene, die Erwachsenen** adult(s)
erwähnen *vb* to mention
erzählen *vb* to tell
erzeugen *vb* to generate, to produce
essen* *vb* to eat
die **Esskrankheit -en** *nf* eating disorder
etwas something

F

das **Fach/Fächer** *n* subject
fahren*† *vb* to go, to travel
die **Fahrkarte -n** *nf* ticket (for travel)
der **Fahrplan -pläne** (transport) timetable
das **Fahrrad -räder** *nn* bicycle
der **Fall/Fälle** *nm* fall; case, condition
auf alle **Fälle** in any case, anyway
die **Familie -n** *nf* family
die **Farbe -n** *nf* colour
der **Fasching -e** or **-s** *nm* (Shrovetide) Carnival
fast *adv* almost
Februar *nm* February
fehlen *vb* to be missing, absent
der **Fehler -** *nm* mistake
feiern *vb* to celebrate
das **Fenster -** *nn* window
die **Ferien** *npl* holidays
fernsehen *sep vb* to watch TV
der **Fernseher -** *nm* television
die **Fernsehsendung -en** *nf* TV programme
fertig *adj* ready, finished
das **Fest -e** *nn* celebration, party
feststellen *vb* to find out, to ascertain
fettgedrückt *adj* printed in bold
das **Feuer -** *nn* fire
die **Feuerwehr** *nf* fire brigade
das **Feuerwerk** *nn* fireworks
finden* *vb* to find

der **Firmenwagen** *nm* company car
der **Fleck -e** or **-en** *nm* stain
das **Fleisch** *nn* meat
fliegen*† *vb* to fly
der **Flohmarkt -märkte** *nm* flea market
der **Flughafen -** or **-häfen** *nm* airport
der **Fluglärm** *nm* aircraft noise
das **Flugzeug -e** *nn* (aero-, air-)plane
der **Fluss/Flüsse** *nm* river
folgen *vb* to follow
folgend *adj* following
die **Form -en** *nf* form, shape
Formel(-1-Rennen) *nn* Formula-one racing
Fortschritte machen to make progress
die **Frage -n** *nf* question
eine **Frage stellen** to ask a question
fragen *vb* to ask
Frankreich *nn* France
frei *adj* free
das **Freibad** *nn* open-air swimming pool
Freitag *nm* Friday
die **Freizeit** *nf* free time
sich **freuen auf** *vb* to look forward to
der **Freund -e** *nm* (male) friend
die **Freundin -nen** *nf* (female) friend
der **Friseur -e** *nm* (male) hairdresser
die **Friseurin -nen** *nf* (female) hairdresser
froh *adj* happy
früh *adj* early
t der **Frühling** *nm* spring
führen *vb* to lead
zu **Fuß** on foot

G

ganz *adj* whole; *adv* quite
gar *adj* at all; (intensifier) really
der **Gast/Gäste** *nm* guest
das **Gebäude -** *nn* building
geben* *vb* to give
das **Gebiet -e** *nn* area
der **Gebrauch/Gebräuche** *nm* custom, usage
der **Geburtstag -e** *nm* birthday
die **Geburtstadt -städte** *nf* native town
die **Geduld** *nf* patience
gefährlich *adj* dangerous
gefallen* *vb* to please
es **gefällt mir** I like it
gegen against

die **Gegend -e** *nf* area, neighbourhood
gegenseitig *adj/adv* mutual(ly), alternate(ly)
gegenüber opposite
der **Gegenwart** *nm* present
der **Gegner -** *nm* opponent
das **Gehalt -hälter** *nn* salary
gehen*† *vb* to go
gehören zu *vb* to belong to
gelb *adj* yellow
das **Geld** *nn* money
gelegen *adj* situated
gelingen *vb* to succeed
gemein *adj* common; mean, horrible
gemütlich *adj* cosy
genau *adj/adv* exact(ly)
genießen* *vb* to enjoy
gerade *adj* straight; (number) even; *adv* just (at the moment)
geradeaus *adv* straight ahead/on
gerecht *adj* fair
gern(e) *adv* with pleasure, willingly
gern haben* to like
das **Geschäft -e** *nn* business; shop
geschehen*† *vb* to happen
das **Geschenk -e** *nn* present
geschieden *adj* divorced
geschlossen *adj* shut
die **Geschwister** *npl* brothers and sisters
das **Gespräch -e** *nn* conversation, discussion
die **Gesprächspause** *nf* pause in the conversation
gestern *adv* yesterday
die **Gesundheit** *nf* health
das **Getränk -e** *nn* drink
die **Gewalt** *nf* violence
gewinnen* *vb* to win
das **Gewissen** *nn* conscience
die **Gewohnheit -en** *nf* habit
es **gibt** there is/there are (from **geben**)
das **Glas/Gläser** *nn* glass
glauben *vb* (an) to believe (in)
gleich *adj* same; *adv* immediately
das **Glück** luck; happiness
zum **Glück** *adv* luckily
glücklich *adj* happy
die **Grenze -n** *nf* border
die **Großeltern** *npl* grandparents
die **Großstadt -städte** *nf* city
Großbritannien Great Britain
die **Größe -n** *nf* size

grün *adj* green
günstig *adj* favourable, good (price)
der **Gürtel -** *nm* belt
gutaussehend *adj* good-looking
das **Gymnasium -ien** *nn* grammar school

H

haben* *vb* to have
halb *adj* half
halten* *vb* to hold, to keep; to stop
halten* **von** *vb* to think of
die **Haltestelle -n** *nf* (bus) stop
das **Handy -s** *nn* mobile phone
der **Hase -n** *nm* hare
hässlich *adj* ugly
häufig *adj* frequent, common; *adv* often
hauptsächlich *adv* principally
die **Hauptstadt -städte** *nf* capital
das **Haus/Häuser** *nn* house
zu **Hause** *adv* at home
die **Hausarbeit** *nf* housework
die **Hausaufgaben** *npl* homework
heben *vb* to lift (e.g. weights), to raise
heiraten *vb* to marry
heiß *adj* hot
die **Heimat** *nf* home
heißen* *vb* to be called
helfen* *vb* to help
das **Hemd -en** *nn* shirt
herausfinden* *sep vb* to find out
der **Herbst -e** *nm* autumn
der **Herr -en** *nm* gentleman
es **herrscht ... prevails**
herstellen *sep vb* to produce
herunterladen *vb sep* to download
heute *adv* today
hin und zurück there and back; return ticket
hinzufügen *vb* to add
höchstens *adv* most, at best
die **Hochzeit -en** *nf* wedding
hoffen *vb* to hope
hoffentlich *adv* hopefully
höflich *adj* polite
die **Höhe -n** *nf* height
der **Höhepunkt -e** *nm* high point
das **Holz/Hölzer** *nn* wood, timber
hören *vb* to hear, to listen to

die **Hose -n** *nf* trousers
das **Hotel -s** *nn* hotel
hübsch *adj* pretty
der **Hund -e** *nm* dog

I

immer *adv* always
inbegriffen *adj* included
sich **informieren über** *vb* to inform oneself about
der **Ingenieur** *nm* (male) engineer
die **Ingenieurin** *nf* (female) engineer
innerhalb (+gen) inside
insbesondere especially
sich **interessieren für** *vb* to be interested in
das **Internet** *nn* internet
irgendwo *adv* anywhere

J

die **Jacke -n** *nf* coat
jagen *vb* to chase
das **Jahr -e** *nn* year
mit (sechs) **Jahren** at the age of (six)
das **Jahrhundert -e** *nn* century
jährlich *adj/adv* yearly
Januar January
je *adv* ever
jeder/jede/jedes *adj* every
jedoch however
jetzt *adv* now
jetzt seid ihr dran! now it's your turn!
die **Jugend** *nf* youth
die **Jugendherberge -n** *nf* youth hostel
jugendlich *adj* youthful
der/die **Jugendliche, die Jugendlichen** *nm/nf/npl* young man/young woman/young people
Juli July
jung *adj* young
der **Junge -n** *nm* boy
jünger *comp adj* younger
Juni June

K

kalt *adj* cold
das **Kaninchen -** *nn* rabbit
die **Karte -n** *nf* ticket
der **Kasten/Kästen** *nm* box
die **Katze -n** *nf* cat
kaufen *vb* to buy
kaum *adv* hardly
kein/keine/kein no, not any
keine(r, s) no one, nobody; not one, none
kennen* *vb* to know, be acquainted with (a

person)
kennen lernen *sep vb* to get to know
die **Kenntnis -se** *nf* knowledge
das **Kernkraftwerk** *nn* nuclear power station
das **Kind -er** *nn* child
das **Kino -s** *nn* cinema
die **Kirche -n** *nf* church
in **Klammern** in parentheses
die **Klamotten** *npl* clothes
klappen *vb* to work, to go smoothly
klar *adj* clear; ready
klar! understood!
die **Klasse -n** *nf* class(room)
klasse! great!
der **Klassenkamerad -en** *nm* (male) classmate
die **Klassenkameradin -nen** *nf* (female) classmate
das **Klavier -e** *nn* piano
die **Kleider** *npl* clothes
die **Kleidung** *nf* clothes
klein *adj* small
die **Klimaanlage -n** *nf* air-conditioning
der **Klimawandel** *nm* climate change
klingen *vb* to sound
die **Kneipe -n** *nf* bar
kochen *vb* to cook
die **Kohle** *nf* coal
kommen* † *vb* to come
können* *vb* to be able to, can
der **Kontakt -e** *nm* contact
kontrollieren *vb* to check
der **Körper -** *nm* body
korrigieren *vb* to correct
krank *adj* ill
das **Krankenhaus -häuser** *nn* hospital
die **Kreuzung -en** *nf* crossroads
kriegen *vb* to get
die **Kunst/Künste** *nf* art
die **Kunsthochschule -n** *nf* academy of art
kurz *adj* short
die **Küste -n** *nf* coast

L

das **Labor -s** or **-e** *nn* lab(oratory)
lackieren *vb* to varnish
das **Lampenfieber** *nn* stage fright
das **Land/Länder** *nn* country (nation); the countryside
die **Landkarte -n** *nf* map
die **Landschaft -en** *nf* landscape
langweilig *adj* boring

lassen* *vb* to let, to leave, to allow

laufen* † *vb* to run; (of film) to be showing

launisch *adj* moody

leben *vb* to live

das Leben - *nn* life

der Lebenslauf -läufe *nm* curriculum vitae (CV)

die Lebensmittel *npl* groceries

lecker *adj* delicious

legen *vb* to lay something down

sich legen *vb* to lie down

eine Lehre *nf* apprenticeship

lehren *vb* to teach

der Lehrer - *nm* (male) teacher

die Lehrerin -nen *nf* (female) teacher

leicht *adj* easy; *adv* easily

leider *adv* unfortunately

leihen *vb* to loan, to hire out, to borrow

leisten *vb* to achieve

die Leistung -en *nf* achievement, result

lernen *vb* to learn

lesen* *vb* to read

letzte(r, s) *adj* last

die Leute *nf* people

lieben *vb* to love

lieber *adv* rather, sooner

das Lied -er *nm* song

liegen* † *vb* to lie, be situated

die Liegewiese -n *nf* lawn

es lohnt sich! it's worth it!

die Lösung -en *nf* solution

die Lücke -n *nf* gap

Lust haben* to want (to do something), to feel like doing something

lustig *adj* jolly, funny

M

machen *vb* to do

das Mädchen - *nn* girl

ich mag I like (from mögen)

die Magersucht *nf* anorexia

Mai May

das Mal -e *nn* time (occasion)

manchmal sometimes

die Mannschaft -en *nf* team

der Markt/Märkte *nm* market

der Marktplatz -plätze marketplace, market square

März March

die Mauer -n *nf* wall

das Meer -e *nn* sea

mehrere *adj* several

meinen *vb* to mean

die Meinung -en *nf* opinion

meiner Meinung nach in my opinion

meistens *adv* mostly

der Mensch -en *nm* person (people)

sich merken *vb* to make a mental note of, remember

mieten *vb* to hire; to rent

mindestens *adv* at least

mitbringen* *vb* to bring along

miteinander with each other, together

das Mitglied -er *nn* member

mitkommen* † *vb* to come along

die Mitschüler – *nm* (male) fellow student

die Mitschülerin – nen (female) fellow student

der Mittag -e *nm* midday

Mittwoch *nm* Wednesday

ich möchte I would like (from mögen)

die Mode *nf* fashion

mögen* *vb* to like

möglich *adj* possible

die Möglichkeit -en *nf* possibility

Montag *nm* Monday

der Morgen - *nm* morning

morgen *adv* tomorrow

morgen früh *adv* tomorrow morning

müde *adj* tired

die Mühe -n *nf* effort

der Müll *nm* rubbish

das Museum/Museen *nn* museum

die Musik -en *nf* music

der Musiker - *nm* (male) musician

die Musikerin -nen *nf* (female) musician

müssen *vb* to have to

die Mutter/Mütter *nf* mother

die Mutti -s *nf* mummy

N

nach after; to (in the direction of)

nachdem after

die Nachhilfe *nf* private coaching

der Nachmittag -e *nm* afternoon

nachschauen *sep vb* to look up (e.g. a word)

nächst next to; apart from

die Nacht/Nächte *nf* night

der Nachteil -e *nm* disadvantage

nähen *vb* to sew

in der Nähe von near

der Name -n *nm* name

nämlich *adv* namely

nehmen* *vb* to take

nett *adj* nice

neu *adj* new

nie/niemals *adv* never

niemand no one

noch *adv* even, still; yet

nochmal *adv* again, once more

normalerweise *adv* normally

die Note -n *nm* mark (e.g. for schoolwork)

Notizen machen to make notes

nun *adv* now; (interjection) well

nur *adv* only

nützlich *adj* useful

O

obgleich although

das Obst *nn* fruit

obwohl although

die öffentlichen Verkehrsmittel *npl* public transport

Oktober October

die Oma -s *nf* granny

der Onkel - *nm* uncle

der Opa -s *nm* grandpa

der Orangensaft *nm* orange juice

in Ordnung! all right!

der Ort -e *nm* place

Ostern *nn* Easter

Österreich *nn* Austria

Österreichisch *adj* Austrian

P

das Paar -e *nn* pair, couple

ein paar *adj* a few

der Partner - *nm* (male) partner

die Partnerin -nen *nf* (female) partner

passen zu *vb* to fit, to suit

die Pause -n *nf* break

peinlich *adj* embarrassing, excruciating

die Person -en *nf* person, individual

persönlich *adj* personal; *adv* in person

die Persönlichkeit *nf* personality

das Pferd -e *nn* horse

die Pflanze -n *nm* plant

pflegen *vb* to take care of

der Platz/Plätze *nm* room, space

plaudern *vb* to chat

der Politiker - *nm* (male) politician

die Politikerin -nen *nf* (female) politician

prima *adj* fantastic

das Privatleben *nn* private life

problematisch *adj* problematic

der Profi -s *nm* pro

prüfen *vb* to check

die Prüfung -en *nf* exam

der Pulli -s *nm* pullover, jumper

putzen *vb* to clean

Q

der Quatsch *nm* rubbish, nonsense

die Quelle -n *nf* source

die Quittung -en *nf* receipt

R

das Rad/Räder *nn* wheel; (Fahrrad) bicycle

radeln† *vb* to cycle

Rad fahren* † *vb* to cycle

der Rat/Ratschläge *nm* (piece of) advice

das Rathaus/-häuser *nn* townhall

das Rätsel - *nn* puzzle, riddle

Recht haben* to be right

reden über *vb* to talk about, to chat about

die Regel -n *nf* rule

regelmäßig *adj/adv* regular(ly)

das Regen *nn* rain

es regnet it's raining

reich *adj* rich

die Reihenfolge *nf* order

rein *adj/adv* pure(ly)

die Reise -n *nf* journey, trip

der Reiseleiter - *nm* (male) tourguide

die Reiseleiterin -nen *nf* (female) tourguide

reisen† *vb* to travel

der Reisende(r) *nm* traveller

reißen*† *vb* to tear, to rip

reiten*† *vb* to ride

der Reitstall -ställe *nm* stable

der Rennfahrer - *nm* racing driver

richtig *adj/adv* right(ly), correct(ly), proper(ly)

der Rivale -n *nm* rival

der Rock/Röcke *nm* skirt

die Rodelbahn -e *nf* toboggan run

rodeln † *vb* to toboggan

roh *adj* raw

der Rohstoff -e *nm* raw material

der Rollstuhl -stühle *nm* wheelchair

der Rosenmontag *nm* Monday preceding Ash Wednesday

rot *adj* red

der Rotkohl *nm* red cabbage

Rücken an Rücken back to back

die Rückfahrkarte -n *nf* return ticket

S

die S-Bahn *nf* suburban railway

die Sache -n *nf* thing, matter

der Saft/Säfte *nm* juice

sagen *vb* to say

sagenhaft *adj* fabulous, incredible

sammeln *vb* to collect

Samstag *nm* Saturday

der Sänger - *nm* (male) singer

die Sängerin -nen *nf* (female) singer

satt *adj* full

der Satz/Sätze *nm* sentence

sauber *adj* clean

schade! *adj* shame!

der Schaden/Schäden *nm* damage, injury

schaffen *vb* to manage (something)

sich schämen *vb* to be ashamed

die Schande *nf* shame, disgrace

schicken *vb* to send

die Schiene -n *nf* rail

die Schichtarbeit *nf* shift work

schlafen* *vb* to sleep

der Schlafsack -säcke *nm* sleeping bag

schlagen* to hit

der Schlagzeuger - *nm* (male) drummer

die Schlagzeugerin -nen *nf* (female) drummer

schlank *adj* thin

schlecht *adj* bad

schlimm *adj* bad, wicked

Schlittenfahren* *sep vb* to go tobogganing, sledging

Schlittschuh laufen* *vb* to ice-skate

das Schloss/Schlösser *nm* castle

zum Schluss finally, by way of a conclusion

schmecken *vb* to taste

der Schmuck *nm* jewellery

schmutzig *adj* dirty

das Schnäppchen *nn* bargain

der Schnee *nm* snow

es schneit it's snowing

schnell *adj/adv* quick(ly)

schon *adv* already

schön *adj/adv* beautiful(ly)

schräg gedruckt *adj* italic

schrecklich *adj* terrible

schreiben* *vb* to write

schriftlich *adj* written; *adv* in writing

die Schule -n *nf* school

der Schüler - *nm* schoolboy, pupil

die Schülerin -nen *nf* schoolgirl, pupil

schwänzen *vb* to play truant

schwarz *adj* black

der Schwarzwald *nm* the Black Forest

die Schweiz *nm* Switzerland

die Schwester -n *nf* sister

schwierig *adj* difficult

die Schwierigkeit -en *nf* difficulty

schwimmen*† *vb* to swim

der Schwimmbad -bäder *nm* swimming pool

der See -n *nm* lake

die See -n *nf* sea

sehen* *vb* to see

sehr *adv* very

Sehr geehrte(r) Frau (Herr) ... Dear ... (at the beginning of a letter)

die Seifenoper -n *nf* soap opera

sein*† *vb* to be

seit since; for

seitdem *adv* since then

die Seite -n *nf* page; side

das Selbstbewusstsein *nn* self-confidence

selbstverständlich *adv* of course

selten *adj/adv* rare(ly)

der Sessel - *nm* armchair

sicher *adj/adv* sure(ly), safe(ly)

der Sinn -e *nm* sense

Ski fahren*† to ski

sogar *adv* even

der Sohn/Söhne *nm* son

sollen *vb* to be, to should

der Sommer *nm* summer

Sonntag *nm* Sunday

sonst *adv* otherwise

die Sorge -n *nf* care, trouble

spannend *adj* exciting

sparen *vb* to save

der Spaß *nm* fun

Spaß haben*/machen to have fun

spazieren gehen*† *vb* to go for a walk

spielen *vb* to play

das Spielzeug -e *nn* toy

der Spießer *nm* bourgeois

Sport treiben* *vb* to do sports

der Sportler - *nm* sportsman

die Sportlerin -nen *nf* sportswoman

sportlich *adj* sporty

die Sprache -n *nf* language

sprechen* *vb* (über) to speak (about)

springen*† *vb* to jump

die Spülmaschine -n *nf* dishwasher

die Staatsangehörigkeit *nf* nationality

die Stadt/Städte *nf* town, city

die Stadtmitte -n *nf* town centre

der Stadtrand *nm* edge of town, city outskirts

das Stadtzentrum -zentren *nn* town centre

die Startbahn -en *nf* runway

stattfinden* *sep vb* to take place

stehen*† *vb* to stand; to be

er/sie/es steht mir gut it suits me

steigen in*† *vb* to climb into

der Stiefbruder -brüder *nm* stepbrother

die Stiefmutter -mütter *nf* stepmother

die Stiefschwester -n *nf* stepmother

der Stiefvater -väter *nm* stepfather

stoßen* to push

stimmen *vb* to be right/ correct

da stimmt doch was nicht! there's something wrong!

das Stock - floor (storey)

stören *vb* to disturb

die Strafe -n *nf* punishment, penalty

strahlend *adj* bright

der Strand/Strände *nm* beach

die Straßenbahn *nf* tram

stricken *vb* to knit

der Strom *nm* electricity

der Stromverbrauch *nm* electricity consumption

studieren *vb* to study

der Stuhl/Stühle *nm* chair

die Stunde -n *nf* hour

stundenlang for hours (on end)

suchen *vb* to look for

süß *adj* sweet

T

die Tabelle -n *nf* chart, table

die Tafel -n *nf* bar, blackboard

der Tag -e *nm* day

das Tagebuch/-bücher *nn* diary

täglich *adj* daily; *adv* every day

das Tal/Täler *nn* valley

die Tante -n *nf* aunt

tanzen *vb* to dance

tauschen *vb* to exchange, to swap

der Teil -e *nm* part

teilnehmen* *sep vb* to take part

das Telefon -e *nn* telephone

das Tempo -s *nn* speed; pace

teuer *adj* expensive

das Tier -e *nn* animal

der Tisch -e *nm* table

die Tochter/Töchter *nf* daughter

toll *adj* great, brilliant

der Tonfall *nm* intonation

tragen* *vb* to wear, to carry

der Traum/Träume *nm* dream

sich treffen *vb* to meet (up)

trennen *vb* to separate

trennbar *adj* separable

trinken* *vb* to drink

der Trost *nm* comfort

trotz despite

trotzdem *adv* nonetheless

tschüs! bye!

tun* *vb* to do

die Tür -en *nf* door

der Turnschuh -e *nm* training shoe

der Typ -en *nm* type

U

die U-bahn *nf* underground (railway)

üben *vb* to practise

überall *adv* everywhere

die Übung -en *nf* exercise

sich übergeben *vb* to vomit

überhaupt nicht not at all

überleben *vb* to survive

sich überlegen *vb* to ponder, to reflect

übernachten *vb* to stay (e.g. in a hotel), to spend the night

überprüfen *vb* to check

die Überraschung -en *nf* surprise

die Überschrift -en *nf* heading

übersetzen in *vb* to translate into

die Übung -en *nf* exercise

um (elf) Uhr at 11 o'clock

um wie viel Uhr ...? at what time ...?

um ... zu in order to

die **Umfrage -n** *nf* poll, survey
umgehen*† mit *sep vb* to know how to handle
umgekehrt *adv* vice-versa
umsteigen*† *sep vb* to change (e.g. trains)
umziehen*† *sep vb* to move house
unbeholfen *adj* clumsy
ungefähr *adv* about, roughly
ungerecht *adj* unfair
das **Unikum** *nn* something unique
Unrecht haben* to be wrong
sich **unterhalten** *vb* to enjoy oneself
sich **unterhalten* mit** *vb* to talk to
die **Unterhaltung** *nf* entertainment
die **Unterkunft -künfte** *nf* accommodation
der **Unterricht** *nm* lessons, classes
unterstützen *vb* to support
der **Unterschied -e** *nm* difference
unterwegs *adv* on the way; away (on holiday)
der **Urlaub -e** *nm* holiday
im **Urlaub** on holiday

V

der **Vater/Väter** *nm* father
der **Vati -s** *nm* daddy
sich **verabreden** *vb* to arrange to meet somebody
verbessern *vb* to improve
die **Verbesserung -en** *nf* improvement
verbinden* mit *vb* to match up with; to connect (on the telephone)
verbrauchen *vb* to consume
verbringen* *vb* to spend (time)
der **Verein -e** *nm* club, association
vereinbaren *vb* to agree
verfügen über *vb* to have at one's disposal
die **Vergangenheit** *nf* past
vergeben* *vb* to forgive; to give away, to award
vergleichen* mit *vb* to compare with
der **Verkauf** *nm* sales
verkaufen *vb* to sell
der **Verkäufer -** *nm* salesman, sales assistant

die **Verkäuferin -nen** *nf* saleswoman, sales assistant
das **Verkehrsmittel** *nn* mode of transport
sich **verlaufen*†** *vb* to get lost
sich **verletzen** *vb* to injure oneself
verlieren* *vb* to lose
vermeiden* *vb* to avoid
verprügeln *vb* to beat up
verschieden *adj* different; various
verschwinden*† *vb* to disappear
Verspätung haben to be delayed
verstauchen *vb* to sprain
verstehen* *vb* to understand
sich **verstehen*** *vb* to get on
versuchen *vb* to try
vertragen* *vb* to bear, to tolerate
verursachen *vb* to cause
vervöllständigen *vb* to complete
verwandeln in *vb* to transform/change into
viel *adj* a lot of, many
vollständig *adj* complete
vor before, in front of; ago
vor allem above all
im **Voraus** in advance
vorbeikommen*† *sep vb* to come by, visit
vorbereiten *vb* to prepare
vorgestern *adv* the day before yesterday
vorhaben* *sep vb* to intend, to plan
vorher *adj* beforehand
vorlesen* *sep vb* to read out (loud)
der **Vormittag** *nm* morning
vorschlagen* *sep vb* to suggest
vorsichtig *adj* careful
vorstellbar *adj* imaginable
sich **vorstellen** *sep vb* to imagine; to introduce oneself
der **Vorteil -e** *nm* advantage

W

wachsen*† *vb* to grow
wählen *vb* to choose, elect
der **Wahnsinn** *nm* insanity, craziness
wahnsinnig *adj* mad; great! incredible!; *adv* incredibly
während during
wandern† *vb* to hike

der **Wanderweg -e** *nm* footpath
wann? when?
warten auf *vb* to wait for
warum? *why?*
was? what?
was für ...? what kind of ...?
die **Wäsche** *nf* washing
das **Wasser** *nn* water
die **Webseite -n** *nf* web page
wechseln *vb* to change
weder ... noch neither ... nor
wegen owing to, due to
weh tun* *vb* to hurt
Weihnachten *nn* Christmas
weinen *vb* to cry
weil because
weit von ... entfernt far from ...
auf diese **Weise** in this way
welcher/welche/welches? which?
die **Welt -e** *nf* world
wem? to whom?
wen? whom?
wenn if
wer? who?
werden*† to become; with infinitives = future and conditional tenses; with past participles = passive
werfen* *vb* to throw
die **Werkstatt -stätte** *nf* workshop
der **Wettbewerb -e** *nm* competition
das **Wetter** *nn* weather
wichtig *adj* important
wie? how
wie bitte? pardon?
wiederholen *vb* to repeat
die **Wiese -n** *nf* meadow
der **Wildpark -s** *nm* gamepark
willkommen heißen* *vb* to welcome
der **Winter** *nm* winter
winzig *adj* tiny
wirklich *adv* really
wissen* *vb* to know (a fact)
der **Witz -e** *nm* joke
witzig *adj* funny
die **Woche -n** *nf* week
das **Wochenende -n** *nn* weekend
wohnen *vb* to live, to reside
der **Wohnort -e** *nm* place of residence
wollen* *vb* to want

das **Wort/Wörter** *nn* word
das **Wörterbuch -bücher** *nn* dictionary
die **Wortstellung** *nf* word order
wünschen *vb* to wish

Z

die **Zahl -en** *nf* number
zahlen *vb* to pay
zählen *vb* to count
zeichnen *vb* to draw
die **Zeichnung -en** *nf* drawing
zeigen *vb* to show
die **Zeit -en** *nf* time; epoch
die **Zeitschrift -en** *nf* magazine
die **Zeitung -en** *nf* newspaper
die **Zeitverschwendung** *nf* waste of time
das **Zelt -e** *nn* tent
zerstören *vb* to destroy
das **Ziel -e** *nn* aim, goal
ziemlich *adv* rather
das **Zimmer -** *nn* room
zuerst *adv* first (of all)
zufrieden *adj* satisfied
der **Zug/Züge** *nm* train
das **Zuhause** *nn* home
zuhören *sep vb* to listen
die **Zukunft** *nf* future
zurück *adv* back
zurzeit *adv* currently
zusammen *adv* together
zusammenpassen *sep vb* to go well together
zuschicken *sep vb* to send
zwar (emphasis) indeed, it's true
zweimal *adv* twice
zu **zweit** *adv* in a couple, in twos
zweite(r, s) *adj* second
zweiter Klasse *adv* second class
der **Zwilling -e** *nm* twin
zwischen between

Vokabular Englisch-Deutsch

A

A levels (German equivalent) das Abitur *nn*
to be **able to** ('can') können* *vb*
about (roughly) ungefähr, etwa *adv*
above über
abroad im Ausland
to go **abroad** ins Ausland gehen*†
absolutely total, absolut, völlig *adv*
to **accept** annehmen* *sep vb*
accommodation die Unterkunft -künfte *nf*
across über
actor der Schauspieler - *nm*
actress die Schauspielerin -nen *nf*
actually eigentlich
address die Adresse -n *nf*
adult der Erwachsene/ die Erwachsene/die Erwachsenen
in **advance** im Voraus
advantage der Vorteil -e *nm*
adventure das Abenteuer - *nn*
advert die Reklame -n *nf*; (small as in newspaper) die Anzeige -n *nf*
after nach
afternoon der Nachmittag -e *nm*
again nochmal *adv*
(3 days) ago vor (3 Tagen)
aeroplane das Flugzeug -e *nn*
against gegen
at the **age of (6)** mit (sechs) Jahre
aircraft noise der Fluglärm *nm*
airport der Flughafen - or /-häfen *nm*
all right! in Ordnung!
to be **allowed** dürfen* *vb*
almost fast *adv*
alone allein *adj*
along entlang
already schon *adv*
also auch *adv*
although obgleich, obwohl
always immer *adv*
angry böse *adj*
animal das Tier -e *nn*
annoyed ärgerlich *adj*
anorexia die Magersucht *nf*
answer die Antwort -en *nf*

to **answer** antworten *vb*
anxious ängstlich *adj*
anywhere irgendwo
appearance das Aussehen *nn*
to **apply for** (e.g. a job) sich bewerben* um (+acc) *vb*
apprentice der Lehrling *nm*
apprenticeship eine Lehre *nf*
april April *nm*
arrival die Ankunft *nf*
arm der Arm -e *nm*
armchair der Sessel - *nm*
to **arrive** ankommen*† *sep vb*
art die Kunst/Künste *nf*
as (when) als; (manner) wie
as ... as so ... wie
to be **ashamed** sich schämen *vb*
to **ask** fragen *vb*
to **ask for** bitten* um (+acc) *vb*
at (position) an, in, bei; (time) um
August August *nm*
aunt die Tante -n *nf*
Austria Österreich *nn*
autumn der Herbst -e *nm*
to **avoid** vermeiden* *vb*

B

baby das Baby -s *nn*
back zurück *adv*
bad schlecht *adj*; (wicked) schlimm *adj*
bag die Tasche -n *nf*; (paper, plastic) die Tüte -n *nf*
band (music group) die Band -s *nf*
bank die Bank -en *nf*, die Sparkasse -n *nf*
bar Kneipe -n *nf*
bargain das Schnäppchen *nn*
bathroom das Badezimmer - *nn*, das Bad/Bäder *nn*
to **be** sein*† *vb*
beach der Strand/Strände *nm*
to **bear** (tolerate) vertragen* *vb*
to **beat up** verprügeln *vb*
beautiful(ly) schön *adj/adv*
because weil
to **become** werden*†
to **become extinct** aus/sterben *vb*

bed das Bett -en *nn*
bedroom das Schlafzimmer *nn*
before vor; (before that) vorher
to **begin** beginnen* *vb*, anfangen* *sep vb*
beginning der Anfang -fänge *nm*
behind hinter
to **believe (in)** glauben *vb* (an)
to **belong to** gehören zu (+dat) *vb*
bench die Bank/Bänke *nf*
the **best** der/die/das Beste
better besser *adj/adv*
between zwischen
bicycle das Fahrrad -räder *nn*
bird der Vogel/Vögel *nm*
birthday der Geburtstag -e *nm*
biscuits der Keks -e *nm*
black schwarz *adj*
blue blau *adj*
boat das Boot -e *nn*
body der Körper - *nm*
book das Buch/Bücher *nn*
to **book** buchen *vb*
border die Grenze -n *nf*
boring langweilig *adj*
to **borrow** leihen *vb*
boss der Chef -s *nm*/die Chefin -nen *nf*
both beide
bottle die Flasche -n *nf*
bourgeois der Spießer *nm*
boy der Junge -n *nm*
(loaf of) bread das Brot -e *nn*
to have a **break** Pause machen
breathing exercise die Atemübung -en *nf*
bridge die Brücke -n *nf*
to **bring** bringen* *vb*
broken kaputt *adj*
brother der Bruder/ Brüder *nm*
building das Gebäude - *nn*
business das Geschäft -e *nn*
(bus)stop die (Bus) haltestelle -n *nf*
but aber
to **buy** kaufen *vb*

C

cake der Kuchen - *nn*
to **call** rufen*; (to telephone) anrufen* *sep vb*
to be **called** heißen*

to **calm down** sich beruhigen *vb*
camera der Fotoapparat -e *nm*, die Kamera -s *nf*
to **camp** campen *vb*
capital die Hauptstadt -städte *nf*
car das Auto -s *nn*, der Wagen - or Wägen *nm*
car park der Parkplatz -plätze *nm*
to take **care of** pflegen *vb*
careful vorsichtig *adj*
to **carry** tragen* *vb*
castle das Schloss/ Schlösser *nn*
cat die Katze -n *nf*
cathedral der Dom -e *nm*
ceiling die Decke -n *nf*
celebration das Fest -e *nn*
to **celebrate** feiern *vb*
century das Jahrhundert -e *nn*
certainly bestimmt *adv*
chair der Stuhl/Stühle *nm*
to **change** (money) wechseln *vb*
to **change** (e.g. trains) umsteigen*† *sep vb*
to get **changed** sich umziehen* *sep vb*
to **chat** plaudern *vb*
cheap billig *adj*, preiswert *adj*
to **check** prüfen *vb*; (e.g. tickets) kontrollieren *vb*
child das Kind -er *nn*
to **choose** wählen *vb*
Christmas Weihnachten *nn*
church die Kirche -n *nf*
cinema das Kino -s *nn*
city die Großstadt -städte *nf*
class die Klasse -n *nf*
classmate der Klassenkamerad -en *nm*/ die Klassenkameradin -nen *nf*
clean sauber *adj*
to **clean** putzen *vb*
clear klar *adj*
climate das Klima -s or -te *nn*
climate change der Klimawandel *nm*
to **climb** steigen*† *vb*
to **close** schließen *vb*, zumachen *sep vb*
closed geschlossen *adj*
clothes die Kleider *npl*, die Kleidung *nf*, die Klamotten *npl*

coal die Kohle *nf*
coast die Küste -n *nf*
coat der Mantel/Mäntel *nm*
cold kalt *adj*
to have a cold erkältet sein*
colour die Farbe -n *nf*
to come kommen*† *vb*
comfortable bequem *adj*
company car der Firmenwagen *nm*
to compare with vergleichen* mit (+dat) *vb*
competition der Wettbewerb -e *nm*
to complain sich beklagen *vb*; (more formal) sich beschweren *vb*
comprehensive school die Gesamtschule -n *nf*
computer der Computer -s *nm*
to consume verbrauchen *vb*
to continue (with something) weiter machen *vb*
conversation das Gespräch -e *nn*
to cook kochen *vb*
corner die Ecke -n *nf*
correct(ly) richtig *adj/adv*
cosy gemütlich *adj*
to count zählen *vb*
country (state) das Land/Länder *nn*; (countryside) das Land *w*
in the country auf dem Land
of course natürlich *adv*
cousin der Cousin -s *nm*/die Cousine, die Kusine -n *nf*
crossroads die Kreuzung -en *nf*
to cry weinen *vb*
cup die Tasse -n *nf*
curly (of hair) lockig *adj*
curriculum vitae (CV) der Lebenslauf -läufe *nm*
customer der Kunde -n *nm*/die Kundin -nen *nf*
to cut schneiden* *vb*
to cycle Rad fahren*† sep *vb*

D

daily täglich *adj*
to dance tanzen *vb*
dangerous gefährlich *adj*
dark dunkel *adj*
date das Datum/Daten *nn*; die Verabredung *nf*
daughter die Tochter/Töchter *nf*
day der Tag -e *nm*
Dear ... (at the beginning of a letter to a friend) Liebe(r) ...; (at the

beginning of a formal letter) Sehr geehrte(r) Frau (Herr) ...
December Dezember *nm*
deep tief *adj*
to be delayed by 10 minutes (10 Minuten) Verspätung haben
deliberate(ly) absichtlich *adj/adv*
delicious lecker *adj*
department store das Kaufhaus -häuser *nn*
departure die Abfahrt -en *nf*, Abreise -n *nf*; (plane) der Abflug -flüge *nm*
dependent abhängig *adj*
that depends! das kommt darauf an!
to describe beschreiben* *vb*
despite trotz
to destroy zerstören *vb*
detail die Einzelheit -en *nf*
diary das Tagebuch/bücher *nn*
dictionary das Wörterbuch -bücher *nn*
difference der Unterschied -e *nm*
different verschieden *adj*, anders *adj*
difficult schwierig *adj*
difficulty die Schwierigkeit -en *nf*
dining room das Esszimmer - *nn*
dinner das Abendessen - *nn*
dirty schmutzig *adj*
disabled behindert *adj*
disadvantage der Nachteil -e *nm*
to disappear verschwinden*† *vb*
to discriminate against benachteiligen *vb*
to discuss besprechen* *vb*, diskutieren *vb*
dishwasher die Spülmaschine -n *nf*
divorced geschieden *adj*
to do machen *vb*, tun* *vb*
doctor der Arzt/Ärzte *nm*/die Ärztin -nen *nf*
dog der Hund -e *nm*
door die Tür -en *nf*
to download herunter/laden *vb*
downstairs unten *adv*
to draw zeichnen *vb*
drawing die Zeichnung -en *nf*
dream der Traum/Träume *nm*
dress das Kleid -er *nn*
to get dressed sich anziehen* *vb*
to drink trinken* *vb*

dry trocken *adj*
to dry up abtrocknen sep *vb*
during während

E

each (every) jede(r, s); (per item) je, das Stück
early früh *adj*
to earn verdienen *vb*
the East Osten *nm*
Easter Ostern *nn*
easy leicht *adj*
eating disorder die Esskrankheit -en *nf*
to eat essen* *vb*
education die Ausbildung -en *nf*
either ... or entweder ... oder
electricity der Strom *nm*
electricity consumption der Stromverbrauch *nm*
embarrassing peinlich *adj*
employee der Angestellter *nm*/die Angestellte *nf*
employer der Arbeitgeber - *nm*/die Arbeitgeberin -nen *nf*
end das Ende -n *nn*, der Schluss/Schlüsse *nm*
English englisch *adj*
Englishman der Engländer - *nm*
Englishwoman die Engländerin -nen *nf*
to enjoy oneself sich unterhalten *vb*
entertainment die Unterhaltung *nf*
entrance (to) der Eingang -gänge *nm* (in +acc)
environment die Umwelt *nf*
environmentally friendly umweltfreundlich *adj*
especially besonders *adv*
Europe Europa *nn*
even sogar *adv*
evening der Abend -e *nm*
ever je *adv*
every jeder/jede/jedes *adj*
everybody jeder
everywhere überall *adv*
exactly genau *adv*
exam die Prüfung -en *nf*
example das Beispiel -e *nm*
for example zum Beispiel
excellent ausgezeichnet *adj*
except for außer (+dat)
exchange der Austausch *nm*
exciting spannend *adj*
excursion der Ausflug -flüge *nm*

excuse me, please entschuldige, bitte!/entschuldigen Sie, bitte!
exercise book das Heft -e *nn*
exhausted erschöpft *adj*
expensive teuer *adj*
experience die Erfahrung -en *nf*
to experience erleben *vb*
to explain erklären *vb*
to express ausdrücken sep *vb*, äußern *vb*
exit (from) der Ausgang -gänge (von +dat) *nm*

F

facility die Anlage -n *nf*
factory die Fabrik -en *nf*
fair gerecht *adj*
to fall fallen*†; (person) hinfallen*† sep *vb*
family die Familie -n *nf*
far from (Berlin) weit von Berlin entfernt
fare das Fahrgeld *nn*
farm der Bauernhof -höfe *nm*
farmer der Bauer -n *nm*/die Bäuerin -nen *nf*
fashion die Mode n *nf*
fashionable modisch *adj*
fat dick *adj*
father der Vater/Väter *nm*
favourite Lieblings-
fear die Angst/Ängste *nf*
February Februar *nm*
festival der Fest -en *nm*
to fetch holen *vb*
a few einige(r, s) *adj*, ein paar
filthy dreckig *adj*
final das Endspiel -e *nn*
finally endlich, schließlich *adv*
to find finden* *vb*
to find out herausfinden* sep *vb*
fire das Feuer - *nn*
fire brigade die Feuerwehr *nf*
fireworks das Feuerwerk (sing)
firm die Firma/Firmen *nf*, der Betrieb -e *nm*
first erste(r, s) *adj*
first (of all) zuerst
first class erster Klasse
first name der Vorname -n *nm*
in the first place erstens
for the first time zum ersten Mal
fish der Fisch -e *nm*
fit fit, gesund *adj*
to fit passen *vb*
flat flach *adj*
flat die Wohnung -en *nf*

flea market der Flohmarkt -märkte *nm*
flight (plane) der Flug/die Flüge *nm*
floor (ground) der Boden/Böden *nm*; (storey) das Stock - *nn*
flower die Blume -n *nf*
to **fly** fliegen*† *vb*
to **follow** folgen *vb* (+dat)
on **foot** zu Fuß
for für
to **forbid** verbieten* *vb*
forbidden verboten *adj*
foreigner der Ausländer - *nm*/die Ausländerin -nen *nf*
foreign language die Fremdsprache -n *nf*
France Frankreich *nn*
free frei *adj*; (without charge) kostenlos *adj*
free time die Freizeit *nf*
Friday Freitag *nm*
friend der Freund -e *nm*/die Freundin -nen *nf*
in **front** of vor
fruit das Obst *nn*
full satt *adj*
full-time job die Vollzeitstelle *nf*
to have **fun** Spaß haben*/machen
funny (amusing) komisch, lustig *adj*; (strange) merkwürdig *adj*
furniture das Möbel *nn*
future die Zukunft *nf*
in **future** in Zukunft

game das Spiel -e *nn*
garden der Garten/Gärten *nm*
in **general** im Allgemeinen
German deutsch *adj*
German der Deutscher *nm*/die Deutsche *nf*/die Deutschen *npl*
in **German** auf Deutsch
German-speaking deutschsprachig *adj*
to **get lost** sich verlaufen*† *vb*
to **get off** aussteigen*† *sep vb*
to **get on with** sich verstehen* *vb* mit (+dat), auskommen* mit (+dat) *sep vb*
girl das Mädchen - *nn*
to **give** geben* *vb*
glass das Glas/Gläser *nn*
global warming die globale Erwärmung *nf*
to **go** gehen*† *vb*; (to travel) fahren*† *vb*

to **go away** weggehen*† *sep vb*
to **go to bed** ins Bett gehen*†
good gut *adj*
good-looking gutaussehend *adj*
goodbye auf Wiedersehen, tschüs; (on phone) auf Wiederhören
grammar school das Gymnasium *nn*
grandchild das Enkelkind -er *nn*
granddaughter die Enkelin -nen *nf*
grandparents die Großeltern *npl*
grandson der Enkel *nm*
great groß *adj*; (brilliant) toll *adj*
Great Britain Großbritannien *nn*
green grün *adj*
grey grau *adj*
groceries die Lebensmittel *npl*
ground der Boden/Böden *nm*
ground floor das Erdgeschoss *nn*
to **grow** wachsen*† *vb*; (in numbers) zunehmen* *sep vb*; (crop) anbauen *sep vb*
to **guess** erraten *vb*
guest der Gast/Gäste *nm*

hair die Haare *npl*
hairdresser der Friseur *nm*, die Friseurin *nf*
half halb *adj*
half die Hälfte *nf*
half price zum halben Preis
hall (entrance room) die Diele -n *nf*
to **hang up** (e.g. the washing) aufhängen *sep vb*
to **happen** geschehen*† *vb*
happiness das Glück *nn*
happy glücklich, froh *adj*
hard-working fleißig *adj*
hardly kaum *adv*
hat der Hut/Hüte *nm*
to **have** haben* *vb*
to **have to** müssen *vb*
health die Gesundheit *nf*
to **hear** hören *vb*
heavy schwer *adj*
hello hallo!, guten Tag!
to **help** helfen* *vb* (+dat)
helpful hilfsbereit *adj*
high hoch *adj*

to **hike** wandern† *vb*
hill der Hügel - *nm*
to **hire** mieten *vb*
to **hit** schlagen* *vb*
hobby das Hobby -s
holiday der Urlaub -e *nm*
on holiday im Urlaub
holidays die Ferien *npl*
to take a **holiday** Ferien machen
home die Heimat *nf*
at **home** zu Hause
to come **home** nach Hause kommen*†
homework die Hausaufgaben *npl*
honest(ly) ehrlich *adj/adv*
to **hope** hoffen *vb*
hopefully hoffentlich *adv*
hospital das Krankenhaus -häuser *nn*
hot heiß *adj*
hotel das Hotel -s *nn*
hour die Stunde -n *nf*
for **hours** (on end) stundenlang
house das Haus/Häuser *nn*
housework die Hausarbeit *nf*
how wie?
how are you? wie geht's?
how do you say that in German? wie sagt man das auf Deutsch?
how long? wie lange?
how many? wie viele?
how much is it? was kostet das?
however jedoch
to be **hungry** Hunger haben*
husband der Mann/Männer *nm*; der Ehemann -männer *nm*

idea die Idee *nf*
no **idea!** keine Ahnung!
ill krank *adj*
illness die Krankheit -en *nf*
imaginable vorstellbar *adj*
immediately sofort *adv*
important wichtig *adj*
impossible unmöglich *adj*
in front of vor
incredible wahnsinnig *adj*
inhabitant der Einwohner - *nm*/die Einwohnerin -nen *nf*
to **injure oneself** sich verletzen *vb*
inside drinnen *adv*; innerhalb
insult die Beleidigung -en *nf*
to **intend** vorhaben* *sep vb*

intelligent intelligent *adj*
to be **interested in** sich interessieren für (+acc) *vb*
internet das Internet *nn*
interview das Interview -s *nn*
to **introduce oneself** sich vorstellen *sep vb*
to **invent** erfinden* *vb*
to **invite** einladen* *sep vb*
to **iron** bügeln *vb*

January Januar *nm*
jewellery der Schmuck *nm*
job die Stelle -en *nf*, (task) die Aufgabe -n *nf*
joke der Witz -e *nm*
journey (long) die Reise -n *nf*, (short, by car, train etc.) die Fahrt -en *nf*
juice der Saft/Säfte *nm*
July Juli *nm*
to **jump** springen*† *vb*
June Juni *nm*
just as genauso

key der Schlüssel - *nm*
kitchen die Küche -n *nf*
to **knit** stricken *vb*
to **know** (a fact) wissen* *vb*
to **know** (a person) kennen* *vb*
to **know one's way around** (e.g. a town) sich auskennen* *sep vb*
to get to **know** kennen lernen *sep vb*

lady die Dame -n *nf*
lake der See -n *nm*
landscape die Landschaft -en *nf*
language die Sprache -n *nf*
last letzte(r, s) *adj*
at **last** endlich, schließlich *adv*
to **last** dauern *vb*
late spät *adj*
to **laugh at** auslachen *vb sep*
lawn der Rasen - *nm*
to **lay the table** den Tisch decken
to **lead** führen *vb*
leader der Anführer - *nm*
to **learn** lernen *vb*
at **least** mindestens *adv*
to **leave** (in a certain state) lassen*; (a place) verlassen*; (to depart) abfahren*†
(on the) left links

on the left-hand side auf der linken Seite
leg das Bein -e *nn*
to lend leihen *vb*
less weniger *adj/adv*
to let lassen* *vb*
letter (mail) der Brief -e *nm*; (of the alphabet) der Buchstabe -n *nm*
letterbox der Briefkasten - *nm*
to lie (to be lying down) liegen* †
to lie down sich hinlegen *sep vb*
life das Leben - *nn*
lift der Aufzug -züge *nm*
light das Licht -er *nn*
to like mögen* *vb*, gern haben* *vb*
to listen (to) zuhören *sep vb* (+dat)
a little ein bisschen
to live (exist) leben *vb*; (in a place) wohnen *vb*
living room das Wohnzimmer - *nn*
long lang *adj*
to look (e.g. good) aussehen* *sep vb*
to look at anschauen *sep vb*
to look for suchen *vb*
to look forward to sich freuen auf* (+acc) *vb*
to lose verlieren* *vb*
to lose (weight) abnehmen *vb sep*
lost verloren *adj*
a lot of viel *adj*
loud laut *adj*
to love lieben *vb*
luckily zum Glück
lunch das Mittagessen *nn*

M

magazine die Zeitschrift -en *nf*
main course die Hauptspeise -n *nf*
man der Mann/Männer *nm*
to manage (something) schaffen *vb*
manager der Geschäftsführer - *nm*
map die Landkarte -n *nf*, (of town) der Stadtplan -pläne *nm*
March März *nm*
mark (for schoolwork) die Note -n *nm*
market der Markt/Märkte *nm*
marketplace der Marktplatz -plätze
married verheiratet *adj*

to marry heiraten *vb*
it doesn't matter es macht nichts
May Mai *nm*
to mean bedeuten *vb*; (intend) beabsichtigen *vb*
meat das Fleisch *nn*
to meet (up) sich treffen *vb*
meeting das Treffen - *nn*
member das Mitglied -er *nn*
menu die Speisekarte -n
midday der Mittag -e *nm*
at midday mittags
midnight die Mitternacht *nf*
at midnight um Mitternacht
milk die Milch *nf*
mirror der Spiegel - *nm*
to be missing fehlen *vb*
mistake der Fehler - *nm*
mobile phone das Handy -s *nn*
Monday Montag *nm*
money das Geld *nn*
month der Monat -e *nm*
in a good/bad mood guter/schlechter Laune
more mehr
moreover außerdem
morning der Morgen - *nm*
mostly meistens *adv*
mother die Mutter/Mütter *nf*
motorway die Autobahn -en *nf*
mountain der Berg -e *nm*
to move (oneself) sich bewegen *vb*
to move house umziehen* † *sep vb*
museum das Museum/Museen *nn*
music die Musik -en *nf*
musician der Musiker - *nm*/die Musikerin -nen *nf*

N

name der Name -n *nm*
narrow eng *adj*
nature conservation der Naturschutz *nm*
near in der Nähe von
necessary notwendig *adj*
neck der Hals/Hälse *nm*
to need brauchen *vb*
neighbour der Nachbar -n *nm*/die Nachbarin -nen *nf*
neither ... nor weder ... noch
nephew der Neffe -n *nm*
never nie, niemals *adv*
new neu *adj*
New Years's Eve Sylvester *nn*

news die Nachrichten *npl*
next to neben
nice nett *adj*
niece die Nichte -n *nf*
night die Nacht/Nächte *nf*
at night nachts *adv*
no (not any) kein/keine/kein
no one (nobody) niemand
noise der Lärm *nm*
nonetheless trotzdem *adv*
normally normalerweise *adv*
north Norden *nm*
not one (none) keine(r, s)
nothing nichts
November November *nm*
now jetzt *adv*
now and again ab und zu; dann und wann
nuclear energy der Atomstrom *nm*
nuclear power station das Kernkraftwerk -e *nn*
number (maths) die Zahl -en *nf*, (digit) die Ziffer -n *nf*, (designation, e.g. telephone) die Nummer -n; (amount) die Anzahl -en *nf*

O

October Oktober *nm*
at (11) o'clock um (elf) Uhr
of course selbstverständlich *adv*
to offer anbieten* *sep vb*
office das Büro -s *nn*
often oft *adv*
OK in Ordnung!, klar!, OK!
old alt *adj*
only nur *adv*
only child das Einzelkind -er *nn*
open offen *adj*
opinion die Meinung -en *nf*
in my opinion meiner Meinung nach
opponent der Gegner - *nm*
opposite gegenüber
or oder
out of order außer Betrieb
in order to um ... zu
other andere(r, s) *adj*
otherwise sonst *adv*
outside draußen
over über
overcast bedeckt *adj*
own eigen *adj*

P

page die Seite -n *nf*

to paint malen *vb*
pair das Paar -e *nn*
pardon? wie bitte?
parents die Eltern *npl*
park der Park -s *nm*
to park parken *vb*
part der Teil -e *nm*
to take part teilnehmen* *sep vb*
party die Party -s
passenger der Fahrgast -gäste *nm*, der Passagier -e *nm*
past die Vergangenheit *nf*
patient geduldig *adj*
to pay for bezahlen *vb*
pedestrian der Fußgänger - *nm*/die Füßgängerin -nen *nf*
pen der Stift -e *nm*
pencil der Bleistift -e *nm*
penfriend der Brieffreund -e *nm*/die Brieffreundin -nen *nf*
people die Menschen *npl*, die Leute *nf*
perhaps vielleicht
person (human being) der Mensch -en *nm*; (in official contexts) die Person -en *nf*
pet das Haustier -e *nn*
petrol das Benzin -e *nn*
to pick up (fetch) abholen *sep vb*
picture das Bild -er *nn*
piece das Stück -e *nn*
place der Ort -e *nm*
to take place stattfinden* *sep vb*
(aero) plane das Flugzeug -e *nn*
plant die Pflanze -n *nm*
platform (train) der Bahnsteig -e *nm*
to play spielen *vb*
to play truant schwänzen *vb*
please bitte
pleasure die Lust/Lüste *nf*
pocket money das Taschengeld *nn*
point der Punkt/Pünkte *nm*
police die Polizei *nf*
policeman der Polizist -en *nm*
policewoman die Polizistin -nen *nf*
polite höflich *adj*
politician der Politiker - *nm*/die Politikerin -nen *nf*
poor arm *adj*; schwach *adj*
popular beliebt *adj*
possible möglich *adj*
to post schicken *vb*
post die Post -en *nf*
post office die Post -en *nf*
to practise üben *vb*

to **prepare** vorbereiten *vb*; (a meal) zubereiten *sep vb*
present (current time) der Gegenwart *nm*; (gift) das Geschenk -e *nn*
pretty hübsch *adj*
private life das Privatleben *nn*
problem das Problem *nn*
problematic problematisch *adj*
to **produce** herstellen *sep vb*
profession der Beruf -e *nm*
to make **progress** Fortschritte machen
public transport die öffentlichen Verkehrsmittel *npl*
to **pull** ziehen* *vb*
pullover der Pulli -s *nn*
pupil der Schüler - *nm*/ die Schülerin -nen *n*
to **push** drücken *vb*, stoßen* *vb*
to **put** (lay) legen *vb*; (stand) stellen *vb*
to **put on** anziehen* *sep vb*

Q

quarter das Viertel - *nn*
question die Frage -n *nf*
to ask a **question** eine Frage stellen
quick(ly) schnell *adj/adv*
quite ganz *adv*

R

railway die Bahn -en *nf*
rain das Regen *nn*
it's **raining** es regnet
rare(ly) selten *adj/adv*
rather ziemlich *adv*; (prefer) lieber *adv*
raw roh *adj*
raw material der Rohstoff -e *nm*
to **reach** erreichen *vb*
to **read** lesen* *vb*
to **read out** (loud) vorlesen* *sep vb*
ready fertig *adj*
really wirklich *adv*
reason der Grund/Gründe *nm*
receipt die Quittung -en *nf*
to **receive** bekommen* *vb*; (letter, salary, present etc.) empfangen* *vb*
recently neulich *adv*
reception der Empfang *nm*
receptionist (in hotel) der Empfangschef -s *nm*/die Empfangsdame -n *nf*

to **recognise** erkennen* *vb*
to **recommend** empfehlen* *vb*
red rot *adj*
regular(ly) regelmäßig *adj/adv*
relatives die Verwandten
relaxation exercise die Entspannungsübung -en *nf*
to **relax** sich entspannen *vb*
to **remain** bleiben*† *vb*
renewable erneuerbar *adj*
to **rent** mieten *vb*
to **rent out** vermieten *vb*
to **repair** reparieren *vb*
to **repeat** wiederholen *vb*
to **represent** vertreten *vb*
to **reserve** reservieren *vb*
result das Ergebnis -se *nn*
to **return** zurückkommen*† *sep vb*
return journey die Rückfahrt *nm*
return ticket die Rückfahrkarte -n *nf*
rich reich *adj*
(on the) **right** rechts
to be **right** (person) Recht haben; (fact) stimmen *vb*
on the **right-hand side** auf der rechten Seite
river der Fluss/Flüsse *nm*
room das Zimmer - *nn*; (space) der Platz/Plätze *nm*
rubbish der Müll *nm*; (nonsense) der Quatsch *nm*
rule die Regel -n *nf*
to **run** laufen*† *vb*
runway die Startbahn -en *nf*

S

sad traurig *adj*
safe(ly) sicher *adj/adv*
salary das Gehalt -hälter *nn*
sales assistant der Verkäufer - *nm*/die Verkäuferin -nen *nf*
the **same** derselbe/dieselbe/ dasselbe/dieselben
satisfied zufrieden *adj*
Saturday Samstag *nm*
to **save** (money) sparen *vb*; (rescue) retten *vb*
to **say** sagen *vb*
school die Schule -n *nf*
science die Wissenschaft -en *nf*
Scotland Schottland *nn*
Scottish schottisch *adj*
to **scream** schreien*

sea das Meer -e *nn*, die See -n *nf*
seat der Platz/Plätze
second zweite(r, s) *adj*
second class zweiter Klasse *adv*
to **see** sehen* *vb*
see you soon! bis bald!
to **seem** scheinen* *vb*
self-confidence das Selbstbewusstsein *nn*
to **sell** verkaufen *vb*
to **send** senden* *vb*, schicken *vb*
to **separate** trennen *vb*
September September *nm*
serious ernst *adj*
to **serve** bedienen *vb*
several mehrere *adj*
to **sew** nähen *vb*
shame! schade!
shift work die Schichtarbeit *nf*
shirt das Hemd -en *nn*
shoe der Schuh -e *nm*
shop das Geschäft -e *nn*, der Laden/Läden *nm*
to go **shopping** einkaufen *sep vb*
shopping centre/mall das Einkaufszentrum -zentren *nn*
short kurz *adj*
should sollen *vb*
to **show** zeigen *vb*
shower die Dusche *nf*
shut geschlossen *adj*
side die Seite -n *nf*
to go **sightseeing** Sehenswürdigeiten besichtigen *vb*
silly blöd *adj*
similar ähnlich *adj*
since seit(dem)
single (unmarried) ledig *adj*
single ticket die einfache Fahrkarte -n *nf*
sister die Schwester - *nf*
to **sit down** sich hinsetzen *vb*
size die Größe -n *nf*
to **ski** Ski fahren*†
skirt der Rock/Röcke *nm*
to **sleep** schlafen* *vb*
to go to **sleep** einschlafen* *sep vb*
slow(ly) langsam *adj/adv*
small klein *adj*
snow der Schnee *nm*
it's **snowing** es schneit
so (therefore) also
solution die Lösung -en *nf*
someone jemand
something etwas
something unique das Unikum *nn*

sometimes manchmal
somewhere irgendwo
son der Sohn/Söhne *nm*
song das Lied -er *nm*; (pop) das Song -s *nn*
soon bald
sort die Art -en *nf*
source die Quelle -n *nf*
south der Süden *nm*
space der Platz/Plätze *nm*
to **speak** sprechen* *vb*
special besondere(r, s) *adj*
to **spell** buchstabieren *vb*
to **spend** (money) ausgeben* *sep vb*; (time) verbringen* *vb*
to do **sports** Sport treiben* *vb*
sports club der Sportverein -e *nm*
sportsman der Sportler - *nm*/die Sportlerin -nen *nf*
sporty sportlich
to **sprain** verstauchen *vb*
spring der Frühling *nm*
(town) **square** der Platz/Plätze *nm*
stadium das Stadion/ Stadien
stage fright das Lampenfieber *nn*
stain der Fleck -e or -en *nm*
(postage) **stamp** die Briefmarke -n *nf*
to **stand** stehen*† *vb*
to **stand** up aufstehen*† *sep vb*
start der Anfang -fänge *nm*
to **start** beginnen* *vb*
station der Bahnhof -höfe *nm*
stay der Aufenthalt -e *nm*, die Übernachtung -en *nf*
to **stay** bleiben*† *vb*; (e.g. in a hotel) übernachten *vb*
stomach ache die Bauchschmerzen *npl*
to **stop** (e.g. walking) halten* *vb*; (doing something) aufhören *sep vb*; (a vehicle) anhalten* *sep vb*
storm der Sturm/Stürme *nm*
straight (hair) glatt *adj*
straight ahead/on geradeaus *adv*
stairs die Treppe (sing)
street die Straße -n *nf*
strong stark *adj*
to **study** studieren *vb*
study das Arbeitszimmer - *nn*
stupid blöd, dumm *adj*

subject das Fach/Fächer *n*
to **suburb** der Vorort -e *nm*
to **succeed** gelingen *vb*
success der Erfolg -e *nm*
suddenly plötzlich *adv*
sugar der Zucker *nm*
to **suggest** vorschlagen* *sep vb*
(men's) **suit** der Anzug -züge *nm*
to **suit** passen zu *vb*
it **suits me** er/sie/es steht mir gut
summer der Sommer *nm*
sun die Sonne -n *nf*
Sunday Sonntag *nm*
sunglasses die Sonnenbrille (sing)
supermarket der Supermarkt -märkte
sure(ly) sicher *adj/adv*
surprise die Überraschung -en *nf*
survey die Umfrage -n *nf*
to **survive** überleben *vb*
to **swim** schwimmen*† *vb*
swimming pool der Schwimmbad/bäder *nm*
Switzerland die Schweiz *nm*

T

table der Tisch -e *nm*
to **take** nehmen* *vb*, bringen* *vb*, mitnehmen* *sep vb*
to **take off** (plane) starten *vb*
to **take part** teilnehmen* *sep vb*
to **talk about** reden über *vb*
to **talk to** sich unterhalten* mit *vb*
tall groß *adj*
task die Aufgabe -n *nf*
to **taste** schmecken *vb*
taxi das Taxi -s *nn*
to **teach** lehren *vb*
teacher der Lehrer - *nm*/ die Lehrerin -nen *nf*
team die Mannschaft -en *nf*
telephone das Telefon -e *nn*
to **telephone** anrufen* *sep vb*, telefonieren *vb*
television der Fernseher - *nm*
to watch **television** fernsehen *sep vb*
television programme die Fernsehsendung -en *nf*
to **tell** erzählen *vb*
terrible schrecklich, furchtbar *adj*
to **text** eine SMS schicken
to **thank** danken *vb*

tin (can) die Dose -n *nf*
that dass
then dann *adv*; (at that time) dann, damals
there dort
thin dünn, schlank *adj*
thing das Ding -e *nn*, die Sache -n *nf*
to **think** denken* *vb*
third dritte(r, s) *adj*
to **throw away** wegwerfen* *sep vb*
Thursday Donnerstag *nm*
ticket die Karte -n *nf*, (for travel) die Fahrkarte -n *nf*
tidy ordentlich *adj*
to **tidy up** aufräumen *sep vb*
time die Zeit -en *nf*, (occasion) das Mal -e *nn*
on **time** pünktlich *adv*
timetable (transport) der Fahrplan -pläne *nm* ; (school) der Stundenplan -pläne *nm*
tired müde *adj*
tiring anstrengend *adj*
today heute
together zusammen *adv*
tomorrow morgen
tomorrow morning morgen früh
too zu
at the **top** oben
town die Stadt/Städte *nf*
town centre die Stadtmitte -n *nf*, das Stadtzentrum -zentren *nn*
traffic das Verkehr *nn*
train der Zug/Züge *nm*
trainers die Turnschuhe *npl*
tram die Straßenbahn *nf*
to **translate into** übersetzen in *vb*
to **travel** fahren*† *vb*, reisen† *vb*
to **treat** behandeln *vb*
tree der Baum/Bäume *nm*
trip der Ausflug -flüge *nm*
trousers die Hose -n *nf*
to **try** versuchen *vb*
Tuesday Dienstag *nm*
to **turn off** ausmachen *vb*
twice zweimal *adv*
twin der Zwilling -e *nm*
type der Typ -en *nm*

U

ugly hässlich *adj*
umbrella der Regenschirm -e *nm*
uncle der Onkel - *nm*
the **underground** (railway) die U-bahn *nf*
to **understand** verstehen* *vb*

unemployed arbeitslos *adj*
unfair ungerecht *adj*
unfortunately leider *adv*
until bis
unusual außergewöhnlich *adj*
upstairs oben
to **use** benutzen *vb*, gebrauchen *vb*
useful nützlich *adj*
useless nützlos *adv*
usually gewöhnlich *adv*

V

to **vacuum clean** staubsaugen *sep vb*
valid gültig *adj*
valley das Tal/Täler *nn*
vegetables das Gemüse *nn*
very sehr
view die Aussicht *nf*
village das Dorf/Dörfer *nn*
violence die Gewalt *nf*
visit der Besuch -e *nm*
to **visit** besuchen *vb*
to **vomit** sich übergeben *vb*

W

to **wait for** warten auf (+acc) *vb*
to **wake up** aufwachen *sep vb*, wach werden* *vb*
Wales Wales *nn*
to go for a **walk** spazieren gehen*† *vb*
wall die Mauer -n *nf*, (internal) die Wand
to **want** wollen* *vb*; (feel like doing something) Lust haben*
wardrobe der Schrank/ Schränke *nm*
to **wash** waschen *vb*
to **wash up** abspülen *sep vb*
washing die Wäsche *nf*
washing machine die Waschmaschine -n *nf*
to **waste** verschwenden *vb*
weak schwach *adj*
to **wear** tragen* *vb*
weather das Wetter *nn*
weather forecast die Wettervorhersage -n *nf*
web page die Webseite -n *nf*
wedding die Hochzeit -en *nf*
Wednesday Mittwoch *nm*
week die Woche -n *nf*
on **weekdays** wochentags
weekend das Wochenende -n *nn*
at the **weekend** am Wochenende

to **welcome** willkommen heißen* *vb*
as **well as** sowie
well-known bekannt *adj*
Welsh walisisch *adj*
west der Westen *nm*
wet nass *adj*
what? was?
wheelchair der Rollstuhl -stühle *nm*
when als, wenn
when? wann?
where? wo? wohin? woher?
which? welcher/welche/ welches?
white weiß *adj*
who? wer?
whom? wen?
to **whom?** wem?
why? warum?
wide breit *adj*
wife die Frau -en *nf*, die Ehefrau -en *nf*
to **win** gewinnen* *vb*
window das Fenster - *nn*
wine der Wein -e *nm*
windy windig *adj*
winner der Sieger - *nm*/ die Siegerin -nen *nf*
winter der Winter *nm*
to **wish** wünschen *vb*
with mit
without ohne
woman die Frau -en *nf*
word das Wort/Wörter *nn*
work die Arbeit -en *nf*
to **work** arbeiten *vb*; (function) funktionieren *vb*
world die Welt -e *nf*
to be **worth** wert sein*
it's **worth it!** es lohnt sich!
to **write** schreiben* *vb*
to **write down** aufschreiben* *sep vb*
to be **wrong** (person) Unrecht haben; (fact) nicht stimmen
wrong falsch *adj*

Y

year das Jahr -e *nn*
yearly jährlich *adj*
yellow gelb *adj*
yes ja; (contradicting) doch
yesterday gestern *adv*
young jung *adj*
young people die Jugendlichen *npl*
Yours sincerely mit freundlichen Grüßen
youth die Jugend *nf*
youth hostel die Jugendherberge -n *nf*